广东省教育科学“十三五”规划2019年度重点立项课题“‘碁道育人’理念推进区域教育优质均衡发展的实践研究”（项目编号：2019ZQJK001）阶段性研究成果

广州市教育科学规划2018年度立项课题“构建培养中小学数学核心素养的一体化策略研究——以石碁片区单元教学为例”（项目编号：201811751）阶段性研究成果

“碁道育人”理念实践丛书

丛书主编：彭朝晖

“碁美”课堂教学理论与实践

——基于“碁文化”落实学生素养的探索

周日桥　陈伟达　编著

WUHAN UNIVERSITY PRESS
武汉大学出版社

图书在版编目(CIP)数据

“碁美”课堂教学理论与实践:基于“碁文化”落实学生素养的探索/周日桥,陈伟达编著 .—武汉:武汉大学出版社,2019.6
“碁道育人”理念实践丛书/彭朝晖主编
ISBN 978-7-307-20863-6

Ⅰ.碁… Ⅱ.①周… ②陈… Ⅲ.课堂教学—教学研究—中小学 Ⅳ.G632.421

中国版本图书馆 CIP 数据核字(2019)第 076068 号

责任编辑:黄金涛　　责任校对:汪欣怡　　版式设计:马　佳

出版发行:**武汉大学出版社**　(430072　武昌　珞珈山)
(电子邮箱:cbs22@ whu.edu.cn　网址:www.wdp. com.cn)
印刷:北京虎彩文化传播有限公司
开本:720×1000　1/16　印张:17.75　字数:254 千字　插页:1
版次:2019 年 6 月第 1 版　2019 年 6 月第 1 次印刷
ISBN 978-7-307-20863-6　定价:50. 90 元

序

石碁，富庶、美丽、宜居，历史悠久，文化深厚，充满着神奇魅力。传说神仙下凡，留下石质棋子，便得来“石碁”称谓，让后人神往流连；中华人民共和国成立以来尤其是改革开放，涌现出多少敢为人先、可歌可泣的创业事迹，便得来“石碁精神”，让今人美誉传颂。

石碁，其千钧磐石，中流砥柱，强！石碁，其刚柔兼具，行稳致远，优！20 世纪八十年代，石碁人求生存，谋发展，善作善为，舍我其谁，赢得了“全国经济百强镇”称号——敢改革、勇实践、肯担当，此为“碁道”灵魂；本世纪初，石碁人前瞻明志，笃干实行，特别是优先发展教育，创建了广州市内第二个“广东省教育强镇”——谋大局、讲规则、有远见，此为“碁道”精髓。拥有“碁”石之特征和“碁”人之本质的“石碁精神”，就是对石碁人杰地灵的最好诠释。

新时代新气象新作为，石碁教育人高举习近平新时代中国特色社会主义思想旗帜，全面落实“立德树人”根本任务，努力办好人民满意的教育。石碁教育指导中心积极践行番禺区“上品教化”教育升级版，提出了“碁道育人”理念、“办家门口好教育”口号，不断深化“研学后教”课堂改革，围绕“学生喜欢、家长满意、教师幸福和学校发展”四个维度构建“碁美课堂”，提供了石碁经验，形成了石碁做法，成绩卓越，硕果累累，这又何尝不是深得“弈碁之道”！

审阅送来的《碁美课堂》书稿，我颇为欣喜，浏览多遍。欣喜之一，看到石碁教育人能够立足教育实际，潜心探索，孜孜以求，成果卓著；欣喜之二，看到该书稿内容充实，思路清晰，有理念、有背景、有操作、有思考、有归纳，尤其是其中的案例可模仿、可参考，有着比较实用的价值。从书稿可知，“碁美课堂”是有弈碁之美的课堂，是有智慧的课堂，有质量的课堂，是学生喜欢的课堂。我认为它体现了扎根于“谋划中实现共赢，变化中寻求突破，互动中成就你我”的“弈碁”之理，较好诠释了“碁道育人”理念，如：面向个体（每一粒碁子都重要，不轻言放弃每一位学生）、充满机智（因材施教，灵活应变，重视生成）、追求担当（师生平等，实事求是，科学严谨）、锻造素养（文道结合，突出思辨，文明礼貌，协作共享）等，这些是教师在课堂教学过程中所必备的基本素养和技巧，在书中都有充分的展现。这确实是一本好书。

最后，我希望石碁教育人能够谋好教育发展特色路，下好教研教改先手“碁”，让石碁整个片区的教育教学再上新台阶。继续探索“碁道育人”理念，读好用好这本书，让老师们在课堂改革实践中不断得到新的启示。

是为序，共勉！

汤炳胜

番禺区政协副主席，区教育局党组书记、局长

二〇一八年深秋

目　录

导言：从“碁道育人”聚焦到“碁美课堂”

“碁道育人”教育理念是石碁片区（含大龙街）中小学推进教育教学工作发展的核心理念。本理念酝酿了很长时间，于2015年7月在“‘上品教化’好教育·番禺梦”展示期间正式公开发布。这一理念有根有源，内涵丰富，不仅具有石碁地域特色，而且符合现代教育发展趋势，值得本地区所有师生大力践行，也对其他片区培育学生素养、打造区域教育特色、传承中华文化具有积极的借鉴意义。

一、“碁道育人”理念提出的背景

“碁道育人”教育理念的提出并非心血来潮，而是经过石碁教育人长期实践而深思熟虑得出来的结晶。

首先，“碁道育人”教育理念是基于教育改革形势的思考。党的十八大以来，教育形势发展很快。党中央、国务院一再强调要推进“全面实施素质教育”，“发展素质教育”，教育部长陈宝生指出，要“营造风清气正、公平优质的教育改革发展生态”。随着国家“五位一体”和“四个全面”战略布局，“五大”发展理念的实践，追求内涵发展、特色发展、品牌发展，成为当下教育发展的新态势。教育，就是以办人民满意教育为目标，着力完成“立德树人”的根本任务，让每一个孩子都能享受公平而有质量的教育。那么，什么是人民满意的教育？怎么办人民满意教育？这是我们必须面对的核心问题，更是我们教育人应有的理想追求。

石碁共有公办小学23所，中学4所，有民办学校7所，在校中小学生3万多人；此外，还有55所幼儿园，1所镇属成人学校。在大家的共同努力下，石碁教育质量跨入了一个高端发展的阶段，中小学办学绩效全面丰收。一是高考、中考成绩全线飘红。镇街中考、高考成绩总平均分超所隶属的番禺区平均分，保持在区最前列水平，实现了新的突破。二是办学绩效评比大获丰收。镇街中小学获奖数量约占了番禺区的半壁江山。面对一个不断走向优质均衡发展的大区域，我们如何走出有自己特色的发展之路，保持在番禺区的前列？我们必须寻找到一条有自己理念，有自己体系的优质发展之路。

其次，传承中华文化是基于“文化自信”的思考。中华文明是在长期的历史进程中演化而汇集成的一种反映民族特质和风貌的民族文化，是民族历史上各种思想文化、观念形态的总体表征。简单来说，中华文明就是通过不同的文化形态来表示的各种民族文明、风俗、精神的总称。

党的十八大以来，回归传统优秀文化，寻找文化育人的理念迅速被大家认可接纳。习近平总书记曾多次强调传统文化的内涵和意义，他到任何地方都记得当地优秀传统文化，不忘记传播优秀传统文化。2014年9月24日，习近平总书记在《纪念孔子诞辰2565周年国际学术研讨会暨国际儒学联合会第五届会员大会开幕会上的讲话》之中，明晰了中华民族的传统文化内涵，列举了十五个方面，比较全面系统地回答了中华优秀传统文化是什么的问题。即：“道法自然、天人合一”，“天下为公、大同世界”，“自强不息、厚德载物”，“以民为本、安民富民乐民”，“为政以德、政者正也”，“苟日新日日新又日新、革故鼎新、与时俱进”，“脚踏实地、实事求是”，“经世致用、知行合一、躬行实践”，“集思广益、博施众利、群策群力”，“仁者爱人、以德立人”，“以诚待人、讲信修睦”，“清廉从政、勤勉奉公”，“俭约自守、力戒奢华”，“中和、泰和、求同存异、和而不同、和谐相处”，“安不忘危、存不忘亡、治不忘乱、居安思危”。习近平总书记的观点提出之后，引发了与会者强烈的反响。

弘扬和发展中华传统优秀文化，是教育当前的一个重要命题和任务。文化育人，就是依托地方资源，找到学生可感、可学的文化精神，挖掘传统文化的育人内涵，加强文化设施建设，以促进文化创造性转化和创新性发展。石碁是“碁”之所成，是“碁道”之所富。由此衍生的“碁道育人”教育理念，正是践行“文化自信”的最好体现。

第三，基于教育本质的思考。教育活动的一切目标都是指向人的发展，包括学生的发展和老师的发展。根据党的教育方针来解说，就是“使受教育者德智体美劳全面发展”。根据现在的素养教育观来解说，就是培养“全面发展的人”。但是，如何让受教育者臻于至善？让他们的“德智体美劳”得到更好的发展，最终成就他们“全面发展的人”的终极目标？这是古今中外教育家千百年来孜孜以求不懈努力的命题，也是我们教育工作者不断去思考、探究、实践的问题。

在探索石碁教育改革的方向期间，对于“我们的改革究竟是为了什么”这一话题，我们思考颇多。最后得出的答案是“为了提升教育质量”，这是符合社会发展和人民利益的教育方向。然而，这是结果目标，而非过程目标。我们认为，改革如果只是追求结果目标，那么不管你的改革初衷如何美好，最后都会随着改革发展的深入而发生变异，乃至“打回原型”而宣告失败。当前的事实也不断证明了这一点。钟启泉教授在《人民教育》发声，明确指出“应试教育的传统势力依然甚嚣尘上，造成诸多乱象。”呼吁要“回归基础教育的基本职能”。① 可见，改革还是要立足于人（学生）的更好成长（不是一般的成长，而是更好的成长）来思考。“碁道育人”理念所倡导的正是“人”的健康成长和养育“人”的责任与担当精神，有着重要的意义。

第四，基于石碁历史文化的思考。科学的理念背后必有坚实厚重的文化基础。碁，原义石质棋子，碁与棋同义。“石碁”的得名，源自一个本地人熟知的美丽的传说——仙“碁”下凡。从仙“碁”衍生出“以碁说理，说教育之理，说石碁教育发展之理”。这不是凭空想象编造出来的，更不是为了时髦生搬硬套“拿来”的，她而是有根的。

第五，基于石碁教育生态的思考。石碁，我们通常是指“大石碁”

① 钟启泉．回归基础教育的基本职能［J］．人民教育，2016（17）．

而言，即包含了大龙街区域（下同）。石碁地处珠江三角洲番禺区中部，总面积71.26平方公里，常住人口9.8万人，外来人口约25万人，下辖29个村民委员会，6个居民委员会。地理位置十分优越，东离莲花港7公里，水陆直通九龙、香港；西与番禺区政府所在地相连，北上广州市13公里，南距南沙港36公里。自然条件得天独厚，土地肥沃，物产丰厚，历来是珠江三角洲发展经济的黄金地带，是番禺区经济繁荣的地区之一。

改革开放以来，石碁坚持党的基本路线，坚持以邓小平理论为指导，认真实践科学发展观，全镇党员、干部、群众深化改革，与时俱进，从石碁实际出发，抓住机遇，不断增创新的优势，走出一条“科教兴镇、农业稳镇、工业强镇、商贸活镇、地产富镇、法制治镇、文明美镇”的具有石碁特色的路子，经济建设取得了飞速发展。早在20世纪九十年代初期，石碁镇就跻身于全国百强乡镇之列，被评为全国乡镇工业示范区50强。石碁镇曾先后被评为“国家卫生镇”、“广东省卫生先进镇”、“广东省体育先进镇”、“广东省农村综合实力强镇”、“广东省教育强镇”。

在各界的共同努力下，石碁教育事业取得了显著的成绩，义务教育、高中教育、成人教育和幼儿教育同步发展，形成了较完善的学前教育、中小学教育、成人教育体系，全镇教育呈现一派生机勃勃的景象。截至2018年，石碁义务教育阶段学校100%达到广东省标准化办学要求；高中阶段学校100%是省一级学校；学前教育有73.45%幼儿园达到番禺区规范化办园要求，其中省级一类园1所，市级一类园4所，区级一类园16所；成人学校是番禺区社区教育先进单位，是广东省示范性乡镇成人学校。

但是，石碁教育也面临严峻的挑战。一是全区教育质量高位发展的态势，需要我们快马加鞭。不同镇街的生源却发生很大变化，周边一些镇街城市化发展迅猛，房地产市场发展较快，外来人口涌入，拥有较好的生源；石碁却还有较大面积的纯农村区域，生源受到一定制约，教育质量的提升也随之受到制约。二是学校的现代化建设水平滞后，包括制度建设和设备设施建设，提升教育质量受到一定制约。三是学校文化建设水平不高，很多学校没有真正走上特色发展、品牌发展的道路。

此外，大龙街原属于石碁镇，2010 年划分出去，成立大龙街道行政区，其辖下中小学以及幼儿园数有 44 所。由于大龙街中小学以及幼儿园的领导机构依旧还是石碁教育指导中心，因此在管理上是需要智慧的。只有把握了智慧，才能把两个区域的教育推向均衡发展，以至更高层次的优质发展。

近年来，随着番禺区“上品教化”理念的落实，“研学后教”课堂教学改革得以全面深化，番禺区教育质量不断提高。要跟上全区教育发展的步伐，不容我们安于现状。为了实现优先发展战略和率先基本实现现代化的目标，我们必须花大力气努力提升石碁的教育综合水平。在这样的背景下，建构有自己特色的理念，提出自己的目标追求，提出自己的操作体系，显得尤其重要。

第六，基于未来发展定位的思考。目前，整个番禺区的教育已呈高位发展态势，“上品教化”教育理念得到了较全面的体现。石碁教育也是在这种环境下生存与发展的。因此，石碁教育未来的发展定位必须是高端大气的，《石碁教育 2014—2019 年发展规划》把石碁教育定位为：“各类学校协调发展、特色发展、品牌发展，‘家门口好教育’目标基本达成，整体综合实力具有大气、正气、有底气的亮丽色彩。”

协调发展。从传统的观点来看，是指天人合一，中庸之道；以现代观点而言，就是科学发展，持续发展。协调发展在教育领域之后更多指向后者，即各类教育，包括公办学校与民办学校，学前教育与义务教育，高中教育与成人教育，都得到较好发展。

特色发展。从外在方面来看，特色是一个事物或一种事物显著区别于其他事物的形式与风格。要表现出外在的鲜明特色，就要有自己的风格和内涵。一所有特色的学校，其办学要形成自己的个性，要有独特的内涵。

品牌发展。品牌认知简单地讲是指消费者对产品及产品系列的认知程度，它是人们对一个企业及其产品、售后服务、文化价值的一种评价和认知。影响人们对品牌认知的最持久的因素是产品的价值、文化和个性。品牌发展，就是对上述特质的不断追求与完善的过程。在这里，学校品牌借指学校形象塑造、价值追求、文化特质与个性特征的总和，即社会各界对学校的认知度、认可度、美誉度。①

好教育，就是优质教育。“好教育”可以用四个维度来衡量或者评价。一是学生喜欢的教育，二是家长满意的教育，三是教师幸福的教育，四是学校能得到发展的教育。我们提出“家门口好教育”，就是要办好每一所学校，让学生在家门口就可以享受到优质教育。

大气，本用来形容人的性格豁达，胸襟广阔，善聚众为伍，能聚沙成塔。在这里借指教育特征具有大视野，有全局观念，有国际视野、国际理解、国际包容，立足未来培养人才；有远见，有未来意识、未来理想，有奋斗目标，立足发展培养人才。

正气，充塞天地之间的至大至刚之气，体现于人则为浩然的气概，刚正的气节，也指光明正大的作风或纯正良好的风气。在这里借指教育正道，正派，具有心态好，为师者安贫乐道，老老实实教书，踏踏实实育人；为政者不浮躁，不盲从，尊重规律，承认差异，实施素质教育；为弟子者有朝气，有理想，有追求，快乐阳光。

底气，意指基本的信心和力量。有底气，在这里借指教育的高质量，教学成绩好，有特色，有品牌，有效益，各级评价高，社会声誉好。

整体综合实力，是指镇街教育的综合实力。整体综合实力具有大气、正气、有底气的亮丽色彩，指的是石碁教育有视野、本质纯、质量好，而且这种基本特征鲜明。

要达成上述目标，非得有智慧不可。碁道就是弈棋（棋与碁同义，下同）之道。碁道育人，就是以弈棋之道行育人之道、办学之道、教育之道。用这一理念来引领本区域教育的新发展，正是我们所想要的。

---

① 品牌［EB/OL］. https：//baike. baidu. com/item/%E5%93%81%E7%89%8C/235720？fr=aladdin.

综上所述，“碁道育人”理念的提出正合时宜。碁道充满智慧，教育也充满智慧，达成“家门口好教育”一样需要依靠智慧。我们的意愿是在规则（法律法规）之下，用好政策，用足政策，用活政策，也就是“碁道精神”。这是石碁人走上致富道路，敢于先富的制胜法宝。在这个环境中生长的教育，同样感染“碁道”精神！于是，我们就提出了“碁道育人”的教育理念。

二、“碁道育人”含义解读

（一）“碁道育人”理念的内涵及其体系

石碁之形状由碁盘与碁子组成，盘如一方水土，子如一个团队，可谓一个整体。而弈碁之理，仿若为人之理、做事之理。碁盘之上团队之人各有其职，各有其规；各尽其职，各行其道；互相配合，彼此联系。而且互为利益，目标一致；一荣俱荣，一损俱损。要想取得胜利，需要具备早布局，早谋划，视野广，思维活特质。需要识大体，顾大局，懂规矩，能创新胸怀与智慧。弈碁之人，要努力将每一粒碁子作用发挥极致，不轻易舍弃每一粒碁子。下碁之道：开局（谋划）——中局（适变）——结局（求实）。这是一种品质，这是一种素养，人生也是如此。碁道育人，就是要让人具有这种素养，这是一种非认知性素养，是可以贯穿整个人生的智慧。也就是说，“碁道育人”理念正是在这个文化土壤上生长出来的，是扎根本土文化，由本土文化培植起来的一个带有浓厚区域色彩的理念。因此，“碁道育人”教育理念富有深厚的历史文化底蕴。

碁道育人，于管理之道，教育之道，教学之道均能找到很好的切合点。自古有言：“人生如碁，碁如人生。”弈碁之道有如育人之道：因性而行，因约而同；合作中竞争，规范中求新；因职而诚，因理而成。也如办学之道，办好每一所学校，办人民满意教育，倡导均衡发展，教育公平，使每一个学生都享受优质教育。走好每一步，讲究平衡推进、协调布局，才能取得最好的效益。更如教育之道，让每个学生都得到发展，不放弃每一个学生。这是办教育的出发点与归宿点，更是新时期教育追求的价值所在。

因此，“碁道育人”理念的灵魂是智慧与担当，亦是基本内涵；其价值追求是人的协调发展，学校的均衡发展，教育的优质发展和品牌发展。理念内涵以及整个体系解读如下：

1. 教育品牌：碁道育人

碁道育人，有根有源。根深方使叶茂，源远必臻流长。

弈碁之道合乎教育之道，以碁说事，以碁论道，以碁道化人。

2. 核心内涵：慎思善行，碁美人生

慎思，源自《礼记·中庸》。慎，谨慎，慎重，慎密；思，思考，思辨。慎思，即谨慎思考，周密思考。慎思目标、慎思布局、慎思大局；慎思策略、慎思路径、慎思方法；慎思规则、慎思角色、慎思责任、慎思担当。正所谓“谋定而后动”、“三思而后行”。

善行，指“善于行路”，语出《老子》：“善行无辙迹”。引申为善于修德、善于求知、善于健体、善于尚美、善于实践、善于创新、善于协调、善于分享，恰到好处，不留痕迹。善行的前提是明目标谋布局，策略、路径和方法破常规创新意。步步为营，步步出彩；不满足于小气候，勇于担当大格局。

慎思善行，自古为修身立德之本。为学处事为人都当遵循“慎思善行”的法则。

石碁，地名，源自神话传说。“碁”读 qí，同“棋”，本为石质棋子，在这里特指中国象棋，借指中国象棋的“弈碁之道”，即下碁之道，下碁之理。美，作动词，使动用法，使……美丽（漂亮）起来。碁美人生，意即把握弈碁之道，使人生走向美好走向精彩走向幸福。

“慎思善行，碁美人生”。前者是德行、是态度、是策略、是智慧，后者是愿景、是目标、是方向、是追求。两者自成因果，浑然一体。

3. 价值追求：让人生美好幸福起来

教育的根本目的是育人。学校一切工作的出发点和归宿都应该是为了促进人的健康发展、持续发展、终身发展。在“碁道育人”理念指引下，我们引导学生识碁道，悟碁道，用碁道，为学处事为人方可融通，未来人生更加美好幸福。

4. 办学目标：建设家门口的好教育

碁道育人，是区域教育理念。它的目标指向是学生喜欢，家长满意，教师幸福，学校发展。

理念的落地，需要依靠每一所学校。当区域内所有学校都践行了这一教育理念，便可办好每一所学校，成就家门口的好教育。

5. 育人目标：培育具有人文底蕴、责任担当、大局观念、规则意识、竞争合作、实践创新（简称六大素养）的现代公民

“六大素养”，与国家倡导的社会主义核心价值观，与未来人才质量观（核心素养）一脉相承。这既是教育本质的体现，也是办教育的出发点、立足点与归宿点。

6. 建构策略：活动体现，教学渗透，管理催化，课程承载，简称“四大策略”

（1）活动体现。

班级活动、团队活动、全校性活动的目的、内容、形式以及评价都可以直接体现上述的素养，包括专题（主题）活动以及主题活动月等形式。（详见《“碁道育人”理念之德育活动指南》）

（2）教学渗透。

教学定位、设计与实施应渗透“碁道育人”教育理念，把“八大素养”的培养渗透在各个环节。（详见《“碁道育人”理念之课堂教学指导意见》）

（3）管理催化。

一是管理制度的修订与完善，要有意识保障“碁道育人”理念的实践，包括场地、经济、人力等的投入。不乱作为，但必须要有所作为；不乱花钱，但一定要敢花钱；二是管理制度要有利于“碁道育人”理念的实践，鼓励有关活动、课堂教学、环境建设、课程建设等主动地创造性地彰显本理念的践行。（详见《“碁道育人”理念之学校管理工作指南》）

（4）课程承载。

隐性课程与显性课程同步协调，校本课程与“镇本课程”同步协调。

隐性课程，主要指学校的环境建设，将“八大素养”物化成可视可感的景点（景观），潜移默化。

显性课程，主要指文本系列课程，包括认知与情感、实践与技能、创新与发展等板块。镇本课程规划第一期为《中国象棋中小学生读本》《中小学生生涯规划》两本。（详见《“碁道育人”理念之校本课程建设指南》）

7. 评价维度：学生喜欢，家长满意，教师幸福，学校发展，简称“四个维度”

（1）学生喜欢。喜欢学校自然环境和人文氛围，喜欢执教老师和他（她）的课堂，喜欢学校开展的活动，乐学善学，阳光快乐。

（2）家长满意。满意学校的文化氛围，满意学校的管理方式方法，满意学校的教学质量与办学效益，积极地正面地树立学校社会声誉。

（3）教师幸福。有成功感与归宿感，有良好的价值认同感，有良好的人际关系。工作过程中得到温暖的关怀、成长的关注和校长与同事的认可，教师能够快乐工作，幸福生活。

（4）学校发展。学生核心素养得到培育，教师专业技能得以提升，办学质量高，社会声誉好。

（二）“碁道育人”理念的目标追求

十八大以来，党和国家明确提出了“办人民满意的教育”，“让每一个孩子都能享受公平而有质量的教育”的教育方针。为了落实党中央的“人民满意的教育”的方针，广州市教育局进一步提出了“好教育”的发展理念。

“碁道育人”教育理念的目标追求是从镇街层面办“家门口的好教育”，并以“学生喜欢、家长满意，教师幸福，学校发展”四个维度作为衡量标准。这一提法与党中央提出的“办人民满意教育”具有极强的关联性，同时又有很多新颖之处。首先是目标指向一致，都是指向“人民满意的教育”层面。其次是价值追求一致，我们的提法是“让每一个孩子享受公平而有质量的教育”，这是一项“满足人民群众美好生活的向往”的工程，是解决目前社会主要矛盾的重要利器之一。再次，是落地的路径一致，任何教育所关注的都是“人的健康发展”，我们把学生喜欢、家长满意、教师幸福放在一起，考虑的就是“人”这个办学的关键因素。所以，我们的提法与十九大提法一脉相承，两者的关联度极高，甚至可以视为“办人民满意教育”的最具体、最直接、最生动的体现。也就是说，我们的提法将“人民满意的教育”落地了，具体化了，便于操作了。这就是党中央所强调的“深入学习，深刻理解，精准理解”十九大精神的具体表现。

这一提法与广州市提出的“好教育”一脉相承，在内涵上又更为丰富。其一，赋予了“好教育”的基本内涵，并更为具体化。何为“好教育”？学生喜欢、家长满意、教师幸福和学校发展。这四个维度一旦落实到实践中，“好教育”就达成了。这是可感可见可量度的内容。其二，明确了“好教育”的区域性特点，更容易把握“度”的问题。我们把“好教育”修饰为“家门口”的，说明这个“好”的程度有一定地域限制，并不是通常媒体所说的“高、大、上”，还必须适合家门口的办学条件，包括地方文化、民俗习惯、校舍条件、设备资源、经费资源、师资资源和生源资源等。社会环境与教育是紧密联系在一起的，家门口的办学条件是我们的物质基础，这一基础决定了我们行为特征。因此，我们所强调的好教育是在现有的资源上，如何做到最好，将现有条件发挥到应有的水平，达到“学生喜欢、家长满意、教师幸福和学校发展”的目标。

“碁道育人”教育理念的本质特征有三个。换言之，理解“碁道育人”这一理念可以从三个侧面去把握。

第一，这是一个教育理念，也是一个行为理念。所谓行为理念，是指整体文化理念的具体化，是实现团体发展战略的支撑子文化理念，应对的常常是各个具体的操作层，是文化落到实处的关键点。因此“碁道育人”理念本质上讲，就是引导校长以及教师用“弈碁之道”来做教育之事。

第二，这是一个智慧理念，倡导变通与创新。弈碁充满智慧，布局谋划，推子前行，虽有规则，却重变通，局局创新。“碁道育人”理念之要义就是引导人们尊重规则而不墨守成规，看到共性也能洞察个性，用不同手段（方法）解决不同的问题。规范是前提与基础，创新是发展与归宿。这是理想也是目标，其中非常考量人的智慧。

第三，这是一个兼容理念，没有排他性。前文就“碁道育人”理念的灵魂与价值追求作了描述。从其基本内涵与价值追求可知，这一理念的兼容性非常强，只要目标一致的教育理念都能兼容之。所以，学校先前已落实的特色办学理念，诸如：智慧教育、儒雅教育、乞巧文化等，均与本理念不矛盾，反而是相辅相成，相得益彰。

“碁道育人”教育理念理论基础比较扎实，包括了辩证唯物主义哲学观、经世致用的社会学、教育学和心理学等。

其一，“碁道育人”教育理念是活学活用辩证唯物主义哲学观的具体体现。辩证唯物主义哲学观认为，“世界都是对立统一的”，“事物都是发展变化的，是相互联系的”，“事物发展变化，内因起决定性作用”，“矛盾着的双方在一定条件下是可以转变的”，“分析问题不仅要找到共性，而且要把握个性”，“解决问题要分清普遍性与特殊性，分别采取不同的解决方法”等。这些重要的哲学观也是“弈碁之道”的基本原理，而且在弈碁过程中都可以找到缩影。举个例子，常态之下，车与卒比，车要重要得多。当面临胜负一步之遥时，丢车保卒，也是常有的事。这种特殊情况特殊处理的法则，正是唯物辩证法的生动体现。同理，教育也会遇到很多特例，一旦我们充分运用了“弈碁之道”，那么化解其中的危机将会事半功倍，此其一也。

其二，弈碁之道，如人生之道，蕴含丰富的经世致用社会运作原理。从社会学视角出发，在社会中人们不是作为个体，而是作为一个社会组织、群体或机构的成员而存在的。因此，一个人做什么事，什么时候做事，如何做事都要考虑到其他人的利益或感受，要考虑到团体乃至社会的相关联因素，要考虑社会影响和实际效益。这些经世致用的社会学原理也是弈碁之道的基本原理，诸如“世事如棋局局新”，“一步走错满盘皆输”等传统劝世观；诸如大局意识、规则意识、竞争意识、效能意识、和谐意识、创新意识等现代社会价值观，无一不在弈碁中得到印证与建构。“碁道育人”源于“弈碁之道”，自然它的基础也具有浓厚的社会学味道。以例证之，弈碁双方推子前行，必有规则在先，然规则之下却不能墨守成规，何时举“炮”，何时飞“马”，绝非一成不变，灵活得很。这是以获取胜利为目标的运行法则。同理，育人工作既要遵循教育规律，符合法规精神，这是前提，同时，也要因人、因事、因时、因地，采取适当方法才能奏效，一样富有灵活性。这也是以解决问题为目的的运行法则。

其三，“碁道育人”理念有教育学和心理学的理论基础。除了上文阐述的“弈碁之道”内涵与价值追求与育人本质不谋而合之外，还可以从“弈碁之道”中寻找到许多教育原则、方法等的影子。如弈碁中因碁子的特性不同赋予不同职能，推子前行就要“因性而行”，这与教育学上的“因材施教”原则何其相似。同时，弈碁之时，要求对弈者“心无旁骛”（专注）、“观棋不语真君子”（安静）、“险处求生”（胆量）、“起死回生”（智慧）、“胜不骄，败不馁”（沉着），以及“知之者不如好之者，好之者不如乐之者”（兴趣）等，都是教育学和心理学所关注的重要学生心理特性。

由此可见，“碁道育人”也蕴含了教育学、心理学的相关原理。而且，我们提出的“家门口好教育”之目标，与国家提出办人民满意教育，与广州市提出办“好教育”，以及与番禺区提出“上品教化”的要求如出一辙，一脉相承，具有内在的一致性。

（三）践行“碁道育人”理念的基本要求

“碁道育人”的理念提出之后，怎么践行这一理念，真正从区域层面把党中央的教育方针落到实处，是要考量我们的智慧与担当的。我们思考的问题很多，包括理念问题、路径问题、策略问题等。目前，我们有的学校存在理念与实践“两张皮现象”。突出表现在以下方面：有些学校的理念很好，但效果体现不出理念的特质；有些学校的理念是专家团队包装出来的，但校长、老师、学生、家长理解不到位，未内化为实践理念，落实不到位；有些学校的理念虽然是从办学积淀中衍生出来的，但缺少带动所有工作的主线，使之清晰化。当然，也有一些人还是懵懂状态，连自己需要什么也不清楚，究竟我的学校要走向哪里，怎么达成自己想要的效果，依然是缺乏清晰理解。

“石碁·大龙”片区的人力资源非常有限，但我们的梦是远大的。推进“碁道育人”教育理念的实践，建设“家门口好教育”是我们的追求，也是我们石碁教育指导中心美好的教育梦。要实现这个美好的梦想，就要找到切入口，扎实推进我们的圆梦工程。

那么，“如何使我们的梦想落地呢?”我们反复思考：“‘好教育’究竟具有什么特征?”在认真思考过程中我们认识到：学校教育离不开学生、教师、家长和学校。于是，我们用了四个建设维度——学生喜欢，家长满意，教师幸福，学校发展——来衡量家门口好教育。因此，实施“碁道育人”的教育理念需要依靠全体校长和师生的共同努力。为了进一步更好地促使“碁道育人”理念的落地，教育指导中心提出如下五点要求。

第一，教育指导中心是“碁道育人”理念的设计者。在践行“碁道育人”理念的过程中，教育指导中心担负着“首脑机构”的职能，负责理顺相关的工作，包括征集学校意见、制定实施意见、组织学习、开展评价、总结提升等。

第二，学校是践行“碁道育人”理念的主阵地。在践行“碁道育人”理念的过程中，学校要有意识把理念内涵精神渗透到教育教学各个板块，包括德育活动、课程开发、课堂教学、学校管理、教师培训以及课程开发等层面，使理念与常态教育教学工作密切相连，让学校所有工作成为一个有机整体。

第三，校长是践行“碁道育人”理念的领路人。在践行“碁道育人”理念的过程中，校长要认真抓好师生的情感与心理认同，要设法让师生对这一理念从不理解到理解，从生疏到熟知，从抗拒到认同。这是一个艰难的过程，需要付出智慧。

第四，教师是践行“碁道育人”理念的行动者。在践行“碁道育人”理念的过程中，教师要发挥个人的主动性和能动性，有意识地在常态的教育教学行为中体现理念内涵精神，自觉地依据理念内涵精神创造性地实施相关活动，努力把理念内涵精神落到实处，做出效果。

第五，学生是践行“碁道育人”理念的受益者。在践行“碁道育人”理念的过程中，学生要理解这一理念，积极主动参与学校、老师安排的各项活动以及相关工作。学生要有意识地在实践中实现自主发展，自己不断增长智慧，完善自我，成就幸福人生。

对此，我们围绕一系列问题着力进行了思考。

思考1：“学生喜欢、家长满意，教师幸福，学校发展”四者是什么关系？

答案：四者构成一个整体，各自关注了教育的不同侧面；四者相互联系，相辅相成，相得益彰。

思考2：四个维度的灵魂是什么？它核心又是什么？

答案：“学生喜欢”是四个维度的灵魂与核心。

思考3：既然学生喜欢是核心，那么重点要从哪些方面入手落实呢？

答案：喜欢的环境，喜欢的课堂，喜欢的课程，喜欢的活动，喜欢的评价，喜欢的老师。

思考4：什么样的环境学生会喜欢？

答案：自然环境美丽漂亮，书香味浓；人文环境轻松快乐，充满人文关怀。

思考5：什么样的课堂学生会喜欢？

答案：学生喜欢的课堂是自主的课堂，开放的课堂，生成的课堂，智慧的课堂，能解决问题的课堂，学有所成的课堂。说白了，学生喜欢的课堂就是全面“研学”的研学课堂。

思考6：什么样的课程学生会喜欢？

答案：科学的课程，能学的课程，有用的课程，学生自己喜欢的课程，感受快乐的课程，激发潜力的课程，说白了就是研学课程。

思考7：什么样的活动学生会喜欢？

答案：轻松的活动，快乐的活动，趣味的活动，具有探究性的知能发展的活动，有意义的利于身心发展的活动。

思考8：什么样的教师学生会喜欢？

答案：满腹诗书，有幽默感，专业水平高，让人信服的老师；责任心强，热爱学生，有人格魅力，令人敬重的老师……

思考9：什么样的评价学生会喜欢？

答案：真实的评价，客观的评价，促进改进，指引发展方向的评价。

思考10：教师幸福在哪里？

答案：教师幸福在于职业的理想、职业的成就感；表现为职业认知、职业情感、职业意志。教师要有职业激情（女排的启迪），事业眼光、事业视野，事业心态；敢拼敢搏是一回事，技术水平又是另外一回事，没有成功感，便没有幸福感。苦、累，既有心态问题，更多的是专业能力问题。教师要提升激情，才能提升效能；提升教师专业能力，才能提升质量。有了效能，有了质量，就会有成功感，也就有了幸福感。

思考11：怎样的管理才能让教师幸福起来？

答案：制度化与人性化管理高度融合，既有现代学校制度管理，更有人文关怀；在艰苦奋斗的同时，教师还享受到快乐。

思考12：如何推进四个维度的建设？

答案：遵循以下思路目标一致，形成合力；线面结合，逐步推进；分步实施，积累发展。

文化建设，着力放在经营校园环境的建设指导上，让学校有味；

教学研究，着力放在课堂教学的设计与实施指导上，让课堂生动有趣；

德育工作，着力放在活动设计与实施指导上，让活动快乐有趣；

科研工作，着力放在课程设计与实施指导上，让课程丰富有效；

管理工作，着力放在制度建设指导上，让制度完善起来，健全起来。

三、“碁美课堂”区域行动研究的现实意义

“石碁·大龙”片区的大龙，原属于石碁镇，2010年划分出去，成立大龙街道行政区，其辖下中小学以及幼儿园数共44所。

自改革开放以后，“石碁·大龙”片区坚持党的基本路线，以邓小平理论为指导，从“石碁·大龙”实际出发，抓住机遇，不断增创新的优势，走出一条“科教兴镇、农业稳镇、工业强镇、商贸活镇、地产富镇、法制治镇、文明美镇”的具有石碁特色的路子，经济建设取得了飞速发展。在各界的共同努力下，“石碁·大龙”教育事业取得了显著的成绩，义务教育、高中教育、成人教育和幼儿教育同步发展，形成了较完善的学前教育、中小学教育、成人教育体系，全镇街教育呈现一派生机勃勃的景象。

在新形势下，各级领导也清醒地认识到，随着产业结构的调整、农业的转型，以及城乡一体化建设进程加快，对人的素质要求将会更高，要跟上时代的发展步伐，建设现代新型城镇，就必须加快教育事业的发展。因此，在大力发展经济的同时，镇街始终把教育放在优先发展的战略地位，不断优化育人环境，大力发展教育事业。特别是近年来，随着全国教育形势的发展，尤其是番禺区“上品教化”理念以及“研学后教”课堂教学改革得以全面深化，教育质量迅猛发展，已不容我们安于现状。为了落实优先发展战略和率先基本实现现代化的目标，必须花大力气努力提升“石碁·大龙”的教育综合水平。因此，“石碁·大龙”片区要以科学发展观、习近平教育思想为指导，在《国家中长期教育改革和发展纲要（2010—2020）》以及《国家基础教育课程改革纲要（试行）》等文件主要精神的基础上，在番禺区“上品教化”教育理念引领下，结合区域文化内涵和特色，提出“碁道育人”中小学推进教育教学工作发展的核心教育理念，为了把“碁道育人”的理念落到实处，深化区里提出的“研学后教”课堂教学改革，石碁镇教办提出了重点打造“碁美课堂”的主张，聚集课堂来真正推动教学改革。

（一）契合教育发展的时代脉搏

1. 体现“优先发展教育事业”的理念

中国共产党“十九大”报告在“优先发展教育事业”部分中提出：“建设教育强国是中华民族伟大复兴的基础工程，必须把教育事业放在优先位置，深化教育改革，加快教育现代化，办好人民满意的教育。要全面贯彻党的教育方针，落实立德树人根本任务，发展素质教育，推进教育公平，培养德智体美全面发展的社会主义建设者和接班人。推动城乡义务教育一体化发展，高度重视农村义务教育，办好学前教育、特殊教育和网络教育，普及高中阶段教育，努力让每个孩子都能享有公平而有质量的教育。”以上观点为石棋镇教育发展指明了方向，石棋镇从全面贯彻党的教育方针的高度来打造区域教育特色。

实施“棋道育人”教育理念，为全面贯彻党的教育方针，全面提升石棋区域教育综合实力而努力，为实现中华民族伟大复兴的“中国梦”贡献应有的智慧与力量。棋道育人，是区域教育理念。“棋道育人”教育理念核心内涵为：慎思善行，棋美人生！这一教育理念有根有源，内涵丰富，不仅具有石棋地域特色，而且符合现代教育发展趋势，它的目标指向是学生喜欢，家长满意，教师幸福，学校发展。它的最终目标是培育具有大局意识、规则意识、角色意识、责任意识、担当意识、竞争意识、合作意识、创新意识（简称八大素养）的现代公民！“八大素养”与国家倡导的社会主义核心价值观，与未来人才质量观一脉相承。这既是教育本质的体现，也是办教育的出发点、立足点与归宿点。

“棋美课堂”正是在“慎思善行，棋美人生”的“棋道育人”教育理念下衍生而来的。“慎思善行，棋美人生”的前半句强调的是德行、态度、策略与智慧，后半句强调的是愿景是目标、方向与追求。两者关系紧密，浑然一体。而“棋美课堂”的实质是学校和教师以弈棋之道办教育，不放弃任何一个学生，尊重每个学生，走好每一步，其过程表现出客观、全面、科学、民主的特性。它体现三个原则：贯彻一个理念：一切以学生为中心；落实一个重点：提升教师专业素养；突破一个难点：发展学生核心素养。“碁美课堂”必须凸现六个特征，即：以学生终身发展的教学理念为指导；以规范具体的教学目标为导向；以适合有效的研学问题为载体；以灵活多元的学习方式为中介；以积极合作的对话为方式；以科学合理的教学组织为保障。通过以上六方面工作的落实，全面培养学生的认知能力、合作能力、创新能力、职业能力，促进学生全面、健康、幸福成长。“碁美课堂”的建构与实践能充分发挥学科教学的优势，积极推广特色品牌课程，形成区域教育文化的认同心理，形成区域教育发展新的驱动力，转变石碁教育片区中小学教师观念，促进学生全面发展，以建构智慧教育为核心，进一步优化学校环境建设、德育工作、课堂教学、队伍建设、管理效益以及课程建设等，促使学校优质发展、特色发展、品牌发展，进而全面落实“家门口好教育”工程的建构工作，提升区域教育影响力和竞争力。

2. 落实《纲要》的精神

《国家中长期教育改革和发展规划纲要（2010—2020 年）》提出了中国教育改革和发展的战略目标：到 2020 年，基本实现教育现代化，基本形成学习型社会，进入人力资源强国行列。明确了教育改革和发展的指导思想，提出“优先发展、育人为本、改革创新、促进公平、提高质量”的工作方针。在创新人才培养模式方面提出：注重学思结合。倡导启发式、探究式、讨论式、参与式教学，帮助学生学会学习；注重知行统一；注重因材施教；关注学生不同特点和个性差异，发展每一个学生的优势潜能。建立科学、多样的评价标准；做好学生成长记录，完善综合素质评价。提高教师业务素质，改进教学方法，增强课堂教学效果，培养学生学习兴趣和爱好。

以《纲要》的“教育现代化”一系列观点为指导，我们提出“碁美课堂”的特征是：“充满机智，体现担当!”也就是设计体现精准（落点清晰，能力具体）；过程顾及全体（每一粒碁子都重要，不轻言放弃每一位学生）；调控充满机智（尊重学生，灵活应变，生成课堂）；追求体现担当（师生平等，实事求是，科学严谨）；素养体现文化（哲学思考，资源利用，文道结合，礼仪文明）；效益体现优质（解决了具体问题，培养了具体能力)。这些显性特征都是需要我们在课堂教学中强化的，让课堂充满智慧，体现担当；让我们的课堂呈现出这样的特质来。一旦真的是这样，我们的课堂质量与效益就上来了。帮助学生学会学习，发展每一个学生的优势潜能，是我们追求的理想状态，也是我们课堂追求的目标。

3. 深化了“研学后教”课堂改革理念

“碁美课堂”的教学理念是学生喜欢的课堂，与研学后教升级版一脉相承，追求的都是高质量的课堂教学，目的是提高课堂教学效益，它关注学生自主学习的主体地位，努力通过有效的对话教学发展学生的思维，实现知识传授向思维品质、综合能力转变，促进学生的全面成长和可持续发展。

“碁美课堂”以“课前研学——聚点前准备；课中研学——聚点授法；课余研学——聚点后建构”为三段，以“自主研学——检查研学——小组研学——问题聚点——思维聚点——归纳授法——巩固拓展——布置预习”为八步的“三段八步聚点授法”为课堂教学模式，建构“学生喜欢”的“碁美”高效课堂。那么，我们提出的“学生喜欢的碁美课堂”如何落地？学生喜欢的课堂就是好课堂？学生喜欢的有弈碁之美的课堂就是好课堂！这是有智慧的课堂，这是有质量的课堂，这是学生喜欢的课堂。因此，如何通过聚点（精选课堂教学内容或教学目标）授法（教学策略和学习方法）来提高课堂教学效能成为当下我们教师面临的一个现实而迫待解决的问题。

（二）凸显地域本色的文化传统

2001年正式开启的基础教育课程改革已经走过十几个年头，立足实际，结合区域文化提升办学理念，深入推动课程改革，不断提升教育质量，已成为教育界的共识。尤其是以习近平为核心的党中央一再强调要坚定文化自信，回归到优秀传统文化里寻找育人的基因，从而培养伟大的、有觉悟的、有担当的、有智慧的子孙后代。党的十八大以来，一系列教育改革与发展政策、法规相继出台，十九大报告中作出了“深入挖掘中华优秀传统文化蕴含的思想观念、人文精神、道德规范、结合时代要求继承创新，让中华文化展现出永久魅力和时代风采”的决议，为广大教育者指明了前进的道路。

1. “碁道文化”的传承

我们以“石碁”的来历源由一个本土人熟知的美丽的传说——仙“碁”下凡，衍生出“以碁说理，说教育之理，说石碁教育发展之理”。“碁道育人”不是凭空想象胡乱编造出来的，更不是为了时髦生搬硬套“拿来”的，她是有根的。特别是改革开放以后，石碁人敢作敢为，灵活变通，用足用好用活国家改革开放政策，赢得了经济快速发达、社会全面进步的成就，富有“碁道”之色彩。也就是说，“碁道育人”理念是扎根本土文化，由本土文化培植起来的一个带有浓厚区域色彩的理念。因此，“碁道育人”教育理念之根在石碁，富有深厚的历史底蕴。

石碁，原义石质棋子，碁与棋同义。我们知道，碁之形状由碁盘与碁子组成，盘如一方水土，子如一个团队，可谓一个整体。而弈碁之理，仿若为人之理、做事之理。碁盘之上团队之人各有其职，各有其规；各尽其职，各行其道；互相配合，彼此联系。而且碁盘之子互相帮助，目标一致；一荣俱荣，一损俱损。要想取得胜利，需要具备早布局，早谋划，视野广，思维活等特质。需要识大体，顾大局，懂规矩，能创新胸怀与智慧。弈碁之人，要努力将每一粒碁子作用发挥极致，不轻易舍弃每一粒碁子。这便是下碁之道，因性而行，因约而同。

“碁美课堂”，于管理之道、教育之道以及教学之道均能找到很好的切合点。自古有言：人生如碁，碁如人生。弈碁之道有如育人之道：因性而行，因约而同；合作中竞争，规范中求新；因职而诚，因理而成。也如办学之道，办好每一所学校，办人民满意教育，倡导均衡发展，使每一个学生都获得均等的教育资源和条件，享受优质教育。走好每一步，讲究平衡推进、协调布局，才能取得最好的效益。更如教育之道，让每个学生都得到发展，不放弃每一个学生。这是办教育的出发点与归宿点，更是新时期教育追求的价值所在。从教师的实践层面看，“碁美课堂”构建的是开放兼容的课堂。它如弈棋者，高瞻远瞩，以“碁道育人”的教育理念，根据每个学生的个性特点，打破成规，灵活布局，什么时候举“炮”，什么时候飞“马”，什么时候走“卒”，都源于整盘棋（“碁美课堂”）的走势和每个棋子（每个学生）的特点，对“家门口好教育”就起到了引领发展的作用。

课堂上，教师以弈棋之道教学，就不能放弃每个学生，尊重每个学生，好比弈棋过程中要走好每一步，其过程努力做到客观、全面、科学、民主。例如，在“碁美课堂”实践之中，我们举行形式多样的综合性学习活动，开展小组合作学习，搭建了学生互相学习、相互交流，促进自我反思，引发深入思考的发展平台。这种活动既成长了教师，也成就了学生，达到双赢，甚至是多赢的效果。当然，在实施过程中，如果谋划与运作不当，也会存在“一步走错满盘皆输”的结局。

2. 多元文化的兼容

大龙街原从属石碁镇。老石碁镇历史悠久，有着丰富的传统文化资源，从秦始皇33年（公元前214年）统一岭南建番禺郡以来，渐有中原军民南移入居境内，已有两千多年历史。石碁成村于明初，因村头称“龟如石”处有一石质碁（棋）盘及石质碁（棋）子而得名。石碁是个文明古镇，文化历史源远流长，底蕴丰厚，教育资源丰富，教育传统浓郁。曾涌现出教育家、书法家麦华三和一代武术宗师黄啸侠等著名人物；拥有享誉盛名的沙涌鳌鱼舞、大龙孔子诞、凌边乞巧节等民间文化艺术、岭南水乡龙舟竞渡活动和历史悠久的傍东流芳堂、石碁同安社、新桥九成书院等名胜古迹。其中沙涌村凭借鳌鱼舞被国家文化部命名为“中国民间艺术之乡”。在悠久的区域文化之中，其独特的祠堂文化与多彩的龙舟文化独树一帜。

独特的祠堂文化。置身其中，你会领略到祠堂文化的多彩：傍江东的流芳堂，大龙村的玉书堂，莲塘村黄氏大宗祠，南浦村的杨氏大宗祠（四知堂），小龙村的绍成堂及曾氏大宗祠，沙涌村的江氏广居祖祠，这些隐藏在寻常村道旁和街巷深处的具有历史价值和艺术价值的历史古迹无不体现广府文化特色。其雅致的布局，精雕细刻的梁柱，玲珑的灰塑，龙飞凤舞的檐椽，栩栩如生的壁画，巧夺天工的砖雕，粗犷的石雕，洒脱的书联，雄浑的牌匾，凸显岭南建筑艺术风格……在“碁美课堂”之上，老师可设计多种综合实践活动，如探究祠堂的起源与功能，祠堂的特征、历史、南北祠堂的差异、各种数据的征集与分析等。在活动中，老师指导学生整体规划，合理分工，有序进行。这些做法，不但使岭南祠堂文化得以发扬和传承，也使学生在活动中发扬碁道的智慧。

多彩的龙舟文化。龙，是力量、精神、意志的象征；舟，是勇敢、智慧、团结的见证（与碁道精神一致）。龙舟文化，源远流长；龙舟精神，永远留存。大龙街辖下的五条村（新桥、傍东、傍西、石岗东、石岗西），自古以来就是龙舟文化之乡，为更好传承龙舟文化，弘扬民族精神，作为学校，龙舟文化的传承要和学生的素质教育相结合，一定要因地制宜，充分利用学校现有的资源，以学生为主体，让学生来承担起传承龙舟文化的责任，学校可以开展龙舟文化节，举办各式各样有关龙舟的活动，如龙船操、打鼓、包粽子、剪纸、龙舟故事会等，让学生参与其中、乐在其中，在参与过程中了解传承龙舟文化。学校层面也要多加强理论研究，多做课题，开发校本课程等。

（三）破解教学重点难点问题

当前教育有三个主要问题急需解决，主要表现如下：

第一，目前教师的课堂教学对教材的知识价值探究得较多，重视教教材，对其教学价值的挖掘不够深刻，即不是“用教材教”。换言之，没有达到“授之以渔”的层面，还停留在“授之以鱼”的层面。在这种情况下，学生能力的提高大多是缓慢地自然提高，未能充分彰显课堂教学对提高学生学习能力的优势。

第二，大多数教师着眼于教师的教，较少关注学生的学。教师在备课的时候，考虑的往往是：“我要教什么？我要怎么教？”而忽略了“学生需要学什么？学生最好怎么学？”教师教学设计习惯于从教法来考虑教学，思考较多的是：“开始怎么教？”、“如何使用多媒体以及设计活动？”等。而最后，却往往局限于书本上的教学内容以及花哨的教学媒介与活动。但是，这样零散的一招一式到底学生能不能真正促进学生的学习呢？不免让人心里存在很大的疑惑。

第三，课堂教学内容选择的取舍不当。一节课可挖掘、讲授的知识点如雨后春笋，老师生怕漏了这、丢了那，因而胡子眉毛一把抓，什么也不放过。然而，老师们这样一股脑儿把“整桶知识”倒给学生，学生反而迷迷糊糊，不得要领。

“碁美课堂”着力破解以上三个重难点问题，下文对此会展开详细论述。

第一章 “碁美课堂”的价值追求

第一节 重塑课堂教学的人本价值

一、渗透碁道思想：八大意识，全局谋划

“碁道育人”理念下的“碁美课堂”充分体现育人本质，在弈碁之道中对应着师生的素养内涵，我们借鉴弈碁之道促进学生全面发展。

表1 弈碁之道与素养内涵对应表

素养	弈碁之道（举略）	素养内涵（举略）
大局意识	碁盘之内，自成整体。子子相连，互为关系，动一发而牵全身；重布局，重谋划，一步走错满盘皆输，等等	胸怀天下，心有国家；学校社会，人人关联；个人行为，影响大家；成就他人，成长自己
规则意识	象行田，马行日，车可直走，炮隔一……每一子行走都有约定俗成的规则，违规就算输	国有国法，家有家规；不同身份，均有准则；做人做事，遵纪守法
角色意识	车、马、炮、卒……角色不同，职能不同；能力不分大小，各有职责范围；依规行走，各成其事	定好位子，清晰角色；不越职，不代劳，服从分工，做自己应该做的事
责任意识	卒守河防，士护将帅，车马炮负责进攻……各有地盘，守土有责，都要为胜局作出贡献	上岗担责，尽忠职守；不躲避，不偷懒；积极进取，不怕牺牲

续表

素养	弈碁之道（举略）	素养内涵（举略）
担当意识	碁局之中，突发事件常见，如某子深陷囹圄，命悬一线，它子则要策应，或围魏救赵，或直捣黄龙；关键环节，甚或以车换马，丢车保卒……	目标一致，敢于奉献；困难面前，敢于担当；挫折面前，决不气馁；责任面前，决不畏缩
竞争意识	弈碁对垒，犹如竞赛，摘桂冠，争胜利，是应有心态；弈碁之时，步步小心，防陷阱，防偷袭，也是情理之中……	有竞争才有发展，要敢于胜利；竞争就一定会有赢输，保持平常心态
合作意识	弈碁对垒，虽有竞争，更讲合作。一是推碁行子，尊重对方，学习对手，言行谦让，文明有礼；二是碁盘之内，子子相连，互为协调，互相照应，同担利害	为学为事为人，没有合作寸步难行；师生之间，班级之内，校内校外，资源共享，合作协调，共享成果，才是真正的赢家
创新意识	碁虽有规，但灵活多变。不同碁局千变万化；不同对手，碁路不同，应对之策当是灵活变通，不墨守成规，不落窠臼，策马河山，出奇制胜……	千古无同局，世事如棋局局新。目标既定，方法不一，规则之内敢于质疑，敢于冒尖，敢为人先，能够变通，灵活创新

“碁美课堂”除了八大意识上挖掘育人内涵与价值追求之外，还可以从“弈碁之道”寻找到许多教育原则、方法等范畴上的影子。如弈碁中因碁子的特性不同赋予不同功能，推子前行就要“因性而行”，这与教育学上的“因材施教”原则何其相似。

第一，“碁美课堂”是全体师生展示充盈人生的平台。对学生来说，所经历的“碁美课堂”是他们生命中最重要的时期，学习效能好与坏，直接影响到其美好的韶华和未来的成长与发展。对于教师来说，“碁美课堂”是教师职业核心。教学效果的好与坏，直接影响个人的威信与职业的价值。因此，“碁美课堂”对于教师与学生来说有着生命价值层面的意义。

第二，“碁美课堂”体现了以为人本的目标，让每一个学生得以全面发展，而不是个别优生的发展；追求学生的全面发展，而不只是学生某一方面的发展。在过去的课堂教学中，教师只把知识的传授作为课堂教学目标。“碁美课堂”的教学关注人的成长，关注人的发展的全面性。在教学实践以整体生命为出发点，开展丰富多彩的活动，让学生得到最大化的影响，给生命涂上斑斓的色彩。

第三，“碁美课堂”在教学过程中展现丰富性。课堂要真正实现目标，必须让师生联动起来。师生必须走进生活，把生活与学习相结合。与此同时，“碁美课堂”倡导师生必须共同参与，既发挥教师的主导作用，更发挥学生的主体作用。师生之间，生生之间，以教材为桥梁，从心间产生共鸣，用语言进行交流，互相启发，才能激发课的创造性，才能创课堂的精彩。唯有如此，才能使学生体验与感悟，形成独特的视角，继而对现实的客观世界的进行感知、洞悉、理解、内化，不断充实自己的生命世界，丰富学习人生，让生命自然、舒展生长。

二、价值定位：让每个孩子的人生都幸福

课堂价值是教育最核心的追求，但是在传统教育的影响下，它却被强势的知识传授绑架，而长期受到忽视。“碁美课堂”是对教学中课堂价值的问题进行研究，以转变教师的观念，充分认识教育的真谛，从而促进价值教育在教学中得到落实，发挥课堂教学的功能。苏霍姆林斯基说过：不能把小孩子的精神世界变成单纯学习知识。如果我们力求使儿童的全部精神力量都专注到功课上去，他的生活就会变得不堪忍受。他不仅应该是一个学生，而且首先应该是一个有多方面兴趣、要求和愿望的人。英国社会学家斯宾塞说过：教育中应该尽量鼓励个人发展的过程。应该引导儿童自己进行探讨，自己去推论教师给学生的应该尽量少些，更多的是引导学生去探索发现，主动求知。

我们“碁美课堂”追求的价值是：“让人生美好幸福起来！”教育的根本目的是育人。学校一切工作的出发点和归宿都应该是为了促进人的健康发展、持续发展、终身发展。识碁道，悟碁道，用碁道，为学处

事为人方可融通。因此，我们赋予了“碁美课堂”明确的育人价值：

追求最大的教学效果：让每个学生都学会。

追求最大的教学效能：让每个学生都会学。

追求最大的教学效益：让每个学生都幸福。

正是基于如此，“碁美课堂”以“让每个孩子的人生都幸福”为终极目标。“碁美课堂”在教学实践不同阶段的价值追求是：

谋划中实现共赢（教学目标：学生喜欢，教师成长）——谋定而后动；

变化中寻求突破（学科课型：学习任务，重点难点）——慎思善行；

互动中成就你我（教学策略：行为措施，方法技能）——碁美人生。

第二节　彰显课堂教学的文化取向

课堂文化是课堂教学的“土壤”，是课堂教学存在、运行和发展的“元气”，是课堂教学的活力之本和动力之源。有的学者把广义的“文化”定义运用到课堂中来，认为“课堂文化是师生在课堂教学中创造的各种物质财富和精神财富的总和”；有的学者从狭义的角度出发认为“课堂文化是课堂教学中的规范、价值、信仰和表意象征符号的复合体”；有的认为课堂文化是一种精神文化，“体现了课堂教学的内核，它包括支撑着教学活动的根本理念、价值诉求，展开教学活动的基本思维方式，以及维系师生交往活动的人际氛围和精神氛围等”。① 从生态哲学的视角来看，这些定义都存在一些问题，无论是广义的课堂文化还是狭义的课堂文化界定都倾向于界定“什么是课堂文化”，并且是这些课堂文化外延的静态无序的累加、集合。课堂文化是课堂教学中教师、学生、文本、环境等各个要素之间相互联系、相互作用而产生的一种文

① 桂爱明．以先进的课堂文化构建和谐的课堂［J］．考试周刊，2008（49）．

化形态，是一个有机整体，它有自己运作的规则，同时它具有生命力，能够通过自己的有机生长和盛衰变化来超越给定的形态。它具有一般系统所具备的整体性、层次性、开放性、有机性等方面的特征。由此，从生态哲学整体性、关联性、过程性、有机性等思想出发来审视课堂文化，思考课堂文化的内涵，那么，课堂文化就界定为教师与学生作为集体在教学互动中构建的属于师生集体的生活方式。①

首先，课堂文化是一种生活方式。生活方式的定位就意味着课堂文化这种特殊的文化形态也是一个有机生态系统，是课堂教学各要素相互联系、相互作用、相互依赖而产生并自觉或不自觉的积淀或凝结的结果。它随着教学实践的展开而不断进行着有机生长和盛衰变化，同时积淀下来的被师生集体所共同认可的生活方式具有规约性和强制性，以潜移默化的方式影响着师生教与学的思维和行为方式。此时的课堂文化再也不是各种文化特质的僵死的、随机的集合，而是一个活生生的有机整体。

其次，课堂教学中师生基本的行为方式是交往互动，课堂文化是师生围绕文本、环境等因子在交往互动的基础上形成的文化形态，离开了教学互动便形成不了课堂文化。同时，教学系统中教学、学生、文本环境等因子之间不同的联系和作用方式催生了多种多样的互动样态，从而产生了丰富多样的课堂文化。此外，教学活动过程具有开放性、生成性等特点，使得课堂文化也表现出动态性的、生成性的特征，既立足于原有的师生集体共有的生活方式，同时又根据现实不断地调整，生动地孕育着未来更适合的生活方式的过程。

再次，“师生集体所有”点明了课堂文化的归属，课堂文化有别于单纯的教师文化、学生文化。教师文化是教师群体构建的属于教师的生活方式，它对教师群体产生直接影响与制约；学生文化是学生群体构建的属于学生的生活方式，它对学生群体产生直接影响与制约。而课堂文

① 冯艳华，关文信．课堂文化的生态哲学解读［J］．兰州教育学院学报，2010（1）．

化是师生集体为了教学活动的顺利开展而形成的在教学方面共同的价值认识，达成的互相认可的行为方式，是属于师生集体作为主体在教学过程中创造出来的共有的生活方式。

一、课堂要有文化

什么是课堂？课堂是教育工作者既熟悉又陌生的地方。熟悉是因为班级授课制从产生到现在历时三百多年，目前仍是学校教育的主要形式，每个教育工作者经常出入课堂，把课堂场所作为教书育人的主要阵地；陌生是因为尽管教育工作者与课堂关系密切，但是又有多少人真正关注我们的课堂。研究课堂，人们对课堂教学改革可以说思考三百多年，研究了三百多年，实验了三百多年，但实践中课堂真正产生的实质性变革与根本性变化的不多。

课堂是生命相遇、心灵相约的地方。课堂教学的立足点是人，而不是物，教师所面对的是一个又一个的生命体，作为生命体，是有生命力的，是生动活泼的，是富有个性的，这是每一个时代学生的内心呼唤。课堂教学应该是“赋予没有生命的知识以生命活力；给予不太成熟之人以成熟美丽；让不动的动起来，让不灵的灵起来”。

课堂是师生对话、质疑问难的地方。真正的课堂是让学生带着兴趣和问题走进教室，带着更大的兴趣和问题走出教室。那是因为课堂是探寻真理、教学相长的地方。鉴于此，课堂教学的最高境界应该是：动机上——要我学到我要学；情感上——不感兴趣到感兴趣；方法上——从学会到会学；体验上——由苦学到乐学。

世界上最早的教学论专著是《学记》，《学记》讲教学论，不是从教开始，而是从学开始，这种先进的教育思想主要体现三句话上：

一是“道而弗牵”。教育不要牵着学生的鼻子走，重在引导学生。要一头大象走，推屁股是推不走的，但前面有根香蕉，马上就跟你走。二是“强而弗抑”。严格要求学生，正确处理关系，鼓励鞭策学生进步，在教学过程中，千万不要压制学生，扼杀学生的积极性、主动性；教育有一条简单明智的真理——你向学生提出一条禁律，就要同时给予十条奖励。只有这样，学生的心灵才会长出幸福、自信、向上的庄稼，从而排除那些狭隘、自卑、失败的杂草。三是“开而弗达”。开导学生，不要把所有结论都原原本本给学生，要让学生通过自己的努力，达到学会的目标。

课堂是现代学校教学的主要场所，课堂学习是传承与发展人类文化的基本形式。课堂文化是学校文化的重要组成部分，是学校文化的一种表达形式和基础载体。它是师生在课堂教学中所体现出来的思想意识、思维方式以及学习方式的总和，是学校的价值取向在课堂活动中的体现。

积极的课堂文化是一种特殊的聚合性很强的文化，并带有一定的情境性，主要体现的是一种氛围，是一种人的精神气象，要从人的角度出发，体现对人的关怀与重视，建立在心与心的交流和沟通之上。在这样的课堂之中，学生才能放开，放松地得到发展。课堂文化要充分体现个性、人道主义精神，从而形成一种内在的素质聚合力，促进其人格的形成。课堂文化在一定程度上展现了一个班级乃至一个学校的风貌、风气。良好的课堂文化具有较强的聚合力。

进入 21 世纪，传统的课堂教学文化已经完全不能适应当今的需要，在当今社会知识大爆炸的年代里，传统的育人目标已经跟不上时代的需要，新课程改革已势在必行，新课堂文化也随之出现。新课堂文化否定了那些“过时”、“陈旧”的传统课堂文化因素，提倡建立师生平等、和谐的课堂气氛，在课堂教学中，强调师生互动，共同探讨的教学模式，让学生自己去体验、去认识、去探究，从而达到自我完善、自我提高来促使其生命的发展。新课堂文化，关注学生的发展，体现新课程课堂教学重过程、重体验、重探究的基本理念。

人们常说：“不同的教师，不同的课堂，各有各香。”这是因为课堂总是表现出某种特定的文化形态，即课堂文化。课堂文化反映的是课堂教学的文化质态，它参与全部的教学活动并深刻影响学生当下及今后的精神生活品质。

课堂教学是教师与学生的双边活动，因而课堂文化首先是人的文化。教师和学生是课堂文化的共同体，毋庸置疑，教师决定了课堂文化的基调，导引着课堂文化的走向，教师是课堂文化的引领者。在传授知识的同时，教师还传递着自己的价值取向和思维方式，并借此影响学生的精神世界。因此，师生进行教学活动的行为方式是课堂文化的具体体现，它是外显的、可视的，教师在课堂上的一言一行总是饱含着其内心的“价值期待”，这种期待会对学生产生十分深远的影响。

正如自然界在下雨之前，形成雨滴仅仅依靠水蒸气形成的微小的雾滴是不够的，微小的雾滴还要找到一个由冰晶或灰尘作为核心，然后附着在上面。从教学价值取向对教学活动的指向性作用来分析，课堂文化的核心是教师的教学价值取向。教学价值取向是课堂文化的“动力系统”，它推动着教学活动的开展，决定了课堂教学的运行方向和轨迹。比如“碁道育人”价值追求是“让人生美好幸福起来”，教育的根本目的是育人，学校一切工作的出发点和归宿都应该是为了促进人的健康发展、持续发展、终身发展。碁美课堂的育人目标就决定了其文化价值取向。

二、课堂彰显文化

课堂文化是一种环境、氛围，是课程改革的载体，反映了一个学校的教学观念、教学风格和教师、学生的风貌。碁美课堂文化的构建是一个发展新的价值、信念和规范的过程。

（一）碁美课堂彰显生本的课堂文化

生本课堂文化强调在教学过程中应重视学生的认知、情感、兴趣、动机、潜能等内心世界的研究，尊重每一个学生的独立人格，保护学生的自尊心，帮助每个学生充分挖掘自身潜能、发展个性和实现自身的价值。生本课堂文化要得到彰显，要求教师要为学生的学习创设一个主动摄取、积极建构的场景，而不是任由教师随意塑造、强制灌输。教师在学习活动过程中不是起支配、控制和主宰作用，不是去强迫或命令学生做什么或不做什么，二是像火柴一样去点燃学生的思维，激发他们积极的情感，进而培养良好的学习态度。①

一堂不说话课堂教学的启示：②

一位美国教师来我国访问。一天，他向一所小学的校长提出他来上一节课。这可难住了校长：这位美国老师一句汉语都不会说，我们的学生一句英语也听不懂，如何交流？这位美国老师表示不需要说话，也不需要翻译。于是，课便开始了。

老师走进教室后，示意同学们先离开教室，然后每四个同学为一组，每组放了一个蜗牛，一杯牛奶，一盘牛肉，一盘粮食，一盘蔬菜和青草，一杯有盖的热水，一杯带盖的凉水。做好准备后，他示意同学们进来。同学们走进教室，惊喜地发现桌上有这么多东西，特别是还有一个可爱的小蜗牛，高兴得忘了讲台上还站着一位外国老师。他示意同学们安静下来，然后做示范。

先把蜗牛放在热水杯的盖子上，蜗牛爬来爬去，烦躁不安；

再把蜗牛放在凉水杯的盖子上，蜗牛一动不动，静静地趴着。

不用说话，同学们已经知道了蜗牛在温度过高的环境下是无法生存的，他需要一个适当的温度。

然后，把蜗牛放在有肉的盘子里，蜗牛不吃；放在有粮食的盘子里，蜗牛不吃；放在有蔬菜和青草的盘子里，蜗牛慢慢地小心地吃起来。

同样不说话，同学们已经知道了蜗牛吃的食物是蔬菜和青草。

一节课，老师没说一句话，同学们明白了蜗牛需要的温度，蜗牛所吃的食物，而且在活泼愉快、亲自参与的活动中增长了知识，提高了能力。

这一节课，给我们的启示是什么？

---

① 张兰芳．从生命教育思考中学语文课堂文化建设［J］．中学语文教与学，2008（1）．

② 黄桂容．新课程理念下教师课堂教学技能［J］．中学教育，2016（9）．

第一，教学在于激发一种兴趣。当孩子们离开教室又回到教室时，惊喜地发现有这么多东西，而且还有一个可爱的小蜗牛，兴趣被激发了，忘了还有一位美国老师。当孩子们看到蜗牛从热杯放到冷杯上，蜗牛行动发生了变化，思维被激发了……

第二，教学在于一种体验。课堂上，活泼愉快、亲自参加、亲身体验到蜗牛对热、对食品的反应。老师没有告诉学生也没有让学生归纳整理，蜗牛喜欢的环境条件；蜗牛吃的食物；不吃的食物，因为这些知识的掌握不是最终目的。同样老师也没有总结观察、研究的方法有哪些，因为每个学生都在体验这些方法，感悟到的是不尽相同的方法。

第三，教学不是告诉，不是传授，而是感悟，是诱导。先把蜗牛放在热杯上，再把蜗牛换到一个个盘子里，这个过程是诱导，诱导学生去观察、思考，得到结果。这个过程中，学生体验到了许许多多。

第四，教学在于创造一种环境，提供一种条件。学生走出教室再进来，这时，环境变化了，变成了让学生兴致盎然的环境。老师们在桌子上放了那么多东西，为学生提供了必要的条件。好的课堂教学不在于老师怎么讲，讲多少。讲得少或语言水平低，甚至没有语言都能上出好课来。教学还在于全程的激励、调控，创造和谐、轻松、兴致盎然的心理环境。

（二）碁美课堂彰显生命的课堂文化

教育是培育生命的事业，教学不仅仅是单一的认知活动，更是生命发展的活动。我们所面对的是一个个鲜活的生命个体，充满灵性与活力，具有独特的情感和智慧。“碁道育人”明确提出要关注每一粒碁子，每一粒碁子都有其个性，每一粒碁子都有其价值。碁美课堂教学必须关注教学主体的生活质量、生命质量、生命价值和意义，实现课堂教学的重建，让课堂教学成为有生命的课堂，焕发出生命的活力。①

一是尊重生命的独特性。世界上没有完全相同的两片树叶一样，世

① 丁爱琴．生命化语文课堂的建构［J］．现代语文（教学研究版），2007(4)．

界上也没有完全相同的两个人，要求教师在课堂上必须尊重每一个学生。教师要尊重学生的言行，珍惜学生的奇思妙想，宽容学生的失误；教师要懂得学生都有其独特性，了解学生的长处和不足，指导学生学习方式不同，做到因材施教；要求改变统一的评价标准。

二是善待生命的自主性。每一个学生都有其自主性，都有一颗对外界事物充满好奇的心，都有去认识、去追问、去探索、去创造新事物的冲动。教学中实现学生由被动学习向主动学习的转变；由维持性学习向自主创新性学习转变；由学会向会学转变。

三是关注生命的整体性。学生的发展是以整体的发展、全面的发展，而不是片面的发展，生命化课堂学就是要力图实现学生生命的整体性发展。

四是理解生命的成长性。学生是不断成长的，不断进步的，从长远的发展的眼光看待学生；教师不能制定太多、太具体的固定目标约束学生；教师应肯定每个学生都能够进步和成功。

（三）碁美课堂彰显生活的课堂文化

教育是人类生活中的重要组成部分，先进的课堂文化当然离不开与生活的密切联系。美国教育家杜威倡导的“教育即生活”和我国伟大的教育家陶行知先生提出的“生活即教育”的教育理念都揭示了教育与生活的紧密关系。因为只有植根于生活世界并为生活世界服务的课堂，才是具有强大生命力的课堂；只有不脱离学生生活实际的教学才是具有珍贵价值的教学。彰显生活的课堂文化不是要让教学过程还原生活过程，把教学情境还原为生活情境，把师生角色还原生活角色，二是要教师真正放下架子，与学生平等交流对话，接纳学生的生活经验，回归生活。

（四）碁美课堂彰显生动的课堂文化

课堂教学要具体、生动而充实，充满变化、灵动和创造，使课堂教学由静态转变为动态；从情景转变为情节，从情节导出戏剧。让不动的动起来，让不灵的灵起来。课堂教学理应是丰富多彩的，引人入胜的。但为什么我们的课堂不受学生的欢迎呢？“学生喜欢文学，但不喜欢语文课；学生喜欢运动，但不喜欢体育课；学生喜欢数学，但不喜欢数学课”。反思之后，我们发现不是学生的学出了问题，而是教师的教出了问题。千古无同局，世事如棋局局新。目标既定，方法不一，规则之内敢于质疑，敢于冒尖，敢为人先，能够变通，灵活创新。碁道育人倡导培育学生的创新意识，没有创新意识的教师，没有创新意识的课堂，没有彰显出生动的课堂文化，培养学生的创新意识就失去根基和环境。

第三节　实现课堂教学的本真意义

“石碁·大龙”片区隶属于番禺区，番禺区“研学后教”的核心指导思想是：把时间还给学生，让问题成为中心，使过程走向成功。目前“研学后教”（升级版）已从重在方法探究，上升到成果转化及实践运用。“石碁·大龙”片区正是基于以上行为，集中力量打造“石碁·大龙”片区具本土特色的“碁道育人”教育理念下的“碁美课堂”。挖掘棋文化中蕴藏的智慧，通过发挥课堂中各生命要素间的互动体现课堂的精彩，师生在共享中获得发展，实现“碁美课堂”的价值追求。

一、互动才能精彩

1. 教与学的目标中体现互动

传统的课堂偏重于知识的“教”，基于“研学后教”的“碁美课堂”更多的是体现学生的“学”。能否实现“教”与“学”的有效互动首先看目标。“研学案”的使用是“研学”课堂的特征之一，“研学案”中的目标为学习目标，是老师在熟悉课程标准、精心研究教学内容、教学大纲及学情的前提下将“教”的目标更好地转化为“学”的目标，通过目标转化让学生在自主学习中提升学习效能。为实现目标的考核功能，可用能考核的外显的行为动作表述，比如：通过什么记住什么，通过什么能写出什么，在什么情况下会运用什么……通过目标分解让学生可以清晰的知道自己将要做什么，如何去做。同时，师生可以通过目标查看学生设定内容是否达标，做到有的放矢的互动，从而在目标中体现互动。

2. 在教学模式中体现互动

以往灌输式教学明显体现出急功近利的应试教育的态势，用看似省事省时的高效能完成教学任务，充分体现了教师的主导作用，但知识的灌输教学、被动接受式学习与“以生为本”的课堂模式要求相差甚远。因此，新课程标准中要求教学中要开展各种以学生为主体的教学模式，如启发式教学、合作学习、自主学习、分组讨论等的互动教学模式。“碁美课堂”所讲求的也正是这种各尽其能、百花齐放的教学模式，让学生在学习过程中真正“动”起来。在“研学案”为导向的教学模式，学生把自主学习中遇到的疑点、难点、重点问题提交给学习小组，小组成员针对这些问题进行讨论探究，共同找出解决问题的方法与思路。讨论将要展示的内容，讨论自学中遇到的困惑。在这个过程中，思想的交汇、智慧的碰撞，思维的积极性、主动性和敏捷性，语言表达的完整性和准确性都得到相应的提高。学生在独立思考、共同讨论、共同研究，让大家在互动学习中自主地学习知识。

3. 在问题探究中实现互动

探究性学习即“学生在学科领域或现实生活的情境中，通过发现问题、调查研究、动手操作、表达与交流等探究性活动，获得知识、技能和态度的学习方式和学习过程”。① 比如，数学探究性学习更加关注学习过程与交流。数学探究性学习的材料不单单是教师自己提供的，而且教师应鼓励学生一起通过思考、调查、查阅资料等方式概括出问题，甚至可以通过日常生活情境提出数学问题，进而提炼成探究性学习的材料。在探究性学习的过程中，学生是学习的主人，是问题的研究者和解决者，是主角，而教师则在适当的时候对学生给予帮助，起着组织和引导的作用。数学探究性学习的评价不仅仅关心学习的结果，而且更重要的是关注学生参与学习的程度、思维的深度与广度，并且注意呵护节外

① 荣卫东．现代信息技术环境下高中数学探究性［J］．中学教育（教学研究），2006（4）．

新技，精心培养超越教材、超越自我的创新精神，同时对学生的情感变化也应予以动态的关注，为学生的终身发展而服务。

4. 在成果展示中实现互动

成果展示将课堂推向高潮。不同的内容可以采取不同的展示形式，如小组内部互相展示，小组间交叉展示以及全班展示等。对于较简单及难度稍大的问题可组内展示，简单问题则将成果写在各自的研学案上，相邻两个组成员或与对面的成员互相交换并给对方修改的批阅，在批阅的过程中既学习了其他同学的好的解题方法，又可以注意到容易错的地方。而对于难度稍大些的，组内可能只有个别同学会的知识可采用组内展示，组长安排一人通过小黑板或展板向组内同学展示，边展示，同学可就不明白的问题提出质疑，几个小组同时进行。对于有些问题个别组内可能基本没人可以解决，而其他组又恰恰都能解决时，可以向旁边的小组求助，由小组派代表或发挥全组的力量为另一个组服务。对于重难点、关键点、归纳的规律、或难题，可安排完成得非常好的学生在前后的黑板向全班作展示。当展示的内容比较多、比较杂乱，甚至可能比较偏，这时就需要教师的把握和引导甚至主持大局，以更好的方式让学生能顺利解决问题。

5. 在民主氛围中实现互动

以生为本，营造民主和谐的课堂是当今教育发展的潮流。“碁美课堂”要求的正是顺应这股潮流，鼓励学生敢于质疑、敢于发表真实想法、敢于提出修改意见。课堂内允许学生闪亮创造性的思维“火花”、允许学生思想的多样性（实践最适合学生自己的学习、思维方式）。在这种民主、自由的课堂气氛中，学生的思维不时发生碰撞，迸发出耀眼的火花，从而使课堂精彩纷呈。民主的课堂各种问题生成、互动无时不在，教师根据生成选择确切的互动方式进行教学，把生成的正能量充分发挥出来，就是民主氛围中的“碁美课堂”。

以上互动中包含了师生互动、生生互动，还有生生间的组内与个别同学或集体的互动，还有组间的互动。同样，各种互动中也包括教师与学生个体、集体的互动，还有教师与特别关注对象的互动。各种互动都有各自的优点和局限性，如教师和学生群体的互动适合讨论一些思维层次较低的问题，可集中全班学生的注意力；教师与学生个体的互动适合讨论一些思维层次较高的问题，既能让学生冷静思考，关注学生个体间的差异，又能集中学生分散的注意力；学生与学生之间的互动多出现在小组合作学习的时候，有利于培养学生的自主探究能力和团结协作精神。照顾大部分、关注小部分，使每位学生都能在潜移默化中获得生命成长的养料，这就是“碁美课堂”的“美”。

二、共享才能发展

教育是在资源共享中实现“心心相印”（交流与共鸣）的活动。课堂中通过共享资源、共享解法、共享思维火花、共享成果达到“心心相印”，在共享中师生互相影响、互相补充、互相促进，实现共同进步。

1. 教学资源共享

其共享主要体现在教学内容的共享，“碁美课堂”中则体现在研学案。如2016年《初中数学课程标准》要求：“学生的数学学习内容应当是现实的、有意义的、富有挑战性的，这些内容要有利于学生主动地进行观察、实验、猜测、验证、推理与交流等数学活动。”为此，各版本的初中数学课本都十分注重从实例出发引入数学问题。根据学情充分挖掘可以利用的课程资源，给学生提供最有效的学习素材，这不是哪本或哪套教参能完全解决的。它需要教师在教学实践中大胆创新，将学生关心、关注的社会热点事件引入课堂，将学生已有的学科知识引入课堂，通过已有知识和经验逐步解决新的问题。基于碁道育人的“碁美课堂”通过“研学案”很好地解决了这一问题，学生利用“研学案”清晰地知道自己的研学脉络。

2. 经典解法共享

有深度的教学要启发学生系统地掌握知识的内在联系，对所列的知识内容有较深刻的理性认识，这要求对知识不但要整体把握，还要能深入浅出。实现这点必须对知识点不断总结、归纳、分类，以达到知识间的纵横联系。由此，才能在不断创新变化的题型中捕捉到问题的本质。把握题型关键，尽快找到解决问题的思路，通过分享某类问题的多种解法，既让“问题成为中心”，也令人更加印象深刻。

举例：已知 a，b，c，d 都是实数，且 $a^2+b^2=1$，$c^2+d^2=1$，求证 $|ac+bd|\leqslant 1$。

证法一：（综合法）因为 a，b，c，d 都是实数，所以

$$|ac+bd|\leqslant |ac|+|bd|\leqslant \frac{a^2+c^2}{2}+\frac{b^2+d^2}{2}=\frac{a^2+b^2+c^2+d^2}{2}$$

又因为 $a^2+b^2=1$，$c^2+d^2=1$，所以 $|ac+cd|\leqslant 1$

证法二（分析法）：要证 $|ac+bd|\leqslant 1$，只需证明 $(ac+bd)^2\leqslant 1$

即只需证明 $a^2c^2+2abcd+b^2d^2\leqslant 1$ ①

因为 $a^2+b^2=1$，$c^2+d^2=1$，

所以①式等价于 $a^2c^2+2abcd+b^2d^2\leqslant (a^2+b^2)(c^2+d^2)$ ②

将式展开、化简，得 $(ad-bc)^2\geqslant 0$ ③

因为 a，b，c，d 都是实数，所以③式成立，即①式成立，原命题得证。

证法三（换元法）：

设 $a=\sin\alpha$，$b=\cos\alpha(-\pi\leqslant\alpha<\pi)$；$c=\sin\beta$，$d=\cos\beta(-\pi\leqslant\alpha<\pi)$，$-2\pi\leqslant\alpha-\beta<2\pi$. 所以 $|ac+bd|=|\sin\alpha\sin\beta+\cos\alpha\cos\beta|=|\cos(\alpha-\beta)|\leqslant 1$

证法四（向量法）：设向量 $\vec{e}=(a,b)$，$\vec{f}=(c,d)$，用数量积证明

$$|\vec{e}\vec{f}|=|ac+bd|=|\vec{e}||\vec{f}||\cos<\vec{e},\vec{f}>|\leqslant 1$$

此例体现了综合与分析互为前提、互相渗透、互相转化的辩证统一关系。通过一题多解让学生在提升学科学习兴趣的同时，能够更好掌握知识间的相互联系、相互结合、综合运用；强化知识结构，锻炼发散性思维；对于后续学习中遇到同类问题可以快速选择适当的方法简化解题

思路及过程。

3. 错误解法共享

师生、生生在交流互动的过程中，出错是不可避免的。这些错误只要是经过思考，总会包含某种合理的成分，有的甚至隐藏着一种超常、一种独特，反射出智慧的光芒，只要稍加利用，就可以用错误激活学生思维，成就“碁美课堂”。课堂中教师要善于及时捕捉错误，把错误当作难得的生成资源加以开发利用，将错就错地引导和化解，那么课堂就会碰撞出智慧的案例。

比如高考考纲中明确要求考生能正确运用三角公式进行三角函数式的化简求值和恒等证明，但有的考生由于公式不熟，导致过程出错。

举例：化简 $f(x)=\cos\left(\frac{6k+1}{3}\pi+2x\right)+\cos\left(\frac{6k-1}{3}\pi-2x\right)+2\sqrt{3}\sin\left(\frac{\pi}{3}+2x\right)$

$(x\in R,\ k\in Z)$，并求函数 $f(x)$ 的值域和最小正周期。

此题的一般正确解法是先变形再运用诱导公式等化简：

$$\begin{aligned}f(x)&=\cos\left(2k\pi+\frac{\pi}{3}+2x\right)+\cos\left(2k\pi-\frac{\pi}{3}-2x\right)+2\sqrt{3}\sin\left(\frac{\pi}{3}+2x\right)\\&=\cos\left(\frac{\pi}{3}+2x\right)+\cos\left(\frac{\pi}{3}+2x\right)+2\sqrt{3}\sin\left(\frac{\pi}{3}+2x\right)\\&=2\cos\left(\frac{\pi}{3}+2x\right)+2\sqrt{3}\sin\left(\frac{\pi}{3}+2x\right)\\&=4\left[\cos\left(\frac{\pi}{3}+2x\right)\cos\frac{\pi}{3}+\sin\left(\frac{\pi}{3}+2x\right)\sin\frac{\pi}{3}\right]\\&=4\cos2x\end{aligned}$$

但也有的考生不仔细观察题目特点直接运用和（差）角公式：

$$\begin{aligned}f(x)&=\cos\left(\frac{6k+1}{3}\pi+2x\right)+\cos\left(\frac{6k-1}{3}\pi-2x\right)+2\sqrt{3}\sin\left(\frac{\pi}{3}+2x\right)\\&=\cos\frac{6k+1}{3}\pi\cos2x-\sin\frac{6k+1}{3}\pi\sin2x+\cos\frac{6k-1}{3}\pi\cos2x+\end{aligned}$$

$$\sin\frac{6k-1}{3}\pi\sin 2x+2\sqrt{3}\sin\left(\frac{\pi}{3}+2x\right)$$

到了这步有的考生走投无路，才不得不考虑是否应该将 $\frac{6k+1}{3}\pi$ 进行拆开，而有的考生只能望题兴叹了。这种情况一方面是由于对题目分析不够到位，但更多的还是由于诱导公式不够熟悉。

还有一种情况是和（差）角公式记错：

$$f(x)=\cos\left(2k\pi+\left(\frac{1}{3}\pi+2x\right)\right)+\cos\left(2k\pi-\left(\frac{1}{3}\pi+2x\right)\right)+2\sqrt{3}\sin\left(\frac{\pi}{3}+2x\right)$$

$$=\cos\left(\frac{\pi}{3}+2x\right)+\cos\left(\frac{\pi}{3}+2x\right)+2\sqrt{3}\sin\left(\frac{\pi}{3}+2x\right)$$

$$=\cos\frac{\pi}{3}\cos 2x+\sin\frac{\pi}{3}\sin 2x+\cdots\cdots$$

以上几种问题都是由于基础知识不扎实导致的，高考很多题目都设计巧妙，巧就巧在大部分考生能动手做，但具体用什么方法如何完成则因人而异，数学思维好、能力强的学生可能运用一定的技巧能够较快较准确的完成，可以争取更多的时间去完成较难的题。经历过程往往比获得结果更可贵，哪怕这个过程是错误的，教师充分利用课堂上出现的错误，因势利导，变错误为重要的学习资源，从错误中获得知识，让错误成为课堂教学的一个亮点，使课堂因错误而精彩。

4. 学习成果共享

资源要分享，智慧同样要分享。课堂中，只有给学生的思考提供充分表达的平台，提供个性张扬、分享智慧的空间和时间，提供自主探究、合作交流、思维碰撞的留白，学生才敢于表达真实想法，学生的创新意识和创造能力才会如种子般富有蓬勃的张力和鲜活的生命力。

共同分享的成果具有某些特征，一是只有少数人能够解答的问题；二是可以从不同角度或不同方法解决的开放性的问题；三是具有一定代表性错题的问题，特别是出错步骤；四是学习路线、思维导图；五是为了鼓励某些特别对象时而设定的共享等。

共享的方式也多种多样，共享可以是向同学的、向老师的；小组内的、组间的、全班的；可以是语言表达、板书、投影、肢体动作、模型展示等。

“共享”可以体现师生之间、学生之间静态与动态的信息交流，真正实现师生互动、共同发展。

第二章　“碁美课堂”的活动特征

《基础教育课程改革纲要颁布（试行）》颁布以来，从传统的依赖模仿和机械记忆的低阶思维学习，转变为自主、合作与探究的深度学习，成为了课堂教学改革的核心任务。课堂改革要解决“如何把课堂还给学生？”、“如何引导组织全体学生进行有序高效的课堂自主学习？”等一系列关键问题。要解决这些问题，教师就应该重点研究学生的学习心理和行为，在研究学生过程中真正读懂学生，探索科学合理的教学模式。十九大之后，在新时代的教育发展理念指引下，我国教育事业发展的总体期望从“办人民满意的教育”转向了“办人民幸福的教育”，这一转型对教育质量提出了更高的要求。那么，怎样的课堂模式是符合课程改革趋势，顺应新时代的使命要求，实现让学生幸福的价值追求呢？我们提出的“碁美课堂”的一系列活动特征，就是一种回应。

第一节　“碁美课堂”的三大特征：有效、智慧、美好

课堂模式如棋盘，比如围棋具有高度的艺术性、战斗性、科学性、教育性和趣味性，引人入胜。区区黑白二子，融括天下万物，我们可以拿奕道与育理合成一体，从弈道中总结出育理来指导具体教学工作。其实，围棋本身就是凝固的教育规律：棋盘的总路数是三百六十加一，一象征教育的起始，表示教育要从头抓起，循序渐进。三百六十象征一年，表示教育要有合理的周期（一学年）。棋子分黑白两种，象征学生和教师，也可象征成功和失败。棋盘方形，象征静止，棋子圆形，象征运动，表示教育一定要动静结合。从古到今，所下的棋局，没有一局相

同（棋局数大约有 10 的 170 次方，而宇宙中原子数仅是 10 的 80 次方），象征教无定法，它决定着教育结果的多样性、可变性……

又比如在象棋的棋盘上看似风云变幻，实际上“万变不离其宗”，翻云覆雨的棋手要擅于运用每一颗棋子的特点，如“车”的行动迅猛，“马”的儒将风度，“炮”的遥制对方，“卒”的杀之难尽。棋手只有充分发挥每个棋子的特点，才能步步为营，赢得棋局。① 在课堂教学上，无论教学内容和形式如何变化，只有牢牢把握以学生为主体的课堂模式，才能达到教学效果，实现教学目标。课堂模式如棋盘，好的教师如高明的棋手，善于发掘学生的特点，并根据不同班级、不同学生的特点，巧妙发挥，让学生能积极参与课堂活动、充分体验学科之美，真正成为课堂的主人，这就是我们追求的“碁美课堂”。

首先，“碁美课堂”课堂必须是有效的。

一是从教育学的角度看是有效的。“碁美课堂”的前提一定是有效的课堂教学，有效教学意味着教师能够有效“备课”、有效“指导”、有效“激励”。其中有效“指导”又包括有效讲授、有效提问、有效倾听。② 通过课堂活动，促进学生在知识与技能、过程与方法、情感态度与价值观三维目标上获得协调性的、整合性的发展。③

二是从教学层面的角度看是有效的。从表层、中层、深层三个层面对有效教学进行结构化分析，有效教学在表层上是一种教学形态，在中层上是一种教学思维，在深层上是一种教学理想。综合来看，有效教学是一个理想到思维，再由思维到形态的动态转化过程。④ 在此基础上，从综合有效教学观的视角，融静态“有效的教学”和动态“有效地教学”于一体，认为有效教学的内涵是指在具体教学过程中，根据课前预设的教学方案而实施的、兼顾预设教学目标的实现和

① 李森松．思想品德课堂中的“方”与“圆”［J］．教育观察，2017（1）．

② 高慎英，刘良华．有效教学论［M］．广东教育出版社，2004．

③ 宋秋前．有效教学的理念与实施策略［M］．浙江大学出版社，2007．

④ 龙宝新，陈晓瑞．有效教学的概念重构和理论思考［J］．湖南师范大学教育科学学报，2005（7）．

动态有效生成的教学。①

三是从教育经济学的角度看是有效的。课堂有效性是指教师遵循教学活动的客观规律，以尽可能少的时间、精力和物力投入，取得尽可能多的教学效果，从而实现特定的教学目标，满足社会和个人的教育价值需求而组织实施的活动。②

其次，“碁美课堂”必须是智慧的。

江苏教科院的成尚荣教授指出：“课堂要从知识走向智慧，智慧课堂要为智慧的成长而教的。”③“碁美课堂”扎根于充满智慧的中华棋文化，智慧是其重要特性。

一是“碁美课堂”是充满灵性的智慧课堂。“智慧课堂”应是“德性、能力、灵敏、创新”的课堂。“智慧教师”应是具有“自信、灵敏、学识渊博、尊重主体、尊重教育规律、追求教学艺术秉性”的教师，“智慧学生”应是“掌握丰富的知识，运用恰当的学习方式，并有较强的思维能力和个性，注重知识的连接，灵敏聪慧”的学生。总之，智慧的课堂在承认课堂的整体性、复杂性、非线性等特征的基础上，强调对课堂细小资源和教学情境的充分的利用，其目的是为了开启学生的心智、启迪学生的智慧、促进学生的成长、因此，智慧课堂应该是充满灵性的、有思想碰撞的、极具创造性的课堂。

二是“碁美课堂”是提升素养的智慧课堂。智慧课堂并不是狭义的智力课堂、智能课堂，更是一种激情与智慧相伴、科学素养与人文素养相随、充满活力和创造力的课堂。智慧的课堂是自主的课堂、活动的课堂、情感的课堂、生活的课堂、趣味的课堂。④ 智慧的课堂要体现注

---

① 刘桂秋．有效教学概念新探——综合有效教学观下的有效教学［J］．课程·教材·教法，2008（6）．

② 程红，张天宝．论教学的有效性及其提高策略［J］．中国教育学刊，1998（5）．

③ 成尚荣．为智慧的生长而教［J］．中国校外教育·理论，2007（1）．

④ 徐松涛．智慧课堂之我见——由薛法根一堂示范课所想起的［EB/OL］．http：//new.060s.com/article/2008/10/14/77551.htm．

重学生的思维方式学习方式要多样化要充满教学智慧。① 从课堂的要素分析，智慧课堂要有德性智慧、知性智慧、理性智慧、实践智慧等。

三是“碁美课堂”是促进发展的智慧课堂。智慧课堂改变了传统的注重知识发展的课堂教学形态，由从学生知识的增长着眼于学生的全面发展，通过教师和学生之间的交往活动，创设自主的课堂、活动的课堂、情感的课堂、生活的课堂、趣味的课堂通过学习共同体的构建，培养学生包括思维能力、创新能力、实践能力的发展通过智慧教师富有智慧的教学，培育学生灵性、完善学生个性、开启和丰富学生智慧，构建学生的智慧与教师的智慧共生的课堂。智慧课堂的核心思想是促进学生的思维发展，目的是促进学生的创新和解决问题的能力的发展。

再次，“碁美课堂”必须是美好的。

一是“碁美课堂”要体现时代思想之美。十九大指出，近百年来中国共产党带领全国人民经过艰苦卓越的奋斗已经取得了巨大成绩，面向未来“不断满足人民群众日益增长的美好生活需求，促使人民更高层次的幸福是新时代的使命”。② 落实立德树人根本任务，将社会主义核心价值观融入课堂教学全过程，为加快生态文明体制改革、建设美丽中国而创造良好的课堂活动环境。

二是“碁美课堂”要体现课程学科之美。蔡元培曾经指出：“凡是学校所有的课程，都没有与美育无关的。”③ 发现各学科之美，让教育教学永远充满美感，给师生以愉悦，将变传统唯智的课堂教学活动为知、情、意互动的求真、立善、创美的全面的教育活动，将尽情地展现教学应有的魅力，从而实现教育真正意义上的返璞归真——满足人类爱美的天性，使之不再成为强制性的、功利性的行为，而真正成为追求人的自身完美和按照美的规律育人的活动，这是教育从必然王国走向自由王国的重要标志。

---

① 郭元祥．我的教育辞典“课堂文化”［J］．今日教育，2007（11）．

② 国务院．中国共产党第十九次全国代表大会政府工作报告［EB/OL］．http：//www．gov．cn/zhuanti/2017-10/24/content_5234139．htm．

③ 蔡元培．蔡元培美学文选［M］．北京：北京大学出版社，1983：158-160．

让教与学的过程快乐起来，就要在教师的点拨引领下认识各学科的特色，发现各学科中包含着的美——“品味学科之美，共享教学之乐”。“学科之美”在本质上表现为一种价值关系，但又高于价值关系，发生在具有主体特性的学科对象与学生的互动过程中，具有“人化”的价值取向和动态发展的过程两个特征。“学科之美”的表现形式可以从两个维度进行分析，即学科内容的内在美和内容表达的形式美，二者都包括存在型载体和性质型载体两大类。学科内容美和形式美共同构成“学科之美”的整体。“学科之美”的研究以“情感是目的”作为其理论之基，旨在实现教学过程中的情知融合和学生的自我超越，体现“文化自信”。

三是“碁美课堂”要体现学生学习之美。美好的校园，不仅是学生生活的场所，同时是学生学习的地方，不仅是学生成长的乐园，更是人生幸福的开始、美好的课堂。“碁美课堂”要充分体现课堂应有的学习之美。学习之美主要指在学习过程中各种审美感受：如学习结果的神奇之美、推理严谨的逻辑之美，数理公式有形式之美、语言文字有精彩璀璨之美、故事情节有激励感人之美……而更多的、更有悟性的学习之美的发现，与审美情操高低有必然关系，教师应注重于对学生进行审美的培养，特别是学习之美的审美培养，让学生享受与人交往的美，享受课堂学习之美，享受探求之美收获之美，这将促成教学实效的取得。

学习之美的培养，其中最重要的最基本的是对审美心理结构的了解，它主要包括敏锐的感知能力、丰富的想象力、透彻的理解力等方面的内容；其次是教学活动中的有效的教学设计，让学生在学习过程中从“教师魅力、学习风格、教学风格”认识到教师风格特具、学习之美无处不在。教师采用探究式的教学方法，与学生一起感知、发现学习的内在的、让每个学习者都有心旷神怡，欢快自然的学习之美无处不在。

第二节 “碁美课堂”的定位精准

苏霍姆林斯基曾经说过“在人的心灵深处，都有一个根深蒂固的需要，这就是希望自己是一个发现者、研究者、探索者，而在青少年的精神世界中，这种需要特别强烈。”在课堂中教师应该怎样去满足学生的这种需要？笔者认为，教师首先应该引导学生确定一个明确的课堂目标导向，鼓励学生围绕目标去发现与探索。

《布卢姆教育目标分类学》一书中提到“总体目标是需要大量时间与教学努力才能实现的复杂的和多方面的学习结果。”“总体目标必须被细分为更具有针对性、更为明确的目标，教师才能把这些目标用于规划和教学。”① 教学目标作为教学设计的核心，在教与学的活动中具有重要作用。如何在课堂教学目标设计时把新课程标准的要求落到实处，这就要求我们以新课标的理念为指导，课堂教学目标的设定要突出在教师引导下以学生为中心，既体现传统课堂接受性学习的优点，又要反映新课程学生主动学习和研究性学习的特点，充分发挥学生的创新精神以及在不同的情境下应用所学知识的能力，最终得到全面发展。

一、目标设计精准

（一）教学目标综述

1. 国外有关教学目标综述

20 世纪初国外学者就开始关注教学目标的研究，“20 世纪 50 年代掀起研究的高潮，至今方兴未艾。”② 一切教育活动都要围绕这一根本性目标进行。美国学者博比特最早提出有关教学目标设计的理论，1918

---

① 洛林．W．安德森．布卢姆教育目标分类学［M］．北京．外语教学与研究出版社，2017：12.

② 顾卫星．高中历史课堂教学目标的设计研究［D］．南京：南京师范大学硕士学位论文，2008：2.

年他出版《课程论》一书，明确提出课程教学目标必须具体化的观点。1949 年泰勒在《课程与教学的基本原理》一书中认为，确定课程目标后，要用一种最有利于学习内容和指导教学过程的方式来陈述教学目标。“由于一个阐述清晰的目标具有两个纬度——行为方面和内容方面，因此，为了能够精确而又清晰地表述目标，采用一种二维图表的形式常常是有效的。”①

著名教育家布卢姆在继承泰勒的学说的基础上，进一步扬弃和发展泰勒的思想，提出教学目标的分类理论。1956 年他出版《教育目标分类：认知领域》一书，“首次将教学目标分为认知、情感、动作技能三大领域”,② 形成了较为完整的教学目标分类理论。1956 年、1964 年和 1972 年他又分别出版了《教育目标分类学》第一、第二和第三分册，进一步系统化了教学目标理论。此后，各国学者相继对认知领域进行了研究，提出许多新的理论与观点。如加涅在区分五种学习结果的基础上，提出：“‘五成分目标’的陈述方式。五种成分规定了行为发生的情境；习得的性能类型；行为的对象；学生应用性能采取的具体行动以及与作业有关的工具、限制或有关的特殊条件。”③ 1972 年格伦兰提出了一种更完善的陈述方法，用描述心理过程和外显行为相结合的方法来表述教学目标。其后，美国学者艾斯纳提出表现性目标表述法，要求明确学生参加的教学活动，而不一定精确规定学生应从活动中得到什么。而著名课程论专家英国人斯腾豪斯提出的生成性目标表述法，其关注的不是由外部事先规定的目标，而是“演进着”的目标。“人们可以通过详细说明内容和过程中各种原理的方法，来合理地设计课程，而不必用目标预先指定所希望达到的结果。”④

---

① 泰勒. 课程与教学的基本原理 [M]. 北京：人民教育出版社，1984：34.

② 布卢姆. 教学目标分类学：认知领域 [M]. 罗黎辉译，上海：华东师范大学出版社，1986：9.

③ 加涅. 教学设计原理 [M]. 皮连生等译，上海：华东师范大学出版社，2005：131-133.

④ 王婷. 斯滕豪斯过程模式及其评价 [J]. 天津市教科院学报，2009（2）.

2. 国内有关教学目标综述

进入新世纪以来，我国有越来越多的学者开始对教学目标的理论进行研究，尤其是新课改施行以来，新课改提出的新的教学目标理念引起众多学者的重视，涌现出许多这方面的研究成果。比如张洪高的《知识与能力、过程与方法、情感态度价值观的整合》、张国平的《关于教学目标的设计》、周彩莺的《课堂教学目标的编写》、周友士的《浅谈课堂教学目标的设立》、钱国祥的《论新课程下课程教学目标的确定》、胡兴松的《目标制订艺术》、叶艳茹，李清的《谈课堂教学中教学目标的设计》、范红军的《课程目标与课时教学目标的重构》等，这些成果虽然对教学目标进行了深入的探讨，对教学理论、目标的完善起了一定的推动作用，但是对于教学目标应用实践的研究却不多。

目标教学在中国教育界经过 20 多年的发展，形成了许多相关的理论研究成果，产生了广泛的社会影响，在中国教育界享有较高的美誉。已有的研究成果和主要参考文献包括：于向东、胡宝生、赵光千主编的《上好一堂课的 22 个关键要素》系列丛书，该丛书介绍了上好一堂课的真正含义和诸多关键因素，需要我们注意的是课堂教学的两个主要因素：教学目标和课程资源。著名学者张志勇在他的著作《创新教育中国教育范式的转型》中以山东教育的创新改革经验总结为案例，从我国教育的现状、世界的发展、我国教育未来的趋向和出路等方面分析研究了创新教育的必要性，从教育多方面内容来得出教育改革进行创新教育的实践活动：学校教育将由“接受性教育”向“创新性教育”转变。他的另一本著作《教学评价实验与研究》则是课堂教学研究的又一部经典著作。李建刚、张志勇主编，由学苑出版社于 2000 年出版发行的《目标教学的理论与实验研究》一书，提出了目标教学过程“前提测评、认定目标、导学达标、达标测评”四个阶段教学基本模式，这为我们的目标式通案教学提供了有益的借鉴和参考。此方面的成果还很多，如：杨雅清、王松海等主编，由河北教育出版社 2002 年出版的《目标教学与创新教育》；张志勇等著，由山东教育出版社 1994 年出版的《义务教育教学新体系》；张志勇在《教育研究》1995 年第 2 期上发表的《义务教育教学新体系的探索》；华东师范大学出版社 2006 年出版的由刘良华主编的《教师成长》，以及他于 2007 出版的《教育研究方法：专题与案例》和 2007 年在教育研究上发表的《教育叙事研究：是什么与怎么做》，2006 年在《全球教育展望》上《从“现象学”到“叙事研究”》，2005 年在《比较教育研究》上发表的《重申“行动研究”》等，都是这方面的鼎力之作。这些理论形成了包括教学思想体系、教学目标体系、教学模式体系、教学评价体系和教学管理体系在内的新的教育教学体系，为我国当代教学论的发展贡献了许多新的思想、新的观念，为我国这方面的研究提供了切实有力的理论参考。

教学目标作为课堂教学的纲领性东西，是教学活动的指导性原则，没有教学目标就没有课堂教学紧凑的环节过渡，没有课堂教学的目的性，教学双方就会出现毫无目的的情况，不知道课堂教学的走向，很难形成实质的教育目标。在构建与推动“碁美课堂”实践过程中，我们一直强调充分借鉴学界关于教学目标的研究成果，扎根于中华棋文化，根据国家的教育方针与政策，结合区域教育思路与策略，确定精准的课堂目标定位，围绕教学目标开展教学活动。

（二）教学设计的内涵与意义

上课如同下棋，这是一种高超的课堂教学艺术，不仅仅具有使教学顺利进行的实用价值，而且因其创造性和令人愉悦而具有很高的审美价值，是教师掌握和运用课堂教学艺术所应追求的最佳教学效果。教学设计是在教育教学工作正式开始之前，为实现既定的教育教学目的，进行想象、构思、谋划，制订工作方案，创造能满足某些要求的教育教学活动模式或观念结构的过程。教学设计是连接教育教学理论和教育教学实践的桥梁。

1. 教学设计的内涵

教学设计是一门应用性的学科，它集合了教育教学理论、学习理论、传播学理论等基础学科的研究成果，并将其应用于教学设计之中。因此教学设计的进步与发展应该与基础学科保持一致，并将基础学科的最新研究成果应用到设计本身的理论体系中来。①

乌美娜在《教学设计》中认为：“教学设计是应用系统科学的方法分析和研究教学问题和需求，确定解决它们的教学策略、教学方法和教学步骤，并对教学结果做出评价的一种计划过程与操作程序。”② 教学设计原理的设计倾向有两种，一种倾向于从学习理论出发，另一种倾向于从教学实际出发。笔者认为后一种设计取向更加符合教学设计的需求，从教学实际出发，分析教学系统现状，发现问题，改善教学系统，使之可以解决实际产生的教学问题。

2. 教学设计的意义

教学设计无论是在什么情况下都是课堂教学进行的前提与基础，因为教学设计关注的是教育的本质，关注的是教学活动的出口问题。正如马克思所说，人类的任何活动都是在一定意识支配下进行的活动，同样，教学活动也是人类的有意识的活动，是人类进行的有目的、有需求的方向型行为。因此，教学活动必然要受到教学活动之前的意识目的性影响，教学设计就是教学活动的总体思想与规划，是对教学活动在一定的形式下进行的有目的活动。由此可见教学设计是决定教学质量的关键所在。

教学设计的过程就是一个创造的过程，由于教学环境和教学对象的多变性和差异性，仅靠讲理论依据和知识转化成具体的实践是不够的，教学活动中可能会发生不符合教学需求的现象，这时就需要教师依据对学科教学的特点、教学目标的特点，从实际出发对相应的理论进行适当地调节，懂得创造性地运用各种相关理论，并将其灵活地运用到教学中去。

在教学活动中重视对教学目标问题的研究，科学合理地设计课堂教学目标，进而最大限度实现教学目标的导向、激励、调控、评价等功

---

① 杨开城，李文光．现代教学设计的理论体系构想［J］．教育技术通讯，2002.

② 乌美娜．教学设计［M］．北京：高等教育出版社，1994.

能，从而减少课堂教学的盲目性和随意性，使学生在有限的时间里掌握更多的知识。

（三）目标设计的要求

教学目标作为教学设计的核心，在教与学的活动中具有指导性作用。“教学设计是提高教学质量的重要途径，也是联系教学理论与教学实践的桥梁。教学目标设计是教学设计的第一步，也是关键的一环。”①

教学目标是教学活动的指导思想，其承担着导向、激励、调控、评价等多种功能，教学活动的一切过程都是为了达成教学目标而进行的，而教学内容、原则、程序、途径、方法、手段等都需要在教学目标中设计，并以此为依据进行课堂教学。科学的制定教学目标能大面积的提高课堂的教学效率。②

教学目标是教学的依据，是教学活动的核心和灵魂，决定着教学内容的确定与安排、教学方法的选择与运用。在教学准备过程中，教学目标的确立必须建立在准确把握课程标准之上，建立在深入解读文本之上，建立在学生的学习需要之上，做到明确、具体，可操作，可检测。

1. 要具有可依性

任何一级教学目标的确定，必须以其上一级目标为依据，下位目标是为上位目标服务的。③ 课时目标是教学目标中最为具体的目标，要设计课时目标，就必须明确其上位目标——单元教学目标及其相互关系；要设计单元目标，就必须明确其上位目标——年级教学目标及其相互关系；要设计年级目标，就必须明确其上位目标——课程教学目的及其相互关系。在具体的操作过程中，要做到“四依据”：一是依据教学目的

---

① 王茹．高中历史课堂教学目标明确化设计的实践与反思［D］．长春：东北师范大学硕士论文，2007：1.

② 王彩霞．高中历史课堂教学目标设计探究［D］．呼和浩特：内蒙古师范大学硕士论文，2010：1.

③ 陈超．论科学设定教学目标的基本步骤［J］．青少年日记（教育教学研究），2014（5）．

和年级目标。教师在进行目标设计之前，要对课程标准非常熟悉，尤其是对年级目标了如指掌。二是依据单元重点。教材中每一个单元都有导语，它告诉我们该单元的教学重点与编写意图，而这正是确定教学目标的第二个依据。三是依据教材内容和练习。在确定教学目标时，我们还要注意教材内容与课后练习，教材的课后练习或多或少暗示给我们该“教什么”。四是依据学生实际。教师应充分了解学生的实际情况，包括认知和能力水平，找准切入点，这样的目标才切合实际，体现层次性。当然我们也不能因强调实际而把课标拟定的学段目标丢在一边，主观上降低训练要求。

2. 要具有层次性

课程目标的实现要通过每一节课的教学来实现，首先，每一节课的教学目标设立要具有层次性。在新的历史课程标准中，教学目标包括知识与能力、过程与方法、情感态度和价值观三个层次。知识与能力属于第一层面的目标，其是掌握方法和过程体验的基础和前提；过程与方法同属于第二层面的目标，它较知识与能力更高一级，与情感态度与价值观一起同属于第三层面的目标，也是最高级的标。第一层面的目标是前提和基础，第二层面的目标是教与学的工具，第三层面的目标是情感升华和价值定位。新授课的教学目标设计要体现这种由低到高逐次递进的不同认知水平，反映出由知识转化为能力，并逐步升华的要求。同时在设计时不能忽略历史教学一堂课的重点内容和教与学的活动本身应该达到的目的，每一节课的教学目标作为实现历史教育总目标的阶段性步骤。

其次要考虑学生的层次性。由于学生相互之间的学习基础和学习能力存在明显的差异，同样的教学目标，能力强的同学感觉太容易，能力差的同学感觉太难，这就需要教师进行具体分析，在了解学生上下功夫，从每个学生的实际出发，在充分考虑学情的基础上，制定出具有层次性的教学目标。使教学目标的难易程度符合不同学习水平的学生，“对学有余力的学生的要求可以达到课程目标的较高要求，对学习有一定困难的学生要求达到课程目标的最低下限即可。"①如在讲授《直线与圆锥曲线的位置关系之分层递进》中设置：

(1) 研学目标

①通过自主学习、探究学习、分层递进以及师生、学生间合作交流，进一步掌握运用部分数学思想方法解决有关直线与圆锥曲线位置关系的方法。

②通过分层及变式训练让学生体验方程思想、数形结合等数学思想，感受学好数学的意义和价值。

(2) 能力目标

①分别运用代数、几何思想方法解决判断直线与圆锥曲线位置关系的判断方法；并能比较出两种思想方法的优点及不足。

②由一般到特殊或特殊到一般的解决问题的意识，能解决部分比较特殊的中点弦问题。(本案例由石碁中学李新茂老师提供)

3. 要具有整体性

传统的教学目标只重视学生获得知识和技能的过程，不重视学生学习的过程与方法，也不重视学生的情感发展。新的历史课程标准强调从知识和能力、过程和方法、情感态度和价值观三个维度来进行课程目标的设计。"要把每一次教学活动的具体任务作为整体任务的有机组成部分来组织，要尽可能地考虑到落实三项任务的细化指标和具体计划。"②整合三大课程目标可以使学生形成积极主动的学习态度，在获得基础知识与基本技能过程的同时，形成正确人生观和价值观，促进学生的多方面发展。这里的过程与方法、情感态度和价值观是两个独立的课程目标，不是附属于知识与技能的，它们是人多方面发展的两个重要方面。

在课程改革实践中，应该更新观念，把三大目标统一起来。因此，

① 周友士. 浅谈课堂教学目标的设立［J］. 教学与管理，2005（6）.

② 于又西. 历史学科教育学［M］. 北京：首都师范大学出版社，2000：99.

教师在设计教学目标时应有属于知识范畴的基础性目标，也要有属于能力、方法、情感范畴的升华性目标。基础性的教学目标主要是对概念、知识的理解和掌握。升华性的目标则是对知识的运用、自学能力、动手操作能力、创新能力、思维能力、创新意识、个性思维品质、科学精神等的培养。

4. 要具有可行性

制定教学目标不是我们的目的，关键是要保证它能切实的在教学过程中执行。因而在设计教学目标时，首先，一定要认真研究课程标准和教材。因为课程标准是国家对历史教学的统一要求，是教师教学和学生学习的主要依据。教材是实现课程标准的主要用书，是课程标准要求的具体体现。其次要对教材进行深入分析和处理，形成具体目标，使其条理化，并注意科学性和严谨性，避免知识错误。在教学目标的设计中不要笼统地规定“了解”、“理解”、“掌握”、“灵活运用”、“培养……的精神”，而应在此基础上具体表述“理解”、“掌握”到什么程度，会“运用”到什么水平。能力目标和情感目标也要具体、细化和明确，切忌空泛。如在人民版必修一专题七《代议制的确立和完善》这一课，就可以这样安排知识与能力目标：

5. 要具有可测性

判定一个教学目标是否合理有效的标准之一就是看它是否具有可测性，我们都明白教学目标不仅要指导教学过程，同时又要用来检测学生是否达标，因而要使它便于评价，就需要在表述教学目标时选择恰当的行为动词，如“写出”、“区别”、“列举”、“设计”、“读出”、“识别”等都是可以清楚地表明预期的外显行为的动词。例如在历史课程目标中的“了解”、“理解”、“掌握”等已经赋予了特定的内涵，又经过操作时具体的细化，因而在教学目标中使用就是可测的。但对于情感态度价值观目标来说，它本身就是一种内在的心理活动，很难用具体的语言来表达，要使它具有可测性，就要尽量指出其特定所指。如以“树立关心他人、与人合作的观念”取代“要树立良好的道德观念”的叙述，

以“培养耐心、细致的心理品质”代替“培养沉着、冷静的心理品

质”等。

总之，教师要根据课标、教材内容和学生实际，确立起点，明确任务，制定出具有可依性、层次性、整体性、可行性和可测性的教学目标。在目标的指导下，以学生为主体，为学生创造更多的参与机会，使学生体会自主探索的乐趣。

课堂中的应变艺术是指教师对课堂动态的把握，尽管我们课前会有预案，但事情的发展总是千变万化的，就如同下棋一样，当布好局之后，对手往往会出其不意，攻其不备，因此必须灵活应对，及时调整战术，才能使自己立于不败之地。课堂上学生学习情况也在不断变化，教师如果一味地按照教案讲课，不灵活应变，可能就达不到好的效果。因此教师应该根据情况及时地、巧妙地、灵活地加以处理，从而收到意想不到的教学效果，这才是应该具备的课堂教学艺术。

（四）目标设计的步骤

教学目标的确定，要以课程标准的相关规定为参照，在分析学生的学习需要和基础以及教科书的呈现方式和特点的基础上进行。具体的方法：

1. 研究课程标准

研究 1999 年和 2001 年分别颁布了《中共中央国务院关于深化教育改革全面推进素质教育的决定》《国务院关于基础教育改革与发展的决定》等文件，以推动基础教育课程改革。2001 年《基础教育课程改革纲要（试行）》、《中小学义务教育课程标准》和《普通高中课程方案和课程标准（2017 年版）》等相关政策决定，确立目标体系，并从三维方面分解了各层次目标。了解课程标准对教学内容的具体要求，明确教学的方向和要达到的水平。当然，《标准》中关于各学科基础知识、基本能力的要求我们应该了然于胸，完善和细化教学目标，确定教学目标点。

2. 研究教材内容

首先是研究单元教学内容，从整体上了解单元主题教学的内容，把握单元与课时内容之间的关系。单元目标的形成主要有三种情况：“其一是简单分配，即简单地、直线式地将课程目标分配到各个单元，从而直接形成各个单元的教学目标；其二是分解，即当全部或部分课程教学目标具有较高的概括程度，这些目标可以在单元层次上进一步实行具体化的分解，即原先的一个目标在单元层次上分解为两个或两个以上的单元目标；其三是层级分化，一门课程的全部或部分教学目标是累积性的即逐渐提高的，那么我们可以将这些目标分化成若干个层级，分别作为相应的若干单元的分层或分步的教学目标。”① 这三种情况都可以成为我们确定单元教学目标的方式。其次是研究每课内容，重在掌握各课时的基本教学内容，把握教学重点和难点。最后是细化各内容要点，对要分析的内容准确而又熟练的把握。教学内容是进行目标设计的“物质载体”，教师要认真分析知识范围、重点和难点，对内容进行整合，同时挖掘教材中隐性的三维目标内涵。

3. 研究学情

在回答教师询问为什么学生总能和他配合得那么默契时，著名的教育专家于永正讲道：“因为我首先考虑的不是学生将会怎样配合我教，而是我的教如何去配合学生的学。”② 因此，我们要了解学生已有的知识背景、生活体验，学生学习中可能存在的困难，他们的学习兴趣、习惯方式等，并据此确定教学的起点，确定教学应进行到何种程度，落实到学生身上应达到什么要求等。

全面分析学生，确定教学起点。许多研究表明，起点能力同智力相比，会对新的学习起更大的作用。起点定得太高，教学目标就会太高，不但不会发挥作用，反而有副作用；起点太低，又可能浪费时间和精力。所以，要通过对学生的知识、能力基础、学习需要、个性特征及差异、认知水平等等学情分析，确定目标层次和掌握程度，使目标进一步具体、可测。

① 谢利民. 教学设计应用指导［M］. 上海：华东师范大学出版社，2007：50-51.

② 张磊. 谈以学定教对学生创新思维的发展［J］. 中学物理，2015（11）.

4. 整合教学目标

课堂教学的一些具体目标已经基本确定下来，但这些目标可能还是较乱的，要让已确立的目标有效地发挥作用，还需让这些目标有机整合到一起。目前的主要方法是基于关系的排序法，主要需要确定目标之间的关系，按目标的内在联系、逻辑关系进行排序。把笼统的教学目的转化为精确的、具体的教学目标是一个技术活。教学目标必须说明学生学习能达到的程度和水平，具有精确性、可观察性、可评价性，以克服教学目标的模糊性和不确定性。学术界普遍认为：一个完整、具体、明确的教学目标应包括以下四个部分：一是教学对象。在教学中，是针对哪一类学生。二是学生的行为：说明学生在学习后，应获得怎样的知识和能力，态度会有什么变化，应用可观测到的术语说明学生的行为，以减少教学的不确定性。三是确定行为的条件。四是程度。程度是学生达到教学目标的最低依据，可从行为的速度、准确性和质量三个方面来表达。对已制订的目标和相应的学习水平是否与学生实际相匹配，对教学目标的效度、信度、难度进行评价，如有出入，及时进行修正。

课堂教学是一项有目的、有计划的活动，课堂教学目标设立的准确与否，不仅会影响一堂课的教学效果，更重要的是它关系到整个单元目标的实现，进而会影响整个课程目标的完成情况。因此在设计课堂教学目标时，一定要有全局的考虑，把一节课放到所属的单元中、课程标准中，整体考量，这样的课堂教学目标才不会孤立于教学目标系统。

棋类教学活动中的教师教、学生学，棋弈对局中的师生之间的双边活动、学生之间的切磋和提高，看来是游戏与娱乐，但此时无声胜有声。在对真伪虚实的判断中，在取和舍的决策中，在进攻和退守的行动中，心理素质和个性品质得到良性发展。同时，学生的注意力、观察力、记忆力、想象力、思维能力、创造力、分析判断力、综合解决问题的能力得到全面提高。这是学校其他课堂教学以及学生之间的集体讨论所不能相比的，这也正是棋类教学活动所产生的影响力与吸引力，是棋类教学活动对于中小学生的魅力之所在。

二、问题设计精准

高阶思维活动是从提出有价值的问题开始的，学生的深度学习过程实际上是一个不断地提出问题和解决问题的过程。教学实践中，我们常发现这样的现象：同样的问题，教师如果这样问，学生懵住了，“一潭死水，微波不现”；教师如果那样问，学生会豁然开朗，可谓“一石激起千层浪。”原因何在呢？棋道中有句俗话：“一着不慎，满盘皆输。”此“一着”好比教学中的有效性提问。那么，课堂提问当如何设计，才更为科学有效又富有艺术韵味呢？

提问是国内外教育界广泛应用的一种非常普遍的教学技能。事实上，提问是随着教育的产生而产生的，从国内看，孔子是春秋时期的著名教育家，他的方法论“启发式”在目前的教育界还是广泛流行的，并且实施“启发式”的教学方式的主要途径就是提问，非常好的提问在书写孔子言论与行为的著作《论语》中出现的频率很高。在西方，著名哲学家苏格拉底是启发式追问的创始人，他研究的“苏格拉底法”这种教学方法也被他自己说成“产婆术”，是指学生在与教师交流的时候，教师可以借助持续不断地提问、交流、用含蓄的话或者动作使学生领悟的途径来发现学生在认识过程中的疑虑和冲突，引导学生本人发现标准结果的方法。“产婆术”的中心部分就是提问。从 20 世纪开始，针对课堂教学有效性这部分内容，国外已经做了很多研究，弗洛伊德、赖安、卡特尔、斯蒂文思等知名人士的研究在这一阶段具有一定的影响力。根据弗洛伊德的研究可以发现：教师们提出的问题的回答应该是确定的事实的占到 77%。根据卡特尔的研究可以发现：性格和意志、才能和智慧、同情、聪明与灵活、开放的思想、幽默感是叙述优秀教师品质的词语。根据斯蒂文思的调查可以发现：教师从课本里得出的记忆性问题占 66%。概言之，20 世纪以教学有效性为对象的研究，大体上忽略了课堂实际，而大部分研究是把教育的成果和教师自身的特点刻板的联系起来。20 世纪早期至 20 世纪六十年代初期，在课堂上教师怎样借助提问来激发学生们的学习兴趣成为当时的热点问题；20 世纪六十年代末期至20世纪七十年代早期，怎样把问题插入到文章中成为当时的研究重点；20世纪七十年代末期至20世纪八十年代，怎样启发学生自己提出问题成为当时研究者的兴致。①

（一）问题设计意义

提问不仅是完成师生交流的重要途径，并且是师生间经常使用的一类互动方式。它是以钻研、探索为特征的苏格拉底式教学方法的基石，是完成教学评价的主要手段，也是激励学生动脑的有效方式，所以课堂提问在中学的课程实施时居于举足轻重的地位。课堂提问的积极意义主要表现在：

其一，提问可以体现教学原则。教师用心设计问题，诱导启发学生的主动性，增强学生的学习趣味性和探求知识的强烈愿望，帮助学生具备学习劲头足、注意力高度聚焦于想法相对灵活的状貌特征与动作情态，进而使得学生掌握很多内容。

其二，提问可以维持教学秩序，调节教学氛围，提高教学效率。它能够把学生的注意力聚集在课堂问题上，从而让学生居于主动思考的状貌特征与动作情态。

其三，提问可以提高教师的教学水平，促进学生学习。在当今的科技时代里，学生的想法变得更灵活，能看到的范围很广阔，对一些问题细心地审视，思考也更加宽泛，关联到的问题具有一定的复杂性。该现状要求教师提高其问答的水平，进而要求教师继续深造来给自己充电。

心理学家帕特通过调查某些教师的发问目的得出，坚持提问的目的在于督促和反馈，有利于知识的传授与获取的教师占所有教师的百分比是69%；坚持提问是为了评判学生遇到的障碍的教师占54%；把提问想成是对具体实际的记忆的教师占47%；坚持提问的目的是在于诱发学生思考的教师仅占10%。特纳于1973年把研究归类，总结了提问的作用，例如增强学生学习趣味性、激发学生求知欲以及学习的主动性等

① 张孔义．西方阅读教学中有关提问的心理学研究［J］．心理发展与教育，1998（1）．

共有十二类；教育家 L. H. 克拉克和 I. S. 斯塔尔的观点是：提问共具有十九类作用①，如调查未被了解的内容等，综合前面学者在课堂提问研究的成果，凯茨沃特（Richard Kindsvatter）、威伦（William Wilen）、爱仕拉尔（Margaret Ishler）等学者归纳出课堂提问具体有以下五个基本作用②：①提问可以被用以实现课堂教学过程中相对广泛的教学目的；②提问对学生的学习成绩能起到积极的影响作用；③提问能被用于使学生更加踊跃地投入到课堂交流当中；④提问可以被用来激发学生积极地思考；⑤提问可以激励学生提出很多有价值的问题。

（二）问题研究的现状

问题意识是创新能力的基础。从对高中学生的有关调查中看出，高中学生的提问中存在以下问题：很多学生很少提出自己的问题，甚至有的学生几乎没有提问过，有的学生偶尔有提问的欲望，情况不容乐观。究其原因，由于传统教学观念的束缚，无论教师还是家长，都没有对学生问题意识的培养给予足够的重视，我们要学生掌握的都是我们认为他们应该掌握的。教师在课堂上提出的问题都是有标准答案的，提问仅仅是一个手段，学生基本上是消极听课，等待教师自问自答。这种知识教学的倾向，一次次扼杀了学生与生俱来的问题意识。③

检索学术研究成果过程中可以发现，学术界进一步关注学生的学习成果、学生的自身发展与教师的课堂教学活动两者的关系的研究。国内外学者对不同教师的课堂教学活动做了调查和研究发现：教师提问是一类出现频度非常高且在课堂上很常见的一种教学活动。因此，不少人认为，评估教学质量的一个主要标准就是教师提问。

---

① L. H. 克拉克著，赵宝恒等译．中学教学法（下）［M］．北京：人民教育出版社，1985.

② 白明星．高中数学新手教师课堂提问现状与对策研究［D］．长春：东北师范大学，2013.

③ 曹丽敏．高中化学探究性课堂教学“情—境”设计［D］．南京：南京师范大学硕士学位论文，2006：3-4.

《基础教育课程改革纲要（试行）》① 明确提出：“转变课程教学太多的重视被动学习、刻板练习、生搬硬套的状态，激励学生积极加入、善于探索，提高学生搜索、收集和解决相关内容的能力、获得新知识的能力、解析和处理问题的能力以及互动与合作的能力”。大量的研究得出以下结论②：借助提问，教师能够激发学生动脑，加快他们的问题意识的产生和行为能力的改善。设计好的课堂提问，可以使学生主动地加入到课堂的交流互动中来。不过，假如内容不合适，方法错误，就可能做无用功。

顾泠沅（1999）在一篇文章《寻找中间地带——从一堂几何课看数学教育改革行动》中指出③：

（1）频繁的提问逐渐地变成课程实施的主要形式，在一节课中，师生的问答活动所用时间占到 55%，提问总次数高达 105 次。

（2）将“探究性问题”拆分成“结构性问题”，该类问题认知水平比较低，但组织化方面有优势，帮助排除教学困难，但是有碍于学生学习积极性的提高。

（3）在教师提出问题的所有类型中，记忆性问题居最多，占到 74. 3%，推理性问题第二，占到 21. 0%，表明教师着重知识覆盖面，但是很少有推理性、批判性问题。

（4）在所有回答问题的方式中，学生齐答所占比例有点高，达到 41. 9%，但是回答问题的方式非常单一，教师基本掌控着课堂。

（5）教师注意到了对学生鼓励或者称赞，所占百分比为 74. 3%，但是偶尔还是会有打断学生或者消极批评等现象，占的百分比是 13. 3%。

---

① 教育部．基础教育课程改革纲要（试行）［G］．北京：人民教育出版社，2001.

② 刘兼，孙晓天．数学课程标准解读［M］．北京：北京师范大学出版社，2002.

③ 顾泠沅．寻找中间地带——从一堂几何课看数学教育改革行动［J］．上海教育科研，1999（10）.

（6）教师提出问题后几乎没有停顿达到86.7%，该事实非常不利于学生的思考。

（三）问题设计类型

程广文在《高中数学课堂提问的研究》① 一文中从数学的角度把所有与数学有关的问题做了划分，具体包括：低水平聚集型、高水平聚集型、低水平分化型、高水平分化型四类问题，其中前两类问题所对应的答案是确定的、能够事先估测的，后两类问题的答案是不能事先估测的。从教学的角度划分为：管理型、记忆型、推理型和评价型四类问题。

刘琴在《高中数学课堂提问的研究》② 一文中，以六位教师的提问为对象开展听课审查、统计，从问问题的类别，选择学生答问的途径，教师评判学生答问的途径和学生口头答复教师问的问题等四个角度做了统计与汇总。做了对一些教师访谈和问卷调查的工作，找出教师大致在提问的规则和策略、提问的方法和技巧等部分还有些许不足，比如问题的安排是决定提问成果如何的重要方面，更是教师在提问活动中迫切需要完善的事情。

徐小芳在《高中数学课堂有效提问的策略与评价》③ 一文中，根据古德和布罗菲的理论④，编制的提问与反馈的问题类型检测编码表中将问题类型分为：识记型、理解型、启发型、评价型、无关型。

刘琴在《高中数学课堂提问的研究》⑤ 中将提问后选择学生答问

---

① 程广文．数学课堂提问研究［D］．上海：华东师范大学硕士学位论文，2003.

② 刘琴．高中数学课堂提问的研究［D］．上海：华东师范大学理工学院硕士学位论文，2006.

③ 徐小芳．高中数学课堂有效提问的策略与评价［J］．中学数学月刊，2008（9）.

④ Thomas L Good & Jere E Brophy 著，陶志琼译．透视课堂［M］．北京：中国轻工业出版社，2002.

⑤ Dantonio．课堂提问的艺术——发展教师的有效提问技能［M］．宋玲译．北京：中国轻工业出版社，2006.

的途径分为 5 类：1. 让学生自己思考；2. 让学生集体回答；3. 叫举手的学生回答；4. 叫没有举手的学生回答；5. 改变叫其他的同学回答。将教师评判学生答问的途径划分为 5 类：1. 打断学生回答，或者教师替学生答；2. 对学生的回答置之不顾，或者消极否定；3. 复述自己问的内容或者学生答的内容；4. 激励或者赞赏学生回答；5. 激励学生问问题。

叶立军、李燕在《基于录像分析背景下的初中统计课堂教学提问研究》① 一文中，选择某市级学校都是有 10 多年教龄，所教班级的所有同学认知水平都非常高的两位中级职称教师，他们所讲课的内容相同。依据提问的功能和认知水平的阶段，研究者在本杰明·布鲁姆认知领域分类：知识、理解、应用、分析、综合和评价的 6 个阶段的前提下，综合课堂实录中数学教师课堂提问的功能和目标，按照课堂提问的类型把提问划分为六种：管理性、记忆型、重复性、提示性、解释性和评价性提问。把学生们的回答内容划为两大类："没有学生答问" 和 "有学生答问"。后者又包括 "机械性"、"记忆性"、"解释性" 和 "批判性" 4 种类型。

参照布鲁姆的认知领域的六个层次，李士锜教授将课堂提问分为 "管理性"、"机械性"、"记忆性"、"解释性"、"推理性"、"批判性" 6 种提问类型②。本研究参照李士锜教授对于提问的分类，把课堂中教师提出的问题作如下划分：

管理性问题：简单的询问 "写完了吗?" 或鼓励学生发言 "别紧张"、"写错了也不怕" 等与学科无关的问题。

机械性问题：简单的问题如 "对不对?"、"是吧?" 等不需要学生作答或者只要求全班学生集体回答的很显然的问题。

记忆性问题：针对基本事实提出的问题，如概念、公式、法则、步

① 叶立军，李燕．基于录像分析背景下的初中统计课堂教学提问研究 [J]．数学教育学报，2011，20（5）．

② 李士锜，杨玉东．教学发展进程中的进化与发展——对两节录像课的比较研究 [J]．数学教育学报．2003，12（3）．

骤等的复述。以回忆、观察为主，需要较短的思考时间，是一种低水平的认知活动。

解释性问题：要求在理解的前提下运用掌握的知识进行运算、说明的问题，大约需要一些思考时间，要求学生具有较高的认知水平。

推理性问题：要求学生依据一定的标准进行推理，变换角度作出更深层次的思考。

批判性问题：是指用以引导学生变换角度反思的提问方式。借助提问，指引启发学生形成对某一事物判断的标准与尺度。它大多针对分歧性的问题，鉴别所下教材中的定义是否恰当、检查前后论述的内容是否有冲突等问题来设计。这类问题的回答基本上不是一次性完成，教师还需要通过“谁有不同意见吗?”、“其他人还有什么想法?”等进行探询，启发探索研究的方向，激发更加有难度的回答，提高理解水平。

其中，按照认知水平由高到低来划分的是前 4 种类型的问题，最后两种类型的问题是激发学生思维，促进教学过程的启发性问题。

(四) 问题设计原则

教学的重点，难点就是提问的中心，是整个教学活动实现价值的靶心。设计提问当透析教材，抓住重点，分析难点，巧妙设问。

课堂提问的成功与否，并非看提了多少个问题，而是看提问是否引起了学生探索的欲望。如果提问过多过密，学生忙于应付教师的提问，精神过度紧张，容易造成学生的疲劳和不耐烦，不利于学生深入思考；提问过少过疏，则使整个课堂缺少师生间的交流和互动，并且不利于教师了解和调控学生的状态。所以，课堂提问密度要适度适时，使提问发挥最好的效果。

问题要难易适度，既不能过于浅白，没有思考余地，又不能太艰深，让人难以琢磨，无从下手。太浅白，索然无味，提不起学生兴致；太艰深，学生答不了，达不到教学目的，反而会挫伤学生的学习积极性。所提问题要切合学生实际让学生“跳一跳能摘到苹果”。

(1) 学科性。

课堂教学的问题设计要根据课程标准和学科特点进行有针对性的设

计，应充分体现不同学科的“学科味”，突出相应学科的核心知识，在教学过程中根据不同教学情景设计出具有独立学科价值的学科问题，体现独特的学科探究价值和培育素养。

（2）探究性。

“碁美”课堂的目的就是激发学生自主探究、积极思考。在教学进程中，相同的教学内容，有的问题设计能充分创设问题情景，巧妙设问，不断激发学生求知欲望，让学生对课堂问题欲罢不能；有的问题设计平淡无奇，学生了无兴趣，课堂气氛烦闷，积极性不高无人响应。因此问题设计一定要充分研究所提问题是否能充分激发学生的兴趣，增强学生的求知欲望，启发学生的思维能力，促进师生的有效交流。

（3）科学性。

课堂问题就是要激发学生思考、引导学生探索的一种求知方式，问题的设计既要符合学科的教学目标和知识要求，又要符合学生的现有水平和认知规律，适合学生认识的“最近发展区”，有一定的梯度和层次，能用科学的方法进行教学引导，具有科学性。

（4）趣味性。

著名教育家苏霍姆林斯基说过，“所有智力方面的工作都要依赖于兴趣”。“兴趣是最好的老师”，巧妙设问是激发学生兴趣的出发点，是“碁美”课堂价值追求之一，是学生主动探索的关键所在。在教学过程中，教师应该充分利用趣味性强的问题导向，可读性强的教学材料，如学生喜欢的名人轶事、动态视频、哲理故事、漫画典故、时政要闻等引发思考，让学生在积极、欢快的学术争辩和思维碰撞中完成学习内容，真正体验学科“美”的享受。

（5）实效性。

问题设计要注重实效，着重体现教学内容的重点和难点，讲究提问的策略和艺术，多设置高水平高层次的情景问题，避免低效甚至无效的问题，所提问题一定要符合学生的发展水平和理解能力，深入浅出、循循善诱、层层推进，兼顾不同层次学生的认识能力和思维发展规律，取得最好的课堂效益，让教师在成就学生成功的过程中成就自己。

（6）时代性。

问题设计还应具有时代气息，能充分与新时代、新动态的教育教学理念相融合，通过课堂教学渗透学科文化和时代元素，注重培养有中国灵魂、国际视野和多元文化理解能力的新时代学生。

教学如下棋，下棋不仅开发了学生的智力，同时还促进了智力的发展。智力的发展又有利于学习科学文化知识，推动了学生学习能力水平的不断进步，使学生的“多元智慧”开发效果明显，逻辑思维、空间观念、创新能力等显著增强；协调人际关系，反思、内省意识、忍耐能力等综 合心理素质 稳步提高，两者彼此之间相得益彰，形成互相影响、相互促进的良好科学效应；在学习上，可使学生变压力为动力，变被动为主动，做学习的主人，把原来单调、枯燥、乏味、烦心的学习改变成现在既轻松而又愉快的学习。在全身心实践体验 学习科学文化知识的同时，又充分享受学习所带来的快乐情趣，娱乐与和谐身心，有效提高对学习内在的兴趣，使学生逐渐成为一个主动和自觉学习、科学与勤奋钻研学习、顽强刻苦和有效学习的人，由原来“要我学”的“学困生”转变为现在“我要学”的“学富生”。

当然，“确定问题时应该把握好以下几点：一是这堂课教学内容的核心问题，如同凸透镜，应聚焦最有价值的知识与技能；二是有难度的问题，必须是需要深入思考、广泛交流才能解决的问题；三是有价值的问题，不仅引起学生对未知世界的好奇心，还要引起学生对自主研究的热情与兴趣，不仅能培养学生解决问题的能力，还要能培养他们发现和创造性解决问题的能力。”①

通过马斯洛需要层次理论，② 当感情、尊敬和肯定的需求实现后才会出现自我实现和提高的需求，这是一般人通常会有的情况，对于青少年也是如此。因此教师应把注意力聚集在发现和赞赏学生的闪光点上，让学生体会到成功的乐趣，唤起学生学习的热情来。

---

① 冯润胜．研学后教［M］．广州：广东教育出版社，2016：105.

② 马斯洛．人的动机理论［M］．北京：科学普及出版社.

三、方法设计精准

在新课程背景下，学生的课堂主体地位已经明确。传统教学方法无法适应当前学科教学需求，学生机械式地记忆也无法满足其未来的发展与学习，完善和优化各学科教学方法，已经迫在眉睫。

现今社会，方法一词主要是指人们在改造世界、认识社会的过程中，采取的一些方式或手段。列宁曾经说过：“方法也就是工具，是在主体方面的某个手段，主体通过这个手段和客体相联系”。① 列宁把方法看作连接主客体的一种手段，一种中介。概言之，方法是人们在现实社会中为达到自己对客观世界认识的目的而采取的方式与手段，方法有多种不同的具体形式与具体表现，它的内容是主观的，而形式是客观的，是人们认识世界、改造世界不可缺少的条件。

在夸美纽斯（J. A. Comenius）看来，方法意味着包括教学的最一般原则在内的所有一切。他的《大教学论》开宗明义地声称“把一切事物教给一切人类的全部艺术”，探讨“不会使教员感到烦恼，或使学生感到厌恶，能使教员和学生全都得到最大的快乐”的方法。②

教学方法在教学过程中的地位和作用毋庸置疑，因此，教学方法得当与否，一方面直接关系到教学质量和教学效率的高低，以及伴随而来的学生课堂学习的成功与否；另一方面更关系到把学生培养成什么样的人。特别在新课程条件下，课堂教学方法直接关系到我国基础教育课程改革的成效。

（一）教学方法的概念特征

教学方法不同于一般的应用技术，拥有其作为“育人”的方法论特征。由此引出了教学方法研究固有的“教育关系”问题，形成了基于沟通理论的教学方法研究的基本范畴——教学形态、教学方式、教学

① 张锐，董志，夏鑫．大数据时代高校思想政治工作创新探索［J］．学校党建与思想教育，2014（10）．

② 夸美纽斯．大教学论［M］．北京：人民教育出版社，1985：1、3.

方略。教学方法是一种复杂的、动态发展的概念，倘若没有多层面、多角度研究的支撑，是难以得到诠释和理解的。教学方法的发现与超越归根结底是教师学习的过程。①

教学方法作为教师达成教育目的之手段的体系，是教师教学实践力的最直观表现。教学方法的概念是一种复合的概念而非单一的概念，同时指涉一组繁复的概念或活动流程，拥有不同于一般方法的独特性。

1. 教学方法不等于应用技术

所谓“教学”是“教授与学习的过程”。教授与学习并不是单纯的并存关系，真正的教学唯有通过教师的教授活动，触发学生产生学习活动，并据以展开教授活动才能产生。这是一种合作性的交互作用的过程，而教学方法则是“引导、调节教学过程最重要的教学手段”。② 教学方法必须在教学的“目标—内容—方法”的关系链中加以考察。“方法”相当于古希腊语的“Methodos”。就词的本义而言，一方面是指操作行为的顺序，亦即“达成某种目的的途径”；另一方面则是指狭义的“导致所在情境的问题解决的方法”。③ 在教育史上，长期以来“教学方法”的概念远比现今的用法广泛。例如，在夸美纽斯（J. A. Comenius）看来，方法意味着包括教学的最一般原则在内的所有一切。他的《大教学论》开宗明义地声称“把一切事物教给一切人类的全部艺术”，探讨“不会使教员感到烦恼，或使学生感到厌恶，能使教员和学生全都得到最大的快乐”的方法。④ 在这里，他给我们提示了作为教学方法的默然的前提——使得每一个学生“迅速地、愉快地、彻底地懂得科学，纯于德行，习于虔敬”⑤。一般所谓“方法”是受“目标”与“内容”制约的，指的是该采取怎样有效的方式、手段和技

① 钟启泉．教学方法：概念的诠释［J］．教育研究，2017（1）．

② 佐藤正夫．教学原理［M］．北京：教育科学出版社，2001：286、288-289.

③ N. Sandor. 教学论［M］．东京：明治图书，1979：268.

④ 夸美纽斯．大教学论［M］．北京：人民教育出版社，1985：1、3.

⑤ 夸美纽斯．大教学论［M］．北京：人民教育出版社，1985：1、3.

巧来实现目标。

2. 教育关系：教学方法的根基

所谓“方法”，就在于依据作为现实的客观认识的理论，形成行为或是操作的规则体系。方法具有规范性。其功能在于引导人实现目标的行为，因此它具有人的行为楷模或规律性要求的性质。方法的本质有如下几方面。第一，方法是旨在实现目标的手段。第二，方法受客体的制约，并适合于客体的操作系列，即方法是受内容制约的。第三，方法的基础是理论，方法接受理论的指导。第四，方法是规则的体系，具有指令性。第五，方法具有结构，它是构成一个体系有计划的一连串行为或操作。① 教学方法同其他方法一样，“是从一定的条件出发，导向规定的目标，规定可操作的系统的原理与规则的系统”②。

教师是学生能否积极参与课堂教学活动的重要调节者，教师的教学方法是影响学生在课堂上主动参与的重要因素。教师若以教师授课为主的传统教学方法贯穿于整个课堂，很难长时间吸引学生的注意力，课堂上学生缺乏互动，渐渐缺乏学习兴趣，失去了参与课堂教学活动的热情。

教学方法主要指的是教师和学生一起完成的，以共同教学目标为基础的教学任务的过程中所运用到的方法、手段和途径等。这其中主要涉及了教师教的方法、学生学的方法两个方面。在中学课堂教育中，应用教学方法的目的是为了实现既定的教学目标，完成教学任务，将教学内容中所包含的知识、技能等教授给学生，使其达到学习阶段中应当掌握或具各的知识和能力的条件。

（二）方法设计的标准和步骤

通过文献我们可以发现，“引起学生注意”“激发学生学习兴趣”“明确学习目标”“连接新旧知识”“沟通情感”等是经常提及的课堂

① 佐藤正夫．教学原理［M］．北京：教育科学出版社，2001：285-286.

② 欢喜隆司．教学方法：理解与运用［M］．京都：智慧女神书房，1989：6-9.

导入的功能或目的①。但如果进一步反思会发现，课堂教学的终极目标是学生的有效学习，而学生学习发生的条件主要在于两个方面：一是学生“愿意学”，这是学习的起点和动力，主要表现为学生的学习兴趣；二是学生“能够学”，主要表现为学习能力、学习基础与学习预期。

现代教学方法的优选是从众多教学方法中选择在现有条件下能取得最佳教学效果的方法，根据教学系统的要素，我们认为现代教学方法的优选标准包括：（1）具体的教学目的和教学任务；（2）教学内容的特点；（3）教学方法的职能、适用范围和适用条件；（4）教学环境的可能条件；（5）教师自身的素养条件；（6）学生的准备状态。以上六条教学方法优选的标准，是从一个完整的教学系统出发，针对整个教学系统的六个基本要素（教学目的、教学内容、教学方法、教学环境、教师、学生）而全面提出的要求。

前苏联的巴班斯基认为，教学方法优选的最通用步骤是：（1）决定在教师指导下的学习方法，或学生独立学习的方法；（2）决定以探索法或复现法学习这一专题；（3）决定用演绎法或归纳法来学习这一专题；（4）视可能情况配合适用口述法、直观法和实际法；（5）选择激发学生积极性的方法；（6）选择检查与自我检查的方法；（7）选择在课堂上学习新教材中主要的、最本质的成分的一整套方法。②

（三）全盘谋划教学方法

在下棋过程中，每个棋子都有其独特的作用，每个棋子的走势都对整体产生重要影响。因此，要从全盘的高度走好每一步棋子。基于碁道文化，每位教师在实施碁美课堂过程中，要全盘谋划教学方法，确定每种方法在教学中的独特定位，根据班级学生的情况选择合适的教学方法。

1. 讲授式教学法

---

① 岳定权．课堂教学设计点的获得方法［J］．中小学教师培训，2016（11）

② 巴班斯基．教学过程最优化［M］．北京：教育科学出版社，1986：156-157.

讲授法被认为是“教师通过口头语言向学生描述情境、叙述事实、解释概念、论证原理和阐明规律的教学方法”。① 根据研究者提出的对讲授法前班级授课制时代和后班级授课制时代的划分，讲授法在近代以后与班级授课制、科学知识为内容的学科课程完成了质的飞跃，讲授法由此成为最基本和最主要的、占据主导地位的教学方法。② 讲授法是诸多教学方法中最广为人知和普遍使用的教学方法，有人称其为其他教学方法的“基石”。③ 大部分地区班级人数多、教学设施不足和教学评价体系不完善等教育现实，也决定了讲授法还是目前学校教学活动的主要教学方式。④ 未来的讲授法在应用中应该更注重学科视角，更注重学生的主体存在和可接受性，追求更高效的教学目标达成。只要学校教育存在，课堂教学传授基础知识的目标不变，讲授法在课堂教学中就永远具有其生命力和召唤力。

2. 启发式教学法

此方法又称暗示教学法，它是保加利亚暗示学专家格奥尔基·洛扎诺夫在 20 世纪 60 年代中期创造的，被称为是一种“开发人类智能，加速学习进程”的教学方法。⑤ 暗示教学法的原理是整体性原理。传统的教学法原则和方法低估了人类学习的巨大潜在能力，忽视潜意识活动对学习的作用，因而影响了学生学习潜能的发挥。暗示教学法认为一切显意识的活动都建立在潜意识的组合上，人们的日常生活和活动也处于潜意识的控制之下，潜意识的睡眠状态通常是学习的继续。轻松愉快地享受音乐易于激发潜意识，把人的注意力集中到所学的内容上去，从而提高学习效率。根据现代心理学和生理学理论，参与学习过

---

① 中国大百科全书总编辑委员会. 中国大百科全书·教育 [M]. 北京：中国大百科全书出版社，1985.

② 丛立新. 讲授法的合理与合法 [J]. 教育研究，2008 (7).

③ 王玉林. 谈讲授法 [J]. 中学语文，1991 (5).

④ 范江文. 讲授法在化学教学中的高效运用 [J]. 中学化学教学参考，2014 (11).

⑤ 廖坤. 洛扎诺夫暗示教学法的技术特点分析 [J]. 比较教育研究，2003 (6).

程的不仅有大脑，还有身体；不仅有大脑左半球，还有大脑右半球；不仅有有意识活动，还有无意识活动；不仅有理智活动，还有情感活动。而人们在通常情况下的学习，身体、大脑两半球、有意识和无意识、情感和理智等总是不能协调，甚至相互冲突，因而大大削弱了人的学习能力。而我们所讨论的暗示教学法就是把这几部分有机地整合起来，发挥整体的功能。

教师的启发式讲解是传授知识最有效和最经济的方法之一。① 如在高一必修二《求空间几何体的表面积体积》教学中，有这样一道题：

如图，在四棱锥 $P-ABCD$ 中，底面 $ABCD$ 为正方形，$PA=AB=2$，点 E 是 PD 的中点．求三棱锥 $A-ECD$ 的体积。

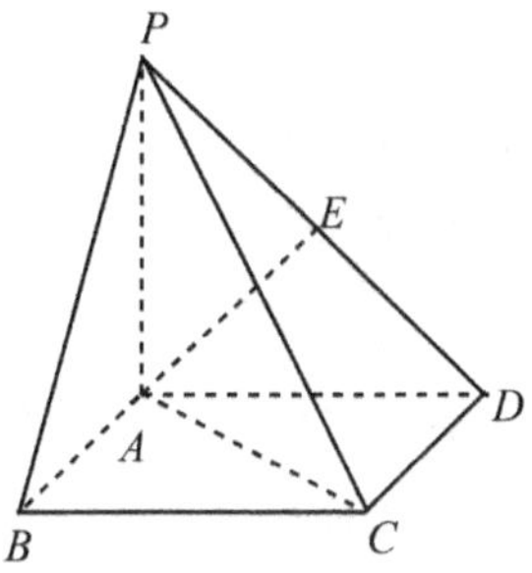

学生疑惑：三棱锥 $A-ECD$ 是四棱锥 $P-ABCD$ 的一部分，在图中如何求三棱锥的体积？学生无从下手。

师：启发学生先独立思考，利用画思维导图找解题的思路：

学生：

$$V_{锥体}=\frac{1}{3}sh\begin{cases}以 A 为顶点，则 \triangle CDE 为底；\\ 以 C 为顶点，则 \triangle ADE 为底；\\ 以 D 为顶点，则 \triangle ACE 为底；\\ 以 E 为顶点，则 \triangle ACD 为底；\end{cases}$$

如何找高？如何求底面积？是否四种方法都行？启发时注意做到“不重不漏”。(本案例由石碁中学周泳老师提供)

暗示教学法是运用心理学、生理学等多方面的知识，启发学生的潜意识，开发学生的感知和潜力，有利于学生克服学习中的紧张、压抑情

① 杨星光．走出数学发现式教学法的误区［J］．卫生职业教育，2009，27(22)．

绪，调节学习节奏。它是对传统教学法的重大冲击，使人们的教学观念发生了根本性的变化。融入暗示教学法元素后的英语语音课堂定会比以前更加活跃。只要我们把握暗示教学法的理论实质，尽力创造出良好的教学环境，结合其他教学方法和教学形式，在具体实践中灵活运用，就一定会使英语语音课变得易教、易学、易悟，真正提高学生的交际能力。

3. 探究式教学法

探究式教学是指“学生围绕一定的问题、文本或材料，在教师的支持和帮助下，自主寻求或自主建构答案、意义、理解或信息的活动或过程。”① 因此，探究式教学过程应该是在教师的启发诱导下，以学生独立自主学习和合作讨论为主，以现行教材为基本探究内容，以学生周围世界和生活实际为参照对象，为学生提供充分自由表达、质疑、探究、讨论的机会，借助个人和小组的力量解决问题。② 可见，在探究式教学的过程中，学生的主体地位、自主能力都得到了加强。学生需要思考怎么做甚至做什么，而不是让学生接受书本上或者教师提供的现成的结论。探究式教学有助于调动学生的积极主动性，培养学生良好的学习策略。在探究式教学实施过程中，通过问题的提出、资料的查询、调查、分析，不仅培养了学生的语言运用能力，同时还可以培养学生的研究能力，合作意识和自我管理能力，提高他们学习的自主性，为日后的终生学习创造条件。③

4. 问题式教学法

在现实工作中，工作的顺利进行总是伴随着问题的不断出现，问题的分析和问题的顺利解决，所以在工作中用人单位总是需要大量的能实

---

① 张筱兰. 三种模式应用的教学方法［M］. 北京：高等教育出版社，2008：133.

② 秦益锋. 小学英语教学呼唤体验式学习［J］. 中小学英语教学与研究，2011（1）.

③ 鲁子问，王笃勤. 新编英语教学论［M］. 上海：华东师范大学出版社，2006：29.

际解决问题的应用型人才。① 响应此种需要，我们探索出问题驱动教学法。问题驱动教学以提出问题、分析问题、解决问题为线索，并把这一线索贯穿于整个教学过程中。有效的提问能使课堂充满悬念，让学生的思维接受挑战，让学生的潜能得到充分的挖掘。

5. 参与式教学法

所谓参与，并不是一般意义上的出席，是指参与者投入一定的时间、精力与注意力，参与到要求他们解决问题或意在发展高级思维技能活动时所表现出的一种主观意愿。② 参与式教学要求师生互为依存，共同发展，强调学生是教学的主体，并在参与的过程中学习在社会环境中与他人相处的技巧和态度。参与式教学一般有两种主要形式：一是正规的参与教学；二是在传统的教学过程中加入参与式教学法的元素。

采用参与式教学方法，一方面能有效地调动学生学习的积极性和主动性，促进学生的主动探究和主动学习；另一方面，教师可以此使学生成为学习过程的推动者、策划者和指导者，让其主动参与到课堂教学活动中来，逐步培养他们“课堂是以学生为主体”的意识。参与式教学法是一种促进师生互动、活跃课堂气氛的有效方法，其在中外民俗课程教学中的运用，很好体现了学生的教学主体性。

6. 情境式教学法

情境教学法是以任务教学为先导，以培养学生能力为主要目标，通过为学生营造一个良性互动的情境，引导学生全面融入教学活动的一种教学手段和方法。③ 情境教学改变了过去传统的灌输式教学方法，学生的主体地位体现的更加明显，学生变过去的被动接受知识为主动探索，在课程教授过程中，不再是教师作为教学主体，学生被动听讲，学生在整个学习过程中，既是演员，又是观众。采用情境教学法，学生的能力

① 惠高峰．“问题式”教学法在高数教学中的应用［J］．成功（教育版），2010（5）．

② 陈时见．参与式教学的内涵特征［J］．教师教育学报，2014（4）．

③ 刘京莉．教学情境中的智慧之光［M］．北京：北京师范大学出版社，2014.

能得到切实锻炼。采用情境教学法对教师的教学能力提出了更高的要求，教师不再是单纯的教育者，而是课程的组织者和引导者。

7. 体验式教学法

体验式教学模式是20世纪80年代国外出现的一种教学方法。这是一种注入了主体生命意识的经验式的教学方法。梅洛．庞蒂说：“体验是一种结构，不是被动地把结构接收到自身，而是要感受它，再现它，自觉地接受它，重新发现它的内在意义。”① 体验式学习可以理解为一个体验循环过程：体验—认识—再体验—再认识。体验式学习改变了以往教师台上讲理论学生台下被动听的局面，教师作为启发者、引领者和扶持者等角色，根据课程要求设计情景让学生发挥主观能动性，在反思、概括中感知领悟知识，将体验过程中对事物的感知内化为自身行为与观念。如在初一数学课本P149复习题4的12题。在新课学习的作业中，学生完成的并不好。如何在复习中讲透复习拓展这道题呢？

如图，长方形纸片$ABCD$，点E、F分别在边AB、CD上，连接EF. 将$\angle BEF$对折，点B落在直线EF上的点B'处，得折痕EM；将$\angle AEF$对折，点A落在直线EF上的点A'处，得折痕EN，求$\angle NEM$的度数.

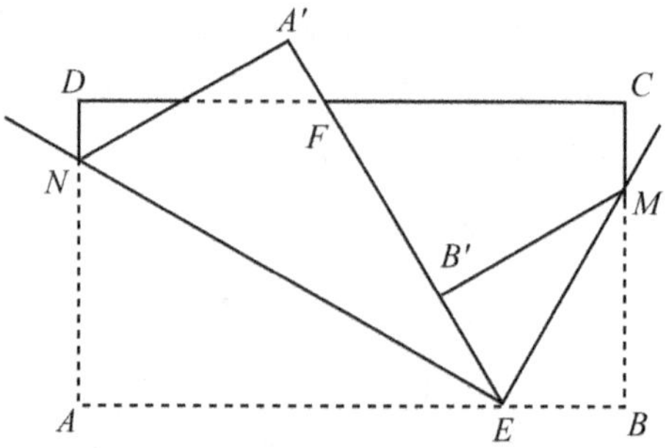

此题在2013年第一学期的期末考试中曾被改编为15题：如图，长方形纸片$ABCD$，点E、F分别在边AB、CD上，连接EF. 将$\angle BEF$对折，点B落在直线EF上的点B'处，得折痕EM；将$\angle AEF$对折，点A落在直线EF上的点A'处，得折痕EN，则图中与$\angle BME$互余的角是__________.（只需填写两个角）

① 邓瑶．体验式教学在商务礼仪实践教学中的应用［J］．黑龙江教育，2015（4）．

从考题可看出，出题老师只改变了要求解的问题。

老师是这样讲解的：

一是老师演示自己按图折出的如题目的模型，二是发一张 A4 纸，让学生仿老师的模型对折，并标上字母，三是用手中的三角板量 $\angle NEM$ 的度数. 四是展示思考过程给学生看。五是让学生观察思考 15 题的答案应是什么。六是让学生牢记：前面学新课时老师讲过的“实际问题中的折痕就是数学问题习题中的角平分线”。七是让学生写出推理求解过程。最后 PPT 投影出答案。（本案例由石碁三中刘善臻老师提供）

8. 分层式教学法

当前教学改革的主要方向就是学生个体差异，从而找到最佳的点，对于不同学生提出不同的学习目标及学习要求，从而实现真正的因材施教。分层教学法能够对不同层次的学生进行照顾，所以能够树立学生学习的自信心，使学生能够主动克服学习过程中的问题，并且自觉认知到学习过程中的不足，从被动学习变为主动学习。从此方面分析，分层教学法能够有效调动学生的学习热情，并且充分挖掘不同学生的学习潜能，以此有效提高三维动画设计与制作教学的整体效率及质量。分层教学法和传统教学相比具有较强的针对性，尤其是将学生的实际知识水平为基础确定教学目标，使不同层次学生都能够接受教学，并且使每个学生都能够顺利地完成学习任务，从学习过程中得到有效满足及成就，从而能够在今后学习过程中更加努力。备课分层、教学分层、指导分层、评价分层，能够有效地激发每个层次学生学习的热情，使其不断追求更高的层次，保持学习的动力。

9. 任务式教学法

任务教学法就是提倡以解决问题、完成任务为主导，为学生提供体验实践的情境和感悟问题的情境，让学生在进行“产品设计”时，得到清晰的思路、方法和知识的脉络。在完成“产品任务”的过程中，改变学生学习状态，使学生主动探索实践，学生通过自主探索和互助协作，完成一个个具体的任务，掌握学习内容，不断地获得成功的体验，激发他们的求知欲，培养独立探索、勇于开拓的自学能力。任务驱动式教学基本环节是：创设情境→确定任务→师生共同分析完成任务的方法和步骤→自主学习或协作学习→完成任务实践→归纳和研讨。① 比如在讲解产品设计调研时，先给学生布置一个课题任务，有一部分学生会用之前所学知识来完成任务，也有学生会有比较超前的想法，通过自主协作研讨的方式对问题进行分析并提出解决方案，最终完成任务，学生在完成任务的同时既学会了运用以前的知识点分析解决问题，又学会了开拓新观点的思路。采用任务驱动式教学法进行教学，教师的教和学生的学都是围绕如何完成一个具体的任务进行的，教师教学思路清晰，学生学习目的明确，将观察和分析解决问题能力培养作为创新设计的向导，学生可以更积极参与到课题任务中。任务驱动式和研讨式教学可以提高学生积极参与的意识，激发学生的学习兴趣，在解决任务的过程中培养学生的分析解决问题的能力和协作能力，最终完成实际任务。在最后的归纳和研讨中，教师对任务完成过程和结果进行归纳分析，并结合本节课知识重难点提出一些启发性的问题，通过师生研讨，加深学生对知识点和问题的理解程度，提高学生的总结反思能力。

10. 对比式教学法

“通过运用对照的方法来明确事物之间的相同点和不同点的思维过程的方法就是对比。”② 而对比教学法就是在知识的深度和广度的基础上，以比较为基础，找出两个不同对象之间的相同点和不同点，然后以此作为依据，将有关的知识和理论前移到另一对象上。这种方法不是就事论事，而是举一反多、对比类推的过程通俗的说，对比教学法就是在教学的过程中，将一些有一定联系和差异的教学内容放在一块进行对比讨论和分析，明确其中的相同点和不同点，让学生在理解一个内容之后

---

① 郑建启．设计方法学［M］．北京：清华大学出版社，2006.

② 苗新艳，王永芬．对比教学法在大学数学教学中的运用［J］．湖北成人教育学院学报，2011（2）.

很轻松、自然的想到另外一个内容，然后掌握和理解，以便很好的达到教学的目的。对比教学法有助于培养学生的创造性思维，有助于学生进一步牢固掌握基本理论和知识，有助于营造良好的教学氛围。比如计算：

(1) 3+5=____；(2) −3+5=____；(3) −3+（−5）=____；
(4) 3+（−5）=____。

不要小看这几个简单的式子，它们已经呈现出知识的递进关系，让学生在计算的过程中体会方法的渗透，先观察它们的异同点（符号的不同，每一个加数的绝对值对应相同），然后通过计算（尝试用正负数的意义进行运算，初步得出结果），学会知识的转化（尝试改变数据，反复运算），方法的总结（归纳出同号相加、异号相加的法则），能力的提升。

在实际的教学中，学生看到3+5马上得出结果8，当眼光挪到−3+5时，思维开始转动，排除了8,、−8等可能性，得出不是2，就是−2的初始结论，进一步考虑把5拆成3+2，得出式子−3+3+2=2，过程非常巧妙。之后解决（3）、（4）就变得简单和有趣多了。然后我多次变换数据，让学生多次尝试、体会、总结，最终得出法则：同号相加，把绝对值相加，并取原来的符号；异号相加，绝对值大的减绝对值小的，并取绝对值大的符号。简单来说，就是同号相加还是加，异号相加就是减。(本案例由石碁三中简妙宽老师提供)

11. 反例式教学法

针对目前学生数学基础薄弱的现状，作为数学老师在讲解一些定理、定义、结论的时侯如果能恰当的举出一些反例，这不光省去了大量繁杂、抽象的推理证明，而且能简洁明了地说明问题，正好弥补了目前高职院校学生学习高数时感觉理论性过强的困境。通过反例可以启发学生作逆向思维和探索，可以开拓其思维的深度和广度，加深对数学抽象概念的印象，进而体会到数学的严密性①。故此，我们认为在高职院校高数教学中巧用反例教学法是一种积极、有效的探索，值得大力推广。

12. 系统式教学法

系统教学法是从系统出发展开教学，是一种由整体到局部、由系统到元件的学方法。系统教学法以实际的系统为教学系统，逐步对系统进行剖析，最终对元件个体进行学习。传统教学法是指从理论基础到实际应用为主线的教学方法。

13. 实验式教学法

实验教学法指的是基于教师的引导下，要求学生动手、动脑去学习和掌握知识。② 学生在此过程中能够感受到实验的快乐，进而激发学生的实验兴趣，以及可以通过实验培养自身探究生物知识的技能。实验教学法在初中生物教学中的应用，让学生从原先的被动学习向积极探究与主动接受转变，有效地激发了学生的学习热情，提高了学生的学习趣味性。并且，实验教学法还能够培养学生热爱劳动、用于探究、团结协作等的良好品质，因此在初中生物教学中非常有必要推广与应用实验教学法。

14. 互联网 + 教学法

“互联网 +”已经成为一个时代的标签，在教学中为学生搭建一个建构知识的平台，引导学生把学习和运用语言知识与培养创造性思维能力结合起来，通过提出问题、分析问题、解决问题和评价问题等一系列环节，实际操练综合运用语言的能力，最终使学生重新构建自己的知识和经验，锻炼独立思考和终身学习的能力。③ 体验文化教学是一种重视教学效果，但更重视教学过程的一种教学方式，是教学双方对科学研究思维方式和研究方法的实践和运用。将有助于培养师生的社会责任感、科学的方法、解决问题的能力、特别是收集、分析和运用信息解决问题

① 王庆超，彭红艳，郭战伟．浅谈高职院校高等数学教学中巧用反例教学法［J］．中国科教创新导刊，201（35）．

② 涂传勇．浅析如何进行有效的初中生物教学［J］．学苑教育，2017（7）．

③ 陈亮．体验式教学设计研究［D］．重庆：西南大学硕士论文，2008．

的能力。

15. 活动式教学法

活动教学法是指教师根据一定的教学目标，将教学内容通过具体活动形式展开，使学生在活动中获取知识、提高能力和培育情感的教学方式。在新的课程标准要求下，活动教学法这种基础的教学方式要有新的特点，即在活动教学中突出“课程内容活动化，活动设计内容化”①的特点。活动教学既包括课前活动、课堂活动和课后活动，也包括在教学中运用到的各种具备实践性和参与性特点的活动，如讨论、角色扮演、演讲、辩论、做实验、实地调查、参观访问等。活动教学是集实践性、参与性、互动性、开放性、多样性于一体的教学方式。

新的课程结构基于必修课程包含社会活动的规定，强调将采取学科内容和活动相互嵌入的组合方式，② 因此重视活动教学模式并完善当前活动教学模式符合新拟定的课程标准精神。

16. 学导式教学法

就是在教师指导下，学生进行自学、自练的一种方法。③ 它把学生在教学过程中的认知活动视为教学活动的主体，让学生用自己的智慧主动地去获取知识，发展各自的智能，从而在充分发挥学生主动性的基础上渗入教师的正确引导，使教学双方各尽其能、各得其所。学导式教学法是近十余年国内兴起的一种启发式教学法之一，是有利于教学质量提高的可行方法。学导式教学法既是一种教学法，同时也体现为一种教学组织模式，是一种充分重视教学过程中“学”的因素的教学。在充分发挥学生主动性的基础上，教师采用各种教学手段创造条件、积极引导，使学生主动探索，开发智力，成为学习的真正的主人。

---

① 朱明光. 关于活动型思想政治课程的思考［J］. 思想政治课教学，2016（4）.

② 朱明光. 关于活动型思想政治课程的思考［J］. 思想政治课教学，2016（4）.

③ 刘宏武. 课程改革教师岗位培训资源包新课程的教学方法选择［M］. 北京：中央民族大学出版社，2004：4.

学导式教学法提倡学生自学，教师的指导贯穿其中，其本质特征是①：教学重心从“教”移到“学”上，学生自主地、直接地、快速地参与教学全过程，课堂上几乎三分之二的时间是由学生主动进行的自学、解疑、精讲、演练活动，个体和群体相结合，变“讲”堂为“学”堂，这是对传统习惯的以教师为中心、重教轻学、同步教学和学生被动依赖的注入式满堂灌的教学方式的改变，是对学生被动接受教师的启发或“不启不发”乃至“启而不发”的教学模式的改变，实现“启发与注入并存”的重大突破。学导式教学法一般以单元教学为宜。学导式教学法使师生形成了多方向探讨、多层次交流、民主和谐的课堂气氛。

17. 诱趣式教学法

诱趣教学法是一种心理引导教学法，运用科学手段有目的性地诱发学生对某一课程或某种学习项目产生兴趣，最后利用学生的兴趣展开教学活动。②这种教学方法在激发学生学习兴趣的基础上，培养了学生学习的主观能动性。诱趣教学法强调的是在教学中发挥学生的主体地位，将游戏活动、情境模拟、练习方式、体育项目等各方面相融合，引导学生主动参与到学习当中。孔子云：“知之者，不如好之者；好之者，不如乐之者。”这表明，兴趣是激发人们学习的主要动力之一。“诱趣教学法”可以有效提高学生体育综合能力，其根本是以学生为主体地位，通过一系列科学方法诱发学生的学习兴趣，从而实现学生对体育自主、持续性学习的目标，提高初中体育教学的整体质量。

18. 尝试教学法

尝试教学法是我国学者邱学华经过多年的积累提出的教学法。③ 该法旨在发挥学生主动性，让学生在旧知识的基础上先尝试学习，在尝

① 张人杰．大教育学［M］．广州：广东高等教育出版社，2003：315.

② 陈新．诱趣教学法在初中体育教学创新路径中应用价值探究［J］．科学大众·科学教育，2017（2）．

③ 吴忆平．尝试教学法在高师教材教法课中的运用［J］．乐山师范学院学报，2006（5）．

试的过程中由教师指导学生自学课本，引导学生讨论，在学生尝试练习的基础上教师再进行讲解，从而帮助学生掌握知识和能力的一种教学法。

尝试教学是将学习过程变为尝试成功、建构自我认知结构并能够将知识应用到实践中的一种特殊的教学活动，它既是尝试活动，又是教学活动。该教学法以“先让学生试一试”为基本指导思想，“先试后导、先练后讲”为基本特征，在教师的指导下，依靠学生自己努力去解决问题，先尝试，再由老师讲解、总结，以达到更好的学习效果。其基本观点是学生能尝试，尝试能成功。其本质是学习的自主和探究，而这正是当今社会对教育培养人才的要求。尝试教学模式荃本操作进程是提出命题—自学课本—尝试练习—学生讨论—教师讲解。以上五个基本环节加上前面的准备阶段准备练习和后面的延伸阶段第二次尝试练习，形成一个完整的系统。

19. 媒体展示教学法

媒体展示教学法是一种辅助教学方式，对教师的授课起到锦上添花的作用，它不是将课本上的内容原搬照抄地做成电子课件而照本宣科地读，而是以下这样一层含义：教师要在课前对文本及课件进行深入的理解和疏通，并对学生的实际状况和特点进行了解，以学生为中心，制订授课教材及授课课件，将视频、动画及图片穿插其中，对学生进行生动形象的引导，最后达到提高教学质量为目的的一种教学方法。“媒体展示教学法”在授课过程中的优势是对知识点的讲解深入、直观且易于被学生理解，但存在的问题是这种教学方式往往会流于表面，如何对知识点进行加固和深入理解值得探究。“媒体教学法”是教学过程中的一种手段而不是教学本身的重心所在，课堂上要绝对体现以教师为主导，学生为中心的理念，教师在课堂上的角色是导演，学生是真正的演员和信息接受者。

20. 导向式教学法

行动导向教学法，产生于 19 世纪末期德国的职业教育活动中，20

世纪被引入到中国。① 行动导向教学法不是一种具体的教学方法，而是从教学组织和实施的角度提出的一种教学思想。其内涵在于，整个教学过程要创造一种学与教互动的情境，不断启发学生的学习兴趣，引导学生自主地进行学习。它强调通过教师所设计的以学生作为行动主体的学习活动构建学生自己的知识体系，这种学习活动将专业能力、方法能力、社会能力整合在一起，帮助学生形成自主探索和解决问题的行动能力。在这种教学法下，学生不仅培养了专业能力，更培养了的学习能力。行动导向教学法内容非常丰富，无固定的模式，教师可以根据具体的教学内容和目标，在行动导向的理念指导下，设计出灵活多样的教学方法。

21. 项目式教学法

项目教学法是师生通过共同实施一个完整的项目工作而进行的教学活动。将一个相对独立的项目（产品教学法）交由学生自己处理，信息收集、方案设计、项目实施及最终评价，都由学生自己负责。学生通过该项目的学习，了解并把握整个过程及每一环节中的基本要求，原则上项目结束后应有一件看得见的产品。项目教学法具有以下特点：(1) 实践性：项目的主题与真实世界密切联系，学生学习更加具有针对性和实用性。(2) 自主性：为学生根据自己的兴趣选择内容和展示形式的决策机会，学生能够自主、自由地进行学习，从而有效地促进学生创造能力的发展。(3) 发展性：长期项目与阶段项目相结合，构成为实现教育目标的认知过程。(4) 综合性：具有学科交叉性和综合能力运用的特点。(5) 开放性：主要体现在学生围绕主题所探索的方式、方法、展示和评价具有多样性、选择性。(6) 过程性：项目教学法的评价注重学生在项目活动中能力发展的过程，测评内容包括学生参与活动各环节的表现以及完成作业的质量。

22. 互动式教学法

① 严中华．职业教育课程开发与实施［M］．北京：清华大学出版社，2009：192.

互动式教学就是通过营造多边互动的教学环境，在教学双方平等交流探讨的过程中，达到不同观点的碰撞，从而达到提高教学效果的一种教学方式。例如，在讲授到某个内容时，根据需要设置一些课堂讨论，联系所学的理论来分析和解答所提出的实践问题，或与学生的成长成才密切相关的问题，或让学生感到很疑惑的问题，这不但可以激发研究生的学习兴趣，也可以在讨论甚至争论的过程中使问题的答案逐渐浮出水面，以消除其心中的疑团。

23. 组合式教学法

“组合式”教学，就是指在教学过程中，将课题式教学、专题式教学、互动式教学、辩论赛、演讲赛等多种形式尽可能结合起来，通过形式的不断变化使学生在整个教学过程中保持注意力高度的集中，思维始终处于激活的状态，调动学生上课的积极性和主动性，提高教学效果。这种“组合式”教学方法就像一套组合拳，一气呵成地让学生维持在连续的兴奋状态之中。

24. 课题式教学法

课题式教学是 Marx 等在 1997 年提出的一种教学方法，又称研究性教学，是探究学习的一种方式，其基本教学模式为：提出课题→确定研究方案→解决问题→总结和评价。在研究生思政课教学过程中，可根据教学需要，由研究生自由组合成若干个研究小组，自主选择感兴趣的课题进行研究，并推举 1 人将研究结果在课堂上进行汇报、交流，最后，由教师对研究中存在的问题或需要改进的地方进行总结。

25. 专题式教学法

专题式教学就是教师依照教学大纲要求对教材内容进行重新梳理和整合，提炼出重点和难点，形成既前后衔接又相对独立的系列专题的教学方式，它具有针对性、灵活性、现实性等特点。研究生思政课的教学既要注意衔接性、系统性，更要注意理论的提升和实践性，而专题式教学则可以兼顾这几个方面。

26. 研讨式教学法

研讨式课程教学方法，是以解决问题为中心的教学方式，通过由教师创设问题情境，然后师生共同查找资料，研究、探索，提出解决问题办法的方式，从而使学生掌握知识和技能。研讨式教学法包括阅读自讲式、讨论式、启发式、专题式、课题制式、案例和讲授式等多种具体教学方式。研讨式教学以“导”为主，要求学生通过查阅资料、研究讨论后解决问题。研讨法体现的主要教学原则是学生主体性原则、启发性原则、循序渐进原则及和谐性原则。创设了师生、生生之间平等、和谐的教学环境，体现教学的民主化，形成和谐共进、教学相长的境界。有助于师生共同探索、发现和研究，进而密切师生关系，促进教学相长。

27. 发现式教学法

布鲁纳在《教育过程》中这样定义发现式学习法：学生在教师的指导下，能够像科学家发现真理那样，通过自己的探索和学习，“发现”事物的内在联系及其因果关系，从而形成概念，掌握原理。教师指导学生进行发现学习的教学方法相应地称为发现式教学法。他认为人类的学习过程类似于科学家的探索过程，只不过学生是对已有知识的再发现，但对学生来说也是一种了不起的创造，这是人类用自己的逻辑思维将一个概念与另外一个概念用一定的关系联系起来的思维过程再加上人有强大的主观能动性，在施以一定条件的刺激后能够发挥出巨大的创造能力。

28. 演绎式教学法

根据一类事物的一般规律，推理得出该类事物的特殊形式称为演绎推理法。演绎推理法的特殊推理过程，要求在推理时准确找出推理的一般规律，通过共性和个性对问题的分析，得出该类事物的特殊规律。演绎推理法与归纳法相反，它是由一般到特殊，由普遍到个别，由共性推出个性的方法。① 例如在进行牛顿第一定律的实验研究时，通过观察实验发现，物体在越光滑的平面上运动的越远，进一步假设和推理，根据实验发现的规律，如果物体在绝对光滑平面上运动，物体将一直做匀速运动。

---

① 宋淑飞. 新课程下高中物理科学方法教育实施策略研究［D］. 长春：东北师范大学，2009.

小结：借鉴碁道智慧，教师将以上某一种或几种方法全盘谋划运用于教学实践之中，就可以提升教学的效能。以上各种方法经过教学实践证明是有效的，当然我们又不能拘泥于方法，迷信方法。所谓“教学有法，教无定法”。所以，教师只有根据学生的实际情况用心去研究，采取适当的方法，课堂教学的有效性才能得以提高。

第三节 “碁美课堂”的特征鲜明

《基础教育课程改革纲要（试行）》明确指出：“改变课程实施过于强调接受学习、死记硬背、机械训练的现状，倡导学生主动参与、勇于探究、勤于动手，培养学生搜集和处理信息的能力、获取新知识的能力、分析和解决问题的能力以及交流与合作的能力”。碁美课堂的指导思想与课程改革完全一致，在实践过程中，会表现出比较独特的活动特征。下面将从“师与生相互作用”、“导与学水乳交融”、“讲与用有机结合”三个方面进行具体的阐述：

一、师与生相互作用

在番禺区“研学后教”理念的指导下，学生的主体地位被提到了前所未有的高度。从这一理念出发，教学过程不再被看作一种纯粹的给予和接受的静态过程，而是教师和学生之间相互交流、相互影响的动态过程。“师生互动”因此而成为研究课堂教学过程的热点话题，也是碁美课堂关注的焦点之一。

从狭义来讲，“互动”指在一定社会背景和具体情景下，人与人之间发生的各种形式、各种性质、各种程度的相互作用和影响。课堂教学中的师生互动，就是指在课堂教学这一时空内，师生之间发生的一切交互作用和影响，它既指师生间交互作用和相互影响的方式和过程，也指师生间通过信息交换和行为交换所导致的相互间心理上、行为上的改变。①

① 孙桂风，浅析数学课堂教学中的师生互动［EB/OL］. 青岛市教育科研网，2006. 3. 10.

课堂教学中互动交流，其实就是教师与学生之间进行授与受的过程，是教师与学生之间相互影响的平等的对话过程，这种过程强调的是优势互补、资源共享、相互讨论、共同提高的相辅相成关系。课堂的主体是学生，主导是教师，既要凸显学生的主体地位，又要发挥教师的主导作用，二者不可偏废。课堂是学生的舞台，真正引领孩子走上舞台绽放光芒的人是教师。

那么，在碁道育人理念下，如何发挥师生互动的最佳功效呢？

（一）形成“碁美课堂”教学观

1. 建立师生共同对话的教学本质观

叶澜教授曾提出：“人类的教育活动起源于交往，教育是人类一种特殊的交往活动。”教学活动作为教育活动的一部分，它是人类交往活动中更特殊的一种。因此，交往可以看作教学过程的一种本质。而在人与人的交往中，每个人都是作为主体而存在的，每个人都是彼此相互认识和交流的对象，每个人都应具有自己独立的人格。

因此，教学中的师生关系不再是“上面讲，下面听”的关系；教师不再是“领导式”人物，而是与学生平起平坐的一员；教学便是师与生彼此敞开心扉、相互理解、相互接纳的对话过程。在这样的碁美课堂教学过程中，师生形成了一个“学习共同体”，大家都作为平等的一员在参与学习过程，进行心灵的沟通与精神的交融。

2. 建立动态生成的教学过程观

以前的课堂教学设计，教师多半“从文本上进行备课，就带着教案去上课”。这样的课堂显得严谨有余但生气不足，条理清晰但创新不够。事实上，由于师生是带有灵性的参与者，我们的课堂教学应该充满了感性的成分，应该具有勃勃的生机。从动态生成的教学过程观出发，课堂教学是师生交互活动的过程，交互活动不断地进行，课堂就将发生不断的变化和意外。因为交互活动不可能有太细的规则，不可能完全按照事先计划好的每一细节操作，它具有不可控性；教材教案等一切文本的意义都具有不确定性，师生皆可对之进行不同的诠释与解读，进行不断地界定和再界定。因此，我们追求的教学过程，就不再是永远的平衡，而是失衡再平衡；不再是一味的有序，而是无序中的有序。

借助对弈过程中“棋子走动的多变性”来类比课堂的特征，碁美课堂应该是动态生成、多元变通的。“碁美课堂”最大的特点在于它的灵动性，课堂过程并不是按照教学方案一成不变的。

（二）进行互动感强的“碁美课堂”设计

1. 设计好“研学问题”，引领并扩大互动空间

在番禺区强调的“研学后教”课堂中，强调以“研学问题”为中心开展教学，这种问题应有很大的包容性和可选择性，它鼓励学生对解决问题作思路的选择，而不仅仅是对某一具体操作方法的选择；鼓励学生对解决问题的设计作多种假设与猜测，而不仅仅是按既定程序作一蹴即就的验证。努力为学生扩大了互动空间和互动需求。如在讲授小学数学四年级《路程、时间与速度》课中，老师设计了这样的问题（本案例由番禺区石碁镇海傍小学李洁莹提供）：

师：我们学校马上要开展春季运动会了，有两名同学为了争着参加运动会吵起来了，同学们请看（课件）。——华华和方方到底是谁跑的快呢？

华华平时成绩		120 米
方方平时成绩		210 米

生：这样不能作比较，因为没有时间，不能知道谁快谁慢。

引起学生认知冲突，师此时补充了时间，借助多媒体课件补充呈现：

华华平时成绩	2 分	120 米
方方平时成绩	3 分	210 米

教师充分利用“谁跑得快?”这样一个问题情境引起认知冲突，深刻体验到速度、时间、路程三者之间是相关联的。接着呈现完整的信息，请学生进行分析、推理活动，并向学生介绍线段图解决问题的方法和遇到问题三种求助方式，让学生体验解决问题策略的多样化。

2. 设计多向合作的“碁美课堂”活动，拓宽互动途径

在课堂生生互动中，产生的实践效果会受到性别、性格、空间位置等因素的影响。一般来说，性别相同、空间位置较近的学生之间容易产生互动，互补型性格的学生之间也较易发生互动。遵循互动的规律开展课堂教学，有利于产生积极有效的互动。

低年级学生由于组织能力、自控能力较较低，宜于多设计同桌间、前后桌之间的两人合作学习活动。如：设计操作性活动，产生行为调整；设计角色游戏，一人当小老师出题、提意见，一人做学生，进行情感交流；安排同学间互说思考过程，理解不同思维方式；做完练习交换检查，互相对照。这些做法有利于学生个体间发生互动，了解他人学习方式，模仿他人行为，增进彼此感情，提供互相借鉴的机会。高年级学生适宜多设计四人组学习活动，增大互动的人际空间。在设计合作学习活动时，要兼顾到小组之间的影响、教师对小组的影响以及小组对成员个人影响，据此开发多种互动渠道。

3. 设计多样化的教学环境，丰富互动内容

在生动、多样的教学环境中，学生可交流的话题增多，情感体验丰富，思路打得开，彼此间容易发生相互影响，往往会产生“触类旁通”之感。课堂上除了老师准备丰富的材料、设计丰富的环境外，还要引导学生收集各种信息资料，带到课堂上来，使课堂上的每个人都作为信息源，让学生在信息丰富的环境中接受多方刺激、产生深层互动。

（三）提高教学敏锐性，为学生营造互动的氛围

在课堂教学过程中，教师既作为与学生群体、学生个体产生互动的一方，同时又应该是课堂互动的调控者。因此，教师应提高教学敏锐性，充分挖掘和利用课堂中的一切互动因素，调控互动过程，促进深层互动，为学生营造互动的氛围。

1. 鼓励大胆发言，促进互动

课堂中，如果教师如果不注意鼓励学生，很多学生就会由于害怕被别人发现错误而掩饰、遮盖自己真实的学习过程。有的学生本来有自己的想法却随大流人云亦云，有的学生本来有疑问也不敢提出来让大家讨论。于是原本一次深刻的思维碰撞机会就错过了，原本一次很好的情感交流机会也错过了。因此，老师可以跟学生共同制定一些课堂规章制度：如奖励发表异议的、鼓励大胆发言的等等，让每个学生都敢于表达真切的情感体验、大胆实施自己的学习策略，以促进生生间、师生间产生更广泛更深刻的互动。

2. 捕捉课堂生成契机，促进互动

在传统教学过程中，普遍存在着教师为实施自己的“教案”，为完成教学任务而漠视学生课堂表现的现象。在课堂教学过程中，学生提出了一个典型的疑问，产生了一朵创新思维的火花，掠过一丝情感的变化，都是宝贵的教学资源。如果我们老师善于把这些细微之处流露出来的信息捕捉出来，加以重组整合，或许可以引发一场激烈的讨论，引起深刻的认同，广泛的共鸣，给碁美课堂带来一份精彩！

需要提醒的是，学生参与学习活动是否积极，可从外显的学习行为和内隐的思维活动两方面体现出来。评价师生互动开展成功与否，应着眼于学生思维是否受到触发，而不应仅仅以课堂行为表现作为唯一的判断依据。有的课堂貌似很“热闹”，但学生的理解只停留在思维的表面。学生是否处于积极的状态之中，可以从以下三个方面进行判断：一是看学生的注意力，是否全神贯注；二是看学生的情绪，是否情绪饱满、热情参与、敢于争辩；三是看学生的意志力，当碰到难题时能否继续认真思考，另辟蹊径，寻找出路。教师不仅仅是教学活动的组织者和引导者，更重要的是学生学习活动的参与者，是学生的高级伙伴，而不是旁观者。这表明，教师在课堂不仅仅要引导学生学习，而且要和学生一起开展学习。教师通过采用多种教学手段和方法挖掘学生思维的广度和深度。

教学的实质是交际，是师生之间情感、思想、信息的双向交流，教与学是互动是不可分割的过程，教学中的沟通和合作，互动与交往是教学的互动性的体现。教学过程是师生交往互通信息、共同发展的过程，学生不是配合教师上课的角色，而是具有主观能动的人。教学并不是教师将已经掌握了的知识通过灌输的方式传授给学生，而是一种教师与学生之间、学生与学生之间、教师与教师之间不断交往、建构的过程。

另外，平等、和谐的师生关系，可以促使自主学习得以更好进行。人格平等是任何形式的基础教育中师生关系的基础；平等的对话、探讨和引导、尊重和信任学生是平等交往的基础。教师要由教学中的主角转向现代的学生发展的促进者；尊重学生的人格，关注个体差异，满足不同学生的学习需要，从而建立一种和谐的、民主的、平等的师生关系。师生平等和谐、互尊互爱有利于营造一个能激励学生探索的良好气氛，让学生感到没有思想负担，敢想、敢说、敢问，也有利于创新教育成为可能和事实。

在学习的过程中，教师应成为一个组织者和引导者，正确、适时地引导学生的自主学习，让学生自主学习不再只是学生单方面的事情，而是成为教师与学生双方的互动过程。

二、导与学水乳交融

韩愈提出的“传道、授业、解惑”的教师职业角色，千百年来一直指导着为人师者。碁道育人的理念给本地区一线老师指明了方向——从根本上改变了教师和学生在教与学中的地位。而在课堂中，教师的教与学生的学，教师的导与学生的操作，并不是一成不变的。恰如碁道之理，“每一棋局都是不一样”，启示教育工作者教学方法要灵活多变，不拘泥不死板。

教学中的预设主要是对教学目标、教学内容、教学进度和教学方法手段的预设，没有预设的教学可能不是好的教学，那么过度预设，没有给生成留下一定的空间，这样的预设就是死寂的，就会扼杀掉课堂教学的生命力，就会失去生机和魅力。当然，只有生成没有预设的课堂教学是不可思议的，不仅形散而且神散，那所谓生成实质上就是“放羊”。

试想，今天你所教学的内容与去年完成教学的内容，在教学方法、教学呈现、教学处理也不尽相同，优秀地老师会不断地完善和提炼，并针对着每一群孩子不同的情况而定教学方式方法。

（一）创设碁美空间，引导学生大胆往前走

教师要让学生爱学习，会学习，独闯书山学海。教师切不可在学习上包办一切，如一味地讲解、抄写、答疑，会养成他们的依赖性，取代了他们独立思维、创新意识和自主学习的能力。如果带领学生接触新事物，放手让学生实践，多为他们创设自主探究的空间，就能增强自主学习的能力。

（二）给学生“静一静”的时间，让学生尝试去安排

改变课程实施过程中过于强调接受学习，死记硬背，机械训练的现状，倡导学生主动参与、乐于探究、勤于动手，培养学生收集和处理信息的能力。给“下棋子”般的自由，让学生勇敢地去创造。

（三）给予适当的指导，让学生去归纳学习方法

1. 指导发现问题

认知心理学派代表人物布鲁纳认为：知识的获得是一个主动的过程，学习者不应是信息的被动接受者，而应该是知识的主动探求者。可见，教学过程中由学生自己发现问题，解决问题，主动掌握知识，远比教师提问，学生找答案，机械记忆知识好。

例如：一位教师在进行语文教学中，要求学生在新课预习时将思考的问题写在书边上或小纸片上，以供上课时小组讨论，并通过竞赛的方式调动学生积极思考的兴趣，逐渐培养学生良好的思维品质，学生课堂的参与度与主动性大大增强，收到了比较好的效果。

2. 指导突破疑难

当学生在学习过程中遇上疑难，认识模糊，学生不能回答或回答很不全面时，教师应首先重申问题，做出进一步的解释，鼓励学生大胆尝试，引导学生开拓思路；或帮助学生理清思路；或循循善诱，耐心倾听学生意见，帮助他们找出认识上的误区，排除障碍，做出正确的结论。教师在这个过程中始终是学生学习的促进者。

3. 指导总结学法

碁美课堂提倡“学贵有方”。可见让学生掌握学习方法对于提高学习效能有着极为重要的作用。教师要朝着促使学生“反三”这个目标精要地‘讲’，务必启发学生的能动性，引导他们在学习训练过程中发现规律，掌握学法，以达到“授人以渔”的目的。

比如：有一位教师在讲授初中语文《最后一课》时，有学生对《最后一课》的环境描写提出了质疑，老师马上抓住契机，提出问题："大家还在哪些课文中欣赏过景物描写？”学生们很快答出如《散步》、《从百草园到三味书屋》等文，然后引导大家一起回忆两篇文章中景物描写对交代记叙要素、渲染气氛、表现人物的作用，并进而理解环境描写与主题的关系。①

（四）把握好两个关键，提高学习效能

1. 厚植教材

植物生长需要从土地汲取水分和养料，学生素质的培养也离不开教材。所以要发挥教材的功能，首先要让教材成为沃土，然后要让学生植根于每一科的教材。教师结合教材去设计核心问题，问题应位于学生思维发展水平的最近发展区，学生对其可望又可及，能刺激学生的学习欲望，让学生经过主动努力可以实现。

2. 深耕课堂

提高课堂学习效能，一直是石碁教师所追求的目标，但是要切实做到提高学生课堂学习效能，必须做到：

（1）教师最大可能地调动学生学习的积极性。提高课堂学习效能不能走形式，不能刻意追求课堂气氛的火爆热闹。课堂是师生思维火花碰撞的场所，一切的发展都应顺其自然。教师创设教学情境可以激发学生的学习兴趣，但是真正引领学生探索思考的、牵着学生思绪走的，还是教师精心设计的一系列有价值的问题。“问题”要集中体现本节课内

---

① 新课改下教师如何引导学生自主学习 . http：//blog. sina. com. cn/s/blog_4da91278010009re. html.

容的主体和生成背景，通过引导启发、为学生搭建“思维平台”，帮助学生学习、促进学生的认识发展。

如一位老师在讲授小学三年级数学广角《集合》一课时，如下

1. 2017 学年学校运动会报名表　　班级：三年（1）班

一分钟跳绳	④ 何卓林	⑧ 黎浩祥	⑥ 胡艺菲	㉗ 刘子涵
一分钟踢毽	② 陈烨华	㉗ 刘子涵	⑩ 周锡瑜	

2. 提出问题：参加这两项比赛的共有多少人？

师：请同学们先数一数，参加一分钟跳绳的有几位同学？生：（4人）

师：参加一分钟踢毽的有几位同学？生（3 人）

师：现在请你们统计以下问题：

（1）算一算一共有多少人？

有学生回答 6 人，有学生回答 7 人。

（2）师：为什么有同学算出一共有 7 人，有的同学算出一共有 6 人的呢？

（3）小组讨论：为什么有不一样的答案。

现场的情况：有 1 位同学不知道站哪边，两个小组都争抢着请他们过去的情况。

师：这 1 个同学去哪个组呢？出现这种情况，我们该怎么处理？

这位老师匠心独具设计了现场问题，启发学生进一步思考，分析因果联系，使知识进一步深化。通过教师启发诱导，学生拓宽了知识面，加深了对问题的理解，分析能力也有了较大的提高，教学效果远比“满堂灌”好得多。

(2) 教师还应该提升课堂教学的高度。教师只有恰当地提升教学的高度，才能促进学生能站在一定的高度上思考问题，也就是促使学生的思维始终处于最近发展区。通过提升教学的高度，促进学生逻辑思维得到提升，创新能力得到发展。

在“碁美课堂”上，教师由“演讲者、表演者”，转化为“引导者、管理者”，课堂由“一言堂”变为“自由堂”。让每一个学生都有机会当“小老师（学习的主人）”，给每一个学生都有展现自己、锻炼自己的平台。在教师的指导下，学生通过自主学习、相互讨论，打破了老师“给水喝”的局面，学会“找水源”的方法。

三、讲与练有机结合

在碁美课堂上，课堂讲解与运用要有机结合，只讲不练流于空谈，只练不讲无异于自学。“操千曲而后晓声，观千剑而后识器”，强调的是训练运用的重要性。讲与用结合，教学无定法，讲在练之前，练在讲之前皆可，视情形而定，教师的讲要讲到关键之处，叶圣陶说" 教师的讲是为了少讲，甚至不讲"，指明了讲的辅助作用。

一个“讲”字，无论是讲知识，讲规律、讲方法，还是讲心得感悟，要在一个“精”字上。在“精”字上下功夫，“讲”得精当“讲”得精彩，恰到好处，学生“听”，才能“声声入耳”，“入耳”才能“入脑”，“入脑”才能刺激脑神经，使大脑细胞处于兴奋、愉悦的状态，从而形成课堂教学中“讲”与“听”的良好的条件反射机制，使学生的思维活动更加积极有效。“讲”，本身就是对学生进行思维训练，提高学生的综合素质的重要手段。在碁美课堂中，我们提倡“三讲三不讲”。所谓的“三讲”就是大家熟悉的重点、难点、疑点，这三个点我们必须在课堂上讲，而且教师的语言必须做到简明扼要，深入浅出，抓住要点。要做到这点教师必须深入研究教材，很好地把握住教材的重、难点。“三不讲”就是学生会的不讲，学生自己能学会的不讲，老师讲了学生永远也不会的不讲。

一个“练”字，是指学生在学习过程中的练习，也就是实践。学生学习了基础知识，如不经过实践情境的应用，是不能转化为能力的。所以练习非常重要。练习可以使学生对所学知识，及时消化、巩固，加深理解。练习目的要明确，重点要突出，且题目的难度要循序渐进。开头的练习应该是最基本的，要针对基础知识的理解与基本方法的掌握进行练习，数目可以少一点，以后逐步提高要求。

（一）碁道智慧中的精讲

“碁道育人”教育理念的核心内涵是“慎思善行，碁美人生”。在此理念引领下，一线的课堂教学中讲练结合要做到，“练”是“讲”的检验、深化与应用过程。一般来说，“讲”与“练”的顺序是先讲后练，但不是一成不变。“讲”着重的是知识点的传授，“练”的是知识点的应用。在教学设计时，既要将讲和练的时间安排好，又要安排好讲和练的内容。

下棋子的精妙之处，在于每一次局都是有不同情况，而且对于“走棋”来说，并不是一成不变的，这恰恰对我们在教学上，有非常好的指引，因此，“精讲”显得如此关键，我们可以从以下两方面入手：

1. 运用“碁道育人”智慧——准确讲

教师应该对教材的重点、难点了然于胸，让学生理解学习的关键所在，讲清主干内容，重视分析思考的过程。以至于在今后的练习中能举一反三，事半功倍，从而提高学习的效能。

学生对解题策略的掌握，是教师在长期的教学过程中通过有意识的对比、思索、整理和积累而逐渐形成的。

2. 运用“碁道育人”智慧——如何讲

语言是教学思想的直接体现，是教师使用最广泛，最基本的信息在载体。“精讲”要抓住题目的要点，简明扼要，不必唱高调、说套话，和题目关系不密切的内容尽量少说，以免引起学生思维的混乱。同时要注意学生能自主解决的问题，教师无需包办，可以让学生在练习中自由探究，自己发现并掌握解决问题的方法，学生的体会远比教师的“给予”更加深刻。

讲题目重点时，教师要注意自己的语言组织，要有逻辑性，顺畅，有条理。而且语速要适中，留给学生理解和内化的时间。当然语调也要轻重有度。特别是对低年级的小朋友来说，示范的演示要符合学生的思维，不能有跳跃式的语言，以免打乱学生正常的思维。既然是“精讲”，那么就要恰到好处。一句话可以讲清的决不说两句，两分钟能演示完的题目决不用三分钟。把更多的时间留给学生自主探索和练习。

（二）碁道智慧中的多练

1. 让每一名学生有机会练

碁道育人的理念是不放弃每一个学生，让学生参加每一次练习中有所进步。学生“多练”的一个重要方式是体验学习，但很多老师总想让学生吃“现成饭”，不愿意给学生多提供一些积极探究、放手练习的机会，总想把练习中出现的问题都事先解决，不留任何有价值的问题给学生到“多练”中去探索，使学生丧失了在“多练”中逐步掌握学习技巧、练习方法的机会。因此，在“精讲多练”的思考中，教师可以将一些做题的探索权还给学生，让学生在探究、合作中体验学习的快乐。教师要保证学生的各种体验权利，创造条件让学生体验、思考、比较和判断。

2. 让每一名学生有时间练

讲后的练，是让学生有时间参加知识的反馈中，才能了解掌握的情况。即学生在教师的指导下进行“练习—纠错—再练习—巩固”。如果练习的时间被教师以滔滔不绝的讲解和不断出现的板演占据，那么，“精讲多练”就无法得到落实。因此，在练习过程中教师不应轻易打扰学生，以免破坏学生的练习节奏，即使某些问题实在要讲，也要让学生完成练习和思考之后。让学生在学习中领会、掌握、巩固和创新。

3. 让每一名学生有空间问

学生练了就会想，想了就会有疑问。在这样的情形下，教师除了在课前要精心设计，把握应该讲解的重点、难点、方法和易错点外，还应该鼓励学生在练习过程中提出问题，出现问题并不怕，问题出现后我们要善于解决，进行分析，然后综合应用所学知识和技能加以解决。在解决学生问题的过程中，对于学生有价值的问题及时解答之后予以表扬，鼓励学生提出问题。

在“精讲”和“多练”这对相互制约的教学因素中，“精讲”是首要的条件，只有保证了教师的“精讲”，才能实现学生的“多练”的效果。一味的强调“多练”，忽视或者避谈“精讲”，“多练”就会成为乱练和瞎练，不仅不利于学生知识的掌握和技能的形成，而且还会让学生在过分的自主中迷失自我，最终成为“放任自流”。

讲练结合从整体来说是讲与练的有机结合，其具体方式又是多种多样的。但须注意，它们并不是孤立的，在碁美育人理念下的课堂教学中，导也好，练也罢，都不能简单地理解为表面现象，不能简单地以动或静来定论课堂优劣，教师只有正确把握课堂艺术的基础上，智慧引领，动静结合，以促进学生全面发展为根本目的，要根据实际需求在课堂上灵活而综合运用，才能“妙讲生花”，方能构建快乐愉悦的课堂。

第四节　“碁美课堂”的效益显著

一、目标与过程一致

依据“碁道育人”理念中的主体性原则，在对学生的培养中，一切教育活动都要围绕学生的成长进行。因此，在教学目标的确定和教学活动的安排当中，必须有鲜明的导向。“学生愿学”、“学生能学”以及对“学生有价值”是“碁美”课堂的核心要求标准。“碁美”课堂要切实提升教学效果，必须满足目标与过程一致的条件，即充分发挥教学目标对教学过程的导向、激励、检测、调控功能，使导有所依，学有所循，“导”与“学”步步到位层层落实。它是学生自主学习的前提。目标与过程一致应把握目标具体化、目标意识化、目标过程化这几个基本环节。

1. 目标具体化

教学目标是课堂教学的出发点和归宿，是组织教学、设计教法、评价学习效果的依据，是保障课堂教学质量的前提。因此，教学目标的确定必须完整、具体、适当。做到从思想教育、认知要求、能力训练各个维度出发，把教学目标具体化。以五年级语文上册的课文《这片土地是神圣的》为例，《这片土地是神圣的》的内容背景是1850年，美国政府向西岸的西雅图酋长提议，要收购他们的土地。当时西雅图酋长手指着天空，做了这段发人深省的演说。文章就是根据这篇现代环保教育的重要宣言改编的。在教学设计中，应到依照“碁道育人”理念从从易到难的顺序性原则，细分出三个层次的教学目标：

（1）初步理解“宣言”的文体特色。

（2）借助“宣言”的文体特色，引导学生进行深入理解。

（3）围绕对人与大地的关系，进行深度探讨。

2. 目标意识化

目标意识化，即把教学目标交给学生，确定学习方向，并激发学生的求知意识。所以，制定好的教学目标不应是教师装在葫芦里的“秘方”，而应该从教师的教案中走出来，进入每个学生的头脑，成为明确的求知意识，从而唤起学生追求实现学习目标的欲念，积极主动地投入学习，推动学习的全过程。在具体的教学过程中，揭示学习目标可采用灵活多样的方法。如：

（1）直接揭示。仍以《这片土地是神圣的》课文学习为例，先问：“大家知道环境保护是什么意思吗?”，在学生作答后，教师再说：“今天我们就来学习一个关于环境保护的故事”直接了当，简洁明确。

（2）设疑揭示。教师把教学目标分解为若干要点，并根据这些要点设计问题，逐次向学生揭示。在课文学习中，教师可以首先提问“这篇宣言和我们之前学习过的记叙文在体裁有什么不同”，在引起学生的疑惑和好奇心后，再对“宣言”的文体特色进行学习；同样的，在分析课文的主题思想是，教师可以发问“为什么印第安人不愿向出高价的美国政府出卖土地呢?”，“出卖土地的收入可以让族人过上更好的生活，为什么酋长不答应呢”，通过这样的提问，让学生们意识到环境保护的意义，随后即可展开对人与自然关系的深入探讨。

（3）创意揭示。有些课题，教师精心创设一种意境，在意境中揭示学习目标，不仅使学生知道要学什么，而且利于激发情趣。例如在教学古诗《忆江南》时，教师首先利用多媒体设备播放江南风光的图片、视频，当学生们沉浸于江南水乡的优美风光时，展示白居易的诗作，孩子们兴趣盎然。

3. 目标过程化

教学目标应“溶化”到教学过程中去，“外化”为教与学的具体活动，如表2（以《忆江南》的教学为例）：

表2 ×××

目标	环节	师生活动
兴趣启发	启动	利用多媒体设备展示江南风光相关的图片、音乐、视频，引起学生兴趣
1. 正确掌握课文生词 2. 初步理解课文主题内容	梳理文本	1. 依据课文注释学习生词的意义和读音 2. 聆听录音，正确、流利地朗读诗文 3. 由教师指导学生正确理解诗文的主旨内容和描绘的各种意向、场景
理解作者个人风格以及古诗创作手法	归纳内化	1. 展示并复习《池上》、《草》等此前学过的白居易诗作，领会作者个人风格 2. 深入理解诗文描绘的意向和表现手法，领会古诗词创作的技巧

二、重点与难点突出

无论是从重要性来说还是从难易程度来说，教学内容的分布都不是平均的，而是明显存在着一些关键性的重点内容和一些难度较大的难点内容。衡量“碁美”课堂教学是否有效的基本标准之一，是看教师在教学中能否根据学生实际突出重点、突破难点。

1. 重点与难点的内涵

（1）什么是教学重点

从知识结构和体系来说，教学重点是“在教材内容的逻辑结构的特定层次中占相对重要的前提判断”，也就是“在整个知识体系或课题体系中处于重要地位和突出作用的内容”。用著名特级教师叶季明先生的话说，教学重点是“学科知识发展中的飞跃，人们认识中的转折”。从学生学习来说，教学重点就是学生必须掌握的基本知识、基本技能、基本思想和基本活动经验，如意义、法则、性质。可见，教学重点是教学内容本身所包含的，是内容体系中所固有的，不因学生的变化而变化。依据“碁道育人”理念中的基础性原则，重点内容无疑是学科教育中的关键点，只有抓住教学中的重点，才能保证学生充分理解和掌握教学大纲要求的知识和技能。

（2）什么是教学难点

教学难点是教学中难于理解或领会的内容，或较抽象，或较复杂，或较深奥。难点是由两个方面决定的。

一是教材编排。教材本身从内容、形式到语言都有难易之分。抽象的、宏观的内容难度就大；具体的、与学生生活距离小的，难度就小些。形式有单一的，也有复杂的，后者难度大些。语言有艰深晦涩的，也有明白易懂的，前者难度大些。

二是学生实际。学生知识基础和接受能力是难点形成的决定因素。基础扎实、知识面广的，解决问题就容易一些；相反的就难一些。难点的存在跟一个人的禀赋也有关系。反应敏捷的，解决问题就快些；反应稍慢的就难一些。所以确定难点有个前提，这就需要教师了解学生，研究学生。要了解学生原有的知识和技能的状况，了解他们的兴趣、需要和思想状况，了解他们的学习方法和学习习惯。就学生基础来说，以下三个方面值得关注：

第一种是对于学习的内容，学生缺乏相应的感性认识，因而难以开展抽象思维活动，不能较快或较好地理解。例如，分数的认识。不仅要有看的（观察），还要有动手做的（实践操作）。

第二种是在学习新的概念、原理时，缺少相应的已知概念、原理作基础，或学生对已知概念、原理掌握不准确、不清晰，使学生陷入了认知的困境。例如，分数的基本性质的教学，应先复习商不变的性质和分数与除法的关系。

第三种是已知对新知的负迁移作用压倒了正迁移作用。即已学过的知识在对学习新知识时，起了干扰作用，因而在已知向新知的转化中，注意力常常集中到对过去概念、原理的回忆上，而未能把这些概念、原理运用于新的学习之中，反而成为难点。例如，现实生活中下垂的印象对学习“垂直”概念的影响。又如，圆的周长与圆的面积公式，由于元素完全相同只是排列有别学生容易混淆。

2. 确定教学重点和难点的要点

（1）根据教材的知识结构，从知识点中梳理出重点

教师首先应让学生理解这部分内容整体的知识结构和内容间的逻辑关系，再让学生把相应的教学内容放到知识的结构链中去理解。其次是理解整个单元的知识点，教师要详细地知道每节课的知识点，在教学中做到不遗漏、不添加。如果知识点是某单元或某内容的核心，是后继学习的基石或有广泛应用等，那么它就是教学重点。教学重点一般由教材决定，一节课的知识点可能有多个，但重点一般只有一两个。以六年级上册“解决问题的策略——替换”为例，本课的知识点有：掌握解决问题的一般步骤，能按步骤解决问题；会用“替换”的策略理解题意、分析数量关系；学会检验，掌握检验的方法；明白替换问题的特点：在一定的数量关系下，将一种数量替换成另一种数量；理解用“替换”策略解决倍数关系和相差关系问题的异同；感受“替换”策略解决特定问题的价值。梳理这些知识点后，教师可发现本课的教学重点有两个：一是让学生学会用“替换”的策略理解题意、分析数量关系；二是让学生明白替换问题的特点：在和一定的数量关系下，将一种数量替换成另一种数量。

（2）根据学生的认知水平，从重点中确定难点

教学重点和难点与学生的认知结构有关，这是由学生原有数学认知结构与学习新内容之间的矛盾而产生的、把新知识纳入原有的数学认知结构，从而扩大原有认知结构的过程是同化。当新知识不能同化原有的

认知结构时，改造认知结构，使新知识能适应这种结构的过程是顺应。从学生的认知水平来分析，学生通过同化掌握的知识点是教学重点，通过顺应掌握的知识点既是教学重点，又是教学难点。当然，在实际教学中，由于学生个体认知水平的差异，教师要根据学生实际，在把握重点的基础上，确定好难点。以六年级数学上册“解决问题的策略——替换”为例，“替换”是一种应用于特定问题情境下的解题策略，从学生的认知结构上看，掌握这一解题策略的过程是顺应的过程。因此，这节课的教学重点就是教学难点，即会用“替换”的策略理解题意、分析数量关系。除此以外，这节课的另一个教学难点是在用“替换”的策略解决相差关系的问题时，要找准总数与份数的对应数量，理解总数的变化。

（3）把握教材与学生的实际，区分教学重点和难点

教学重点指的是“在整个知识体系中处于重要地位或发挥突出作用的内容”。因此，教学重点是基于数学知识的内在逻辑结构而客观存在的。从学生的认知结构看，教材上的重要知识点是要学生通过同化或顺应去实现的，要在同化或顺应的过程中掌握教学难点。由于难点与重点形成的依据不同，因此有的内容是重点又是难点，有的内容虽是重点，但不一定形成难点，还有的内容虽是难点，但不一定是重点。教学中，教师要在分析教材和学生的基础上，区分好教学重点和难点，采取针对性的教学策略。

3. 突出重点、突破难点的主要策略

（1）把握好重点和难点是前提

通过上文的分析，我们可以得出这样的结论：要想在教学中做到突出重点、突破难点，教师首先应深钻教材，从知识结构上抓住各章节和每节课的重点和难点；其次应备足学生，根据学生实际的认知水平，并考虑到不同学生认知结构的差异，把握好教学重点和难点。教师在课前精心准备、准确定位，能为教学时突出重点和突破难点提供有利条件。

（2）找准知识的生长点是条件

教师要借助学科的逻辑结构，引导学生由旧入新，进行积极的迁

移，促成由已知到未知的推理，认识简单与复杂问题的联系，不断完善认知结构。新知识的形成都有其固定的知识生长点，教师只有找准知识的生长点，才能突出重点、突破难点。教师可依据以下三点找准知识生长点：有的新知识与某些旧知识属同类或相似，要突出“共同点”，进而突破重、难点；有的新知识由两个或两个以上旧知识组合而成，要突出“连接点”，进而突破重、难点；有的新知识由某旧知识发展而来的，要突出“演变点”进而突破重、难点。如教学“解决问题的策略”，虽然每个策略都有其适用的题目，但是在形成新策略的过程中教师要综合应用已有的策略，如学习替换与假设策略时要用到画图、列表等策略，以综合法与分析法贯穿始终。所以这一单元的教学是数学认知结构改造的过程，教师要突出“演变点”，进而突破重、难点。

（3）采用合适的教学方式是关键

在对重点、难点内容的教学中，教师应当依据“碁道育人”理念的顺序性原则，顺应学生的认知特点和知识基础，分解教学重点，积小成大，突出教学难点，由易到难，循序渐进地让学生完成阶段性的知识掌握和能力成长。积极采用互动式教学、生活化教学等多样化的教学方式，加深学生对知识的理解和掌握。

（4）信息技术的合理应用是保障

现代信息技术的发展对数学教育的价值、目标、内容，以及学与教的方式产生了重大的影响，已经成为学生学习数学和解决问题的强有力的工具。因此，在突出教学重点和突破教学难点的过程中，教师要充分发挥现代信息技术的优势，化动为静，化隐为显，化难为易，化抽象为直观，并通过与传统技术的联合与互补，有效促进教学重难点的突破。例如小学英语三年级小测“At the restaurant”一单元的学习中，在学习本节的重点生词即“bread”、“beef”等各种食物名词时，可以用多媒体设备播放相应的挂图和视频，帮助学生将陌生的英文单词和生活中熟悉的事物联系起来；此外，“in”“on”“behind”等一系列方位词由于属于抽象概念，因此一直是小学英语教学的一大难点，在学习中可以利用 Flash 动画的手段来将这些抽象的概念具体化，帮助学生突破难点。

三、能力与素养提升

“碁美”课堂的最高目标在于对学生能力与素养的培养，而非知识的简单灌输或者对于考试成绩的盲目追求。随着课改的深入推进，大家在教育教学中越来越注重对学生学习能力与素养的培养。能力与素养解决的问题就是如何培养学生的问题，要把学生培养成什么样的人的问题。随着教育教学的发展，教育部出台很多关于深化教育改革的相关政策。在这些政策中指出，在教育教学中要注重学生的核心素养发展，促进学生的全面发展。对于学生能力与素养的培养不仅仅是我国教育关注的问题，也是全球教育比较关注的问题。如何在小学教学中培养学生的能力与素养，成为小学教师亟待解决的问题。

1. 能力与素养的具体内涵及特质

素养更多是应对社会生活的一种综合能力，涵盖很多方面的知识，不仅仅包含一些文化常识，还包括一些技能、情感方面的知识。随着时代的发展，能力与素养的概念也在不断发生变化。一般认为能力与素养一方面包含个人自身的发展，另一方面包括人与社会的发展。能力与素养一般具有多方面的特质，最为重要的特征是多元化、复杂性以及长期发展性等。能力与素养的养成应更好地培养人的知识水平以及情感态度价值观等，对人能力与素养的培养应持续到人成长的整个阶段，不仅应促进个人的成长，还应促进个人更好地融入社会生活。

2. 学生能力与素养与学科教学相结合

“碁道育人”理念的一个要点是基础性原则，即在学生的培养过程中，确立“学科教育”、“道德教育”、“人文教育”三个方向的基础，在具体教学过程中既要重视知识教学，又要重视实际能力和情感态度的培养。学生在课程学习时培养的学科素养是与课程学习相结合的，对学生学科素养的培养也对学生的终身发展有着一定的影响。学校在培养学生学科素养时要做到能够从学校实际出发，结合学生的学习特点，将培养学生的学科素养和教学质量结合起来。

3. 课堂教学中能力与素养的培养策略——以小学数学为例

在小学课堂教学中对学生的能力与素养进行培养，一方面要深入理解能力与素养的本质特征；另一方面要能够考虑学生本身身心素质的发展情况，要能够体现出各个学科的教育价值，并能够在培养学生素养的过程中体现出其学科特点。在教学中将对学生学科素养培养更好地转化成对学生能力与素养的培养，从而取得较好的教学效果，促进学生全面发展。

（1）理论联系实际

小学数学本身就是和生活实际相联系的一门学科，在小学数学教学中和生活实际结合起来，能够更好地让学生体会到学习数学的价值，让学生意识到数学在日常生活中的作用，从而能够更好地激发学生的积极性，让学生积极主动地参与数学学习，将自己学习到的知识应用到生活中去解决相应的问题，从而取得较好的教学效果。为此，在小学数学教学中可以采用多样化的教学方法，小学数学教师在备课过程中，要根据所教授的内容来灵活地选择相应的教学方法，其中情境创设以及探究式的教学方法可以更好地培养学生的能力与素养。

创设情境的教学方法在教育教学中的应用就是给学生创设类似生活的一些情境，学生在平时生活中比较熟悉这样的环境，就会在一定程度上激发学习兴趣，积极主动地参与学习，从而培养解决数学问题的能力。探究式教学方法在小学数学教学中的应用，表现为教师是学生学习的主要伙伴，学生在探究式的学习中既可以采用个人的形式，也可以采用小组的形式。通过这两种教学方法都可以很好地培养学生的能力与素养，起到较好的效果。如学生在学习有关分数的知识时，教师就可以在教育教学中联系生活实际，让学生自己去探究分数的意义。此外，教师在教育教学中还可以培养学生的动手能力，从而取得较好的教学效果。

（2）培养学生的数形结合思想

在小学数学学习中，很多知识的学习适合采用数形结合的方法开展，最为明显的就是行程问题中的追及问题，在讲解这样的知识问题时可以与学生的生活实际结合起来。如在上课过程中可以应用学生在平时生活中坐公交车的经历进行着手：同学们在坐公交车的过程中会感觉到公交车有时开得比较快，但是有时开得比较慢，有时会发现后面的公交车会超过你坐的公交车。当这个问题引起学生的共鸣之后，就可以引导学生进行思考：同学们有没有想过，后面的公交车要想超过前面的车，需要具有什么样的条件呢？同学们试想一下，如果两辆公交车的速度是相同的，那么有可能出现超车的现象吗？那如果两辆车的速度不同，又有一定的距离，那么这两辆车何时能够出现超车现象呢？通过这样一系列问题引起学生的思考，然后引入数形结合的思想，让学生更快地理解所学习的知识，从而取得较好的学习效果，培养学生的能力与素养。

（3）结合教学内容培养学生的能力与素养

在小学教学中对学生能力与素养的培养是为了让学生掌握相关的计算以及统计等知识，能够认识到数学在生活中的作用。教师在教育教学中要能够根据不同的教学内容对学生进行能力与素养的培养，要对教学内容进行认真解读，对教学内容中的每句话、每一个例题进行深刻的分析，能够理解知识点之间的衔接团。挖掘到教学内容中所包含的学生能力与素养培养的因素，这样教师在教学中才能够真正提升学生的能力与素养。

例如：在教学“平行四边形”的相关知识时，教师首先要能够挖掘到知识层面的内容，让学生能够学习理解平行四边形面积的计算方法，并能够正确地计算其面积，能够应用知识点解决相应的问题。在这个知识点中涉及的核心素养主要是培养学生的空间观念、推理、符号等方面的知识，通过平行四边形面积的计算来理解数学中的转化思想。在教育教学中要重点培养学生的这些学科素养，以便更好地转化为能力与素养，促进学生的全面发展。

（4）注重教师素质的提高

要想培养学生的能力与素养，就需要教师具有一定的教育教学能力，为此要提升教师自身的素质。教师教学质量在一定程度上决定了学生的学习质量。因此，提升教师的教学质量成为比较关键的问题。教师在教育教学中要不断地进行研究，树立新的教学理念。

小学教师在教育教学中要对能力与素养的相关知识进行学习，能够深刻理解能力与素养的相关知识。在能力与素养的培养中最为重要的是能够以学生为本，让学生具备一定的学习能力。教师在备课过程中要能够考虑到学生的现有水平，充分激发学生的学习兴趣，让学生成为学习的主人；在作业的布置上要具有发展的观点，尽可能提高学生的核心素养，促进学生的全面发展。此外，要将学生学科素养和能力与素养的培养结合起来，以便取得更好的教学效果。

（5）注重课程之间的整合

在教育教学中对学生进行统一课程的教授，未必能够取得较好的教学效果，为此，在教育教学中要注重统一课程向学生课程之间的转化。教师在统一课程教育教学时要注重考虑学生的学习基础，能够适当地对小学数学的教学课程进行补充，使得数学课程的教学能够更好地促进学生能力与素养的培养。能力与素养具有一定的综合性，是多个课程学习进行融合的结果。为此，在小学数学教学中，教师要注重将数学的教学和其他学科的教学结合起来，以便更好地培养学生的能力与素养。在小学数学教学中为了更好地培养学生的能力与素养，需要各个课程之间的融合，利用各个课程之间的重组、开发等整合出更加适合学生发展的教学资源，在小学数学教学中以重点培养学生的数量关系以及空间感为重点，培养学生解决实际问题的能力，将小学数学的教学和其他学科结合起来，以便取得更好的教学效果。

（6）在坚持中培养学生的能力与素养

在小学教学中对学生进行能力与素养的培养并不是一朝一夕的事情，对学生能力与素养的培养需要长期的坚持，在教育教学中潜移默化地对学生进行影响。教师在小学数学的教育教学中要注重在每一节课中加强对学生能力与素养的培养，在教学中不仅仅在形式上进行能力与素养的培养，还要从小学数学的本质思想出发，加强对学生能力与素养的培养。对学生核心素养的培养最为重要的是能够在平时的教学实践中着手，让学生积极主动地参与到学习数学的过程中，一方面可以学习相关的知识，另一方面培养学生独立思考问题的能力、动手实践以及合作学习的能力，从而更好地塑造学生的核心素养。

第三章　“碁美课堂”实施策略

第一节　“碁美”教师教学有“道”

2017 年 12 月，《PISA 全球素养框架》发布。该报告指出：班级的大小与教学成绩没有什么直接的关系。更小的班级与更好的老师相比较而言，应该投资于更好的老师。① 可见，教师的专业度在教学中起到决定性的作用。“专业度”则为“道”。在“碁美”的教学理念下，教学之“道”体现在布局、审局、虚实与自知四个方面。

一、布局：系统设计课堂教学

“棋者，以正合其势，以权制其敌。故计定于内，而势成于外。”② 备课，就好比下棋前综观全局，定好制胜的谋略。课堂教学，重在夯基布局，只有基础牢固，才能广厦千里。对文本的理解，对课标的研读，对教材的创生，对学情的把握，对目标的定位，对教学理念的筛选，对教学技术的应用等正是体现“系统”二字。只把握当中的某点或某几点，或是把握不准，布局不佳，缺乏整体性的视野，必然导致后续教学问题层出不穷。

---

① 菲尔麦德．《PISA 全球素养框架》．引自：微信公号“中关村互联网教育创新中心（ID：zgc-mtb）”

② 张拟．棋经十三篇（第三篇）[EB/OL]．https：//so. gushiwen. org/guwen/book_111. aspx.

（一）文本细读与教材创生

以语文教学为例，文本可从作创作时的社会背景及人生经历、写作手法、内容选择等方面细读。当文本成为教材，它便承载着“知识与技能、过程与方法、情感态度价值观”的习得功能。《教师教学用书》中都会对课文就面上与点上进行分析。面上的分析，如概括课文的主要内容，甚至有对某几个重点句的分析，都会给教师备课以借鉴。在“碁道”的课堂设计中，仅仅字面上的分析显然是不够的。入选小学课文的文章一般经过删减或改编，作为教师，一方面必须把原文与课文互照，增、删、改在何处，编者的用意何在。另一方面，结合作者的背景经历，体会原文中所要表达的思想是否与课文一致，放在当下主题单元中，会否把其主旨消磨，那么作为教者是有必要画龙点睛地把其原意道出。在写作手法赏析上，除《教师教学用书》所提及的，教师能否发现其他的妙笔，结合自身特色体现在课堂教学中？教学参考书只能权作借鉴，但开拓专属于自己的布局，就必然深钻文本，深钻教材，锻炼好文本细读的功夫。

又如信息技术科目的教学，对 Excel 的操作既包含理论知识的学习，也有对实际操作的掌握。教材中也渗透着这两方面的知识，那么在教学时把二者融合且高效落实就需要综观全局的智慧。小学第二册第二章第 15 课《当家学理财——表格的修改》是 Excel 的操作方式与实际应用。本课讲授的知识点较为零散，之间缺少密切的逻辑关联，如果教学中把讲授知识点作重点，实操时间则大大减少。但知识讲授不到位，哪怕实操时间再长，也没有达到实际应用的效果。如何将知识理解与实践技能培养相结合，需要理清教材与教学的矛盾点，从而吃透教材。

（二）课标+教材+学情=教学目标

课标、教材与学情是教学目标的三个核心要素。此三者构成一个有机整体，不可分割。课标的制定是基于学情出发的，对不同年级的学生的教学要求，随年级的上升呈螺旋上升的趋势。对教材的解读与教学方式的选择是基于课标的要求进行的。数学、英语等科目，教材内容由浅入深，前面所学是后面知识理解的基础，不能随意调整教学内容的编排。但对于语文教学而言，同一篇教材，面向不同的学段的学生，则有不同的发展要求，其教学目标也截然不同。比如：《赠汪伦》曾经分别入选人教版五年级及人教课标版三年级的教材，同一首诗，面向不同的年级，其教学目标就必须参照课程标准的要求。三年级重在识记生字词，粗知诗句大意，初步体会诗人情感。五年级则在理解诗句大意的基础上，想象诗句描绘的情境，且与送别类的诗文互照，体会诗人情感，感受送别诗的情怀。教学目标基于对课标的研读、教材的解读和学情的把握三者之上进行综合分析而来。

（三）教学理念与教学技术相辅相承

在过往的教学中，一支粉笔，一块黑板，一张幻灯片，就是教学技术的全部。课堂教学以教师讲解、学生倾听为主要的教学方式，效果反馈迟缓。“碁美课堂”走在课程改革的前沿，在新课标及研学后教理念的推动下，以“提高学生学习能力，促进学生的发展为根本性追求”为教学理念，与教学技术融合互补，力求教学更有效能。

1. 借研学案助力研学后教

研学案是推动研学后教理念落地的载体。研学案以纸质材料为具形，是“学生自主学习、合作学习、探究学习的路线图”，它承载着“研、导、学、减负”的功能。钟镇锋老师在数学课《确定起跑线》课中的教学活动中，合作学习要求（如下图一）通过三种不同的方法呈现在研学案上，让学生进行选择，充分发挥了研学案“研”的功能，大大激发了学生的创造性思维和学习能动性。（以下案例由番禺区石碁镇中心小学钟镇锋老师提供）

方法一：小组合作探究：

（1）算出相邻两条跑道相差长度，

（2）发现相邻两条跑道相差长度的规律。

（$\pi\approx3.14159$，得数保留 2 位小数。）

跑道		1	2	3	4	5	6	7	8
直道(m)		85.96	85.96	85.96	85.96	85.96	85.96	85.96	85.96
弯道	直径(m)	72.6	75.1						
	周长(m)	228.08	235.93						
跑道全长(m)		400	407.85						
相邻跑道全长相差(m)		( )	( )	( )	( )	( )	( )	( )	

我发现了：相邻跑道全长相差大约都是＿＿＿＿米

方法二：因为跑道的长度与直道无关，只要计算出各圆的周长，再算出相邻两圆的周长相差多少米，就是相邻跑道的差距

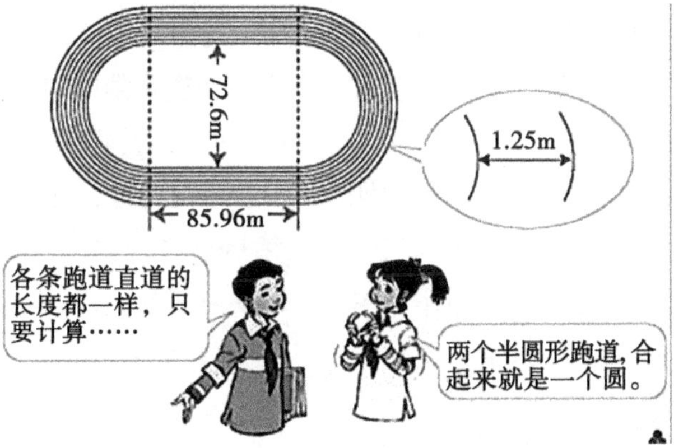

(72.6+1.25×2)×3.14159−72.6×3.14159=7.85（m）

(75.1+1.25×2)×3.14159−75.1×3.14159=7.85（m）

……

方法三：先求弯道直径之差，再计算长度之差（利用微课帮助同学们发现规律）

师：如果我们计算圆的周长时直接用 π 表示，你有什么发现？

$(72.6+1.25\times2)\pi-72.6\pi$

$=72.6\pi-72.6\pi+1.25\times2\times\pi$

$=1.25\times2\times\pi$

$(75.1+1.25\times2)\pi-75.1\pi$

$=75.1\pi-75.1\pi+1.25\times2\times\pi$

$=1.25\times2\times\pi$

……

（相邻跑道起跑线相差都是“跑道宽×2×π”）

2. 用新技术助力翻转课堂

以电子书包为首的新的课堂教学技术日新月异，打破40分钟的课堂界限，课前学生自主学习，获得精准反馈数据；课中师生、生生交流，打破组内界限，视频呈现显示思维过程；课后继续探究，家长协同点评。先进的教学技术，助力翻转课堂的实施。曾筱洵老师执教语文课《最后一分钟》，课前推送微课《联系背景　理解诗句》，学生能根据自身的差异，反复观看学习，通过网上搜集及处理香港回归交接仪式及香港百年浮沉的相关信息，进行前置学习。课中，就学生初次认识“象征”这一写作手法，再次出示微课《认识象征手法》，使学生体会象征手法的好处。新技术的运用不仅体现在微课、语音测试、客观题检测、视频及照片的瞬时推送，还体现在生生在学习平台上由语音生成的文字交互等，皆助力翻转课堂。

二、审局：精心组织课堂活动

《棋经》云：“夫奕棋布置，务相接连，自始至终，着着求先，临局交争，雌雄未决，毫厘不可以差焉，局势已赢，专精求生，局势已弱，锐意侵绰。沿边而走，虽得其生者败。”① 作为棋手，必时时关注棋局变化，因对手变化而改变策略。教学亦如此。在课堂活动中，教师

① 张拟．棋经十三篇（第二篇）［EB/OL］．https：//so.gushiwen.org/guwen/book_111.aspx.

作为组织者，要有审度局势的能力，要关注课堂内外状况，即课前、课中、课后的学生学习活动及心理状态，及时调整教学策略。

（一）课前组织：把准学情

教师是教学的主导者和组织者，因此，他必须站在高位，对课堂教学的全程作系统整体的考虑。在深入进行备课后，学生的学情并不是依据经验获得的，这样的笼统、一般化的学情资料无法实现后续有针对性、有效的教学。教师的课前组织性体现在对学情的精准把握上。英语的绘本阅读教学，属课外阅读课型，五年级的学生对某个单词认识到达什么程度，百分之几的学生掌握了利用音标或查阅读字典的方法识记单词。又如数学课堂上，对某项公式的理解，百分这几的学生掌握该方面的知识基础。过往，语文教师总是以“大部分的学生已掌握了该方面的知识，懂得运用某方面的能力学习，某方面还待加强”这样“笼统”的字句去描述学情的，指导性不强。使得课堂教学，该不讲的还是按部就班地去讲，该深入去讲的没能给予学生充分时间深入思辨。曾筱洵老师在《最后一分钟》教学中，利用高信度的语音测评系统，对全文朗读及读准生字方面进行测试，结果 502 班优秀率分别达 95.5% 及 97.7%，体现了课堂上只需把全班共性读错的地方加以纠正则可，这是把握学情对教学的重要作用。精准数据的获得使得学情的把握具体化，更具有参照性，最大化利用课堂时间，作针对性的、有效的教学。

（二）课中组织：提出研学问题

课中教师组织教学活动应具备的专业技能很多，语言方面诸如语言渲染、启发引导、激励表扬等，肢体语言诸如点头肯定、鼓掌赞赏、抚摸、握手等。无论哪种组织技能，其目的都在推进研学问题的前行，最终达成教学目标。一位教师在教学《只有一个地球》时，在初读课文，概括了文章的主要内容后，进行以下对话启发后续学习：（以下案例由番禺区石碁镇中心小学曾筱洵老师提供）

师：同学们，刚才我们初读了课文，认识了生字，并概括了文章的主要内容。请大家翻开《研学案》，回顾预习时就内容方面提出的问题，哪些已经解决，哪些不能解决的在小组讨论中解决。小组内组长负责主持，三号同学汇报小组中共同难以解决的问题。

各小组交流后，提出疑问。

小组1：我们小组提出：人们是怎样不加节制地开采呢?

师：你们小组的问题是根据课文空白处提出来的。

其他小组举手争抢发言。

小组2：我们小组提出：宇航员为什么会发出“我们这个地球太可爱了，同时又太容易破碎了”的感叹?

大部分小组代表放下小手。

师：你们小组提出的问题与课后问题不谋而合。如果这个问题解决了，那么第一个小组提出的问题也迎刃而解了。其他小组还有问题吗?

小组3：我们小组提出：现在科学家在其他星球都发现了曾经有水的存在，为什么人类不能移居其他星球?

师：你们的问题引发大家课外阅读的兴趣，但并不是我们这节课主要学习的内容。刚才第二小组提出的问题真有价值。这不仅是你们小组不理解的问题，同时也是本课需要重点解决的问题。作为一篇文艺性说明文，其实，我们不仅要理解地球的可爱与易碎，还要了解作者是怎样把它的可爱与易碎写出来的。下面请大家先自主学习1—3自然段。

以上教学片段，教师正是恰当组织教学，以学生质疑为基础，以教学目标为本位，筛选、甄别、提炼出研学问题，推进教学活动向达成教学目标奋进。

（三）课后组织：提升学习兴趣

教学并非止于课堂40分钟，创设丰富多彩的生活化作业对于提升学生的学习兴趣甚有裨益。在英语学科的绘本教学中，常见的生活化作业有运用句式进行写作及批注，或者推荐同类的课外书；语文学科方面，可在推荐阅读的基础上，讲述、分享与主题相关的视频或照片到班级学习平台并交流；数学学科方面，可运用学习到的数学思维解决生活中的实际问题。

以上的教学活动，必然要求教师具备“碁道”素养，有统领课前、课中、课后的组织能力，又必须在头脑中时时以教学目标为引领，一切组织活动皆朝着达成教学目标而进行。

三、虚实：灵活促进课堂生成

“碁道”课堂追求的是生成性的课堂。从生成性教学观出发，课堂并不是在预设中一成不变的，不同的学生看待同一个问题会产生不同的想法，这当中有些想法哪怕是教师都始料未及的，但对深入理解该问题，能更好达成教学目标的具有重要作用。教师了解学生的想法进行科学引导，有效利用，根据实际情况改变教学，此乃生成。课堂生成正如对弈，步步风云幻变，如墨守成规，则一败涂地；只有根据当场变化，灵活下子，才能夺得先机。

（一）善于提炼，生成研学问题

研学问题是课堂教学中，师生通往教学目标的桥梁。研学问题定得准确合理与否，直接关系到教学目标能否达成。在过往的教学中，问题总是以教师提出，学生回答的方式完成学习交流的。而“碁道”课堂在充分发挥学生主体地位的课堂上，以学生自主提出问题，并寻求解决问题的方式进行教学，教师的“提炼”不可或缺。

1. 充分预习，提出疑问

课前学生预习课文，引导他们对不懂的地方提出疑问，也鼓励学生提出创新性的想法，这是研学问题生成的前提。没有充分的预习，学生提出问题的质量是不高的。五年级《两个铁球同时着地》是一篇故事性极强的文章，学生的质疑点往往关注在故事的情节上。因此透过《研学案》反馈课前研学的结果，学生提出的问题颇具发散性的：一，为什么亚里士多德所说的话就是真理呢？伽利略为什么还要违背？二，伽利略的疑问是怎样产生的？三、从哪里看出伽利略胆大妄为？四、为什么说伽利略是个“辩论家”？……

2. 小组合作，筛选问题

俗话说，一千个读者有一千个哈姆雷特。可见，不同的读者读同一篇文章，其看法是不同的。那么，也可以说，不同的读者，对同一篇文章产生的问题也不尽相同。如果在课堂上让学生你一言我一语，不断提问，教师对学生的想法缺乏疏理与整合，大部分学生聆听后往往无所适从，这样的教学环节是缺乏实效性的。因此，通过小组学习的形式，组员提出问题并在组内交流、解决，组长汇报小组中共同难以解决的问题。这一做法，使学生提出的问题能去粗取精，小组汇报共同难以解决的问题则具有一定的代表性，教学效能也有所提升。经过小组合作，筛选问题后，组长汇报的问题集中在两方面：一、为什么亚里士多德所说话的就是真理呢？伽利略为什么还要违背？二、伽利略的疑问是怎样产生的？

3. 目标为本，选择问题

学生提出的第一个问题是针对文章中的空白点提出的，第二个问题是利用课文中第三自然段中的“泡泡”提出的。两个问题都指向文章的难点，而非重点。假如以学生提出的问题作为第一课时的研学问题，那么“从心理活动、侧面描写及具体事例中，体会伽利略不迷信权威，执著求实地探求科学真理的精神。”这一学习目标则无法达成。可见，学生提出的问题往往不是从学习目标出发的，更多是关注自身的求知欲望。我们不能盲目遵从学生的意愿，否则被学生牵着走，既要保护学生的学习意愿，又能以教学目标为本位，这才是生成性的研学问题。

4. 有效调控，生成问题

研学问题的生成是对教师的调控能力最大的考验。首先，在备课时，必须深入研读教材，预设学生可能从哪些方面质疑，大概会提出什么问题。然后，把猜想出学生的问题与教学目标相对照，如果能直入重点，与目标一致，那么学生提出的问题便可顺理成章成为研学问题。如果猜想出学生的问题与教学目标不符，那么，我们就要思考如何调控，使得既保护学生的质疑的积极性又达成教学目标。以《两个铁球同时着地》为例，小组提出的两个问题虽与教学重点无关，但确实针对教学难点提出的，是很有价值性，只是不适合以此成为牵一发而动全身来学习课文的主问题。但小组提出的问题都是围绕着伽利略提出来的，这与本课的体会伽利略的品质不谋而合。因此，教师在课堂上是这样引导的：大家提出的问题都指向文章的第二段，就是文章1—3自然段叙述“怀疑”这部分的内容。而刚才大家的问题也指向一个人物——伽利略。因此我们就来学习1—3自然段，想想伽利略是一个怎样的人？联系单元训练目标，我们还要了解作者是如何写出来的？我们就把这个问题成为研学问题。（教师边讲边在课件中即时打出研学问题）

此时，研学问题的生成是充分肯定了学生的思考，学生获得满足感和成就感，积累积极的学习体验。另外，又是以教学目标为本位，通过“了解伽利略是一个怎样的人？”涵盖了学生的问题，“了解作者是如何写出来的？”又能落实单元的技能目标。教师的一句话，是对课前研学的总结，又是之后教学的起点，体现教师的调控智慧。

（二）善于发现，生成教学契机

教学首先必须预设，但是学生的思维是开阔的，对某一知识的接受能力也是存在差异的，课堂中存在多样因素，发生的状况不可全预料。这就使得课堂教学并不能“一帆风顺”地行驶“研学问题”这艘小船，只有教师变课堂中的“岔子”为教学契机，才能把握着研学问题的正确方向，朝教学目标驶去。

在五年级上学期数学课《估计不规则图形的面积》教学中，“灵活选择不同的方法估计不规则图形的面积。”是教学的难点。潘俊仪老师教学片段如下：（以下案例由番禺区石碁镇中心小学潘俊仪老师提供）

1. 动手操作尝试

学生研学案上有印着叶子的方格纸，借助彩笔来画一画、算一算。

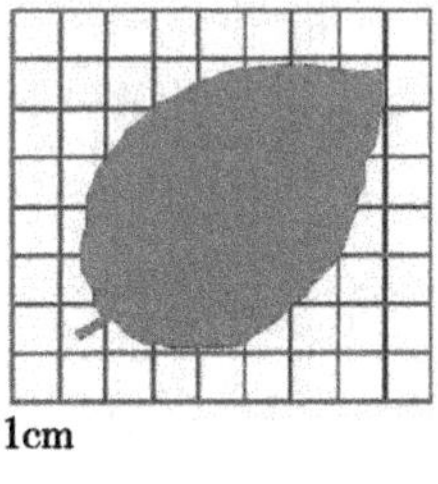

2. 分享讨论

学生与同桌分享自己的做法，说一说自己估计的结果。

3. 学生汇报

生1：满格一共有18格，所以这片叶子的面积一定大于$18cm^2$。

生 2：不是满格的也是 18 格，这片叶子的面积一定小于 $36cm^2$。

生 3：这片叶子的面积在 $18cm^2$ 至 $36cm^2$ 之间。

师：这样的估算还不够准确，怎样才能在 $18cm^2$ 至 $36cm^2$ 之间作出更精确的估算呢？

生 4：方格纸上满格的一共有 18 格，不是满格的也有 18 格。这片叶子的面积在 $18cm^2$～$36 cm^2$ 之间。

计算：把不满一格的都按半格计算。

$18+18\div2=27$（个）

师：估计不规则图形的面积时，可以先通过数方格确定面积的范围，再将不满一格的都按半格计算。这就是估算的方法之一：数方格。

在本堂课的教学过程中，一开始通过学生的初步估算不能直接实现教学目标，老师没有急于求成，不是马上指出学生的错误，讲授正确的知识，而是围绕“错误”这一契机引发学生深入思考。在这一过程中，数方格估算的正确方法并非教师硬“塞”给学生的，而是引导学生在思考中领悟，教师适时指导学生进行归纳，通过师生间的双向互动过程中建构出来的。

（三）善于聆听，突破学习难点

聆听是“碁道”教师的必备素质。聆听是课堂生成的第一步，从聆听中提取说话重点并加以分析与综合，才能开启后续的生成。小学语文四年级下册《生命生命》是患有类风湿性关节炎的杏林子所写的一篇小品文。怎么才能让孩子对文中飞蛾的求生与香瓜子的生长有切身的体会呢？教师让孩子代入“香瓜子”的角色：“香瓜子，为什么在没有阳光没有泥土的砖缝还要使劲长呀？”学生说：“哪怕没有泥土，没有阳光算得了什么，再大的困难我这颗香瓜子也要长出来看看这美好的世界。”与《生命 生命》共同编排在“热爱生命”主题单元的还有《触摸春天》一文，如何让学生体会到盲姑娘放飞手中的蝴蝶就是放飞生的希望。老师利用文章的中心句：“谁都有生活的权利，谁都可以创造一个属于自己的缤纷世界”，她让孩子把“谁”换个词。有的孩子联系课文，立刻说：“蝴蝶有生活的权利，月季花有生活的权利，盲姑娘也有生活的权利。”在这位同学的启发下，其他孩子眼睛扑闪扑闪的：“老师，我都有生活的权利，我都可以创造一个属于自己的缤纷世界。”换词的背后，隐藏着“换位、移情”的方法，老师在聆听中发现，课文说的是发生在盲姑娘身上的事，但此刻在学生的心里，分明像在述说着自己的故事一样。对生命的热爱，在“碁美”理念下的语文课堂，不必明说，因为它早已潜移默化地根植在学生的心灵里。

又如教学第三册古诗《夜宿山寺》时，教师在聆听学生朗读中生成朗读古诗的方法。(以下案例由番禺区石碁镇中心小学曾少冰老师提供)

师：同学们，你们能把古诗读准确了，真不错。你读了这首古诗，你知道了什么？

生1：我知道了李白登上的这座楼很高很高，一伸手就好像能摘到天上的星星。

生2：李白站在这座很高很高的楼上，不敢大声说话，害怕惊动天上的人。

师：是呀，李白晚上登上这座寺庙上，仰望满天的星星，觉得美丽极了，于是，他展开美妙的想象，谁来把这画面读出来？

生3：危楼高百尺，手可摘星辰。不敢高声语，恐惊天上人。

师：你的朗读让我犹如看到明亮的星星。

生4：危楼/高百尺，手可/摘星辰。不敢/高声语，恐惊/天上人。

师：你读得真好听，你为什么会这么读？

生4：我觉得这样读很舒服。

师：是呀，真棒！读古诗能关注停顿和节奏，这样就能读出古诗的韵味来。古诗分为五言诗和七言诗，每行五个字的叫做五言诗，七个字的就叫做七言。数数看，这首诗属于几言呢？通常情况下，读五言诗的时候，一般前两个字后面要停一停，你刚才就是这样读，听起来就更好听。以后大家遇到五言诗可试着这样读，现在你们试着按这样的节奏读吧。

课堂教学中，如果把相关的知识硬塞给学生，大部分的学生不能很好地接受。如果老师善于聆听，能根据课堂孩子的反应和回答，巧结学习方法，孩子会更容易接受，孩子的自学能力更强了，求知欲更高。如上述案例，划分古诗节奏，先是根据孩子的节奏读。能读出五言诗节奏的学生就很自信，其他学生也会觉得：原来我们也能读得很好的，跟老师的朗读方法一样。这样，学生们的学习积极性会更高，全体学生的学习氛围就更浓了。

（四）善于点拨，燃起教学亮点

“点拨”是使“碁美课堂”增色的方法。下面以江玉华老师在上第六册语文的综合性学习活动《观察了解家乡的一处环境》时，体现“点拨”的案例。（以下案例由番禺区石碁镇中心小学江玉华老师提供）

师：同学们，大家利用课后的时间去调查家乡的环境，通过调查后，你发现家乡的环境是怎样的？

生1：我发现家乡的环境很差，水很臭。

生2：家乡的地上有很多垃圾。

（这时，我发现学生回答的效果不尽如人意。我没有批评学生，就先放置一边之后想到“研学后教”的教学理念，结合语文综合性活动的特点，于是话题一转。）

师：同学们，大家都调查得很认真，但老师发现同学们之间没有交流调查到具体的情况。现在请大家都选择相同一个地方的组成同一个小组，在小组里交流，组长负责记录。为了能把家乡的环境更好地描写出来，可以用上一些四字词、比喻句等。

课堂中强调学生的自主性，并不是代表让教师撒手不管，在学习的过程中仍需要老师适时的指导。而在进行本次的综合性学习时，课前，我指导学生如何制作了调查表，与各个小组的家长沟通后，让家长们带着孩子进行环境调查，但学生汇报调查结果时，由于他们年纪小，活动开展的经验少，所以效果不理想。如果这时教师只是一味地谴责、批评学生调查不仔细，记录不详细，没有肯定学生的付出，这样只会让学生产生厌恶的心理。而这时教师话锋一转，让学生小组合作交流、共同制作调查结果，让他们采取集体的智慧，以优带差，再加上教师的适当指导，既体现了学生活动的自主性、合作性，又能增强同学之间的凝聚力，活动的效果就能逐渐趋向完善。结果，在小组交流的时候，老师在各个小组里指导他们按照顺序，运用一些好词佳句把家乡的环境描写出来。适时的点拨，使组员们立刻活跃起来，大家畅所欲言。

（五）善于预设，引发矛盾冲突

重视教学过程的生成并非教学全程排斥预设。在教学中，教师通过充分备课，掌握学情，也可以预设课堂的矛盾点，让生成水到渠成。刘杰君老师执教六年级下册《最好的老师》一课，正是体现此方法。（以下案例由番禺区石碁镇中心小学刘杰君老师提供）

师：从刚才你们的回答中，我发现了有两种不同的意见，有同学认为怀特森先生不是一个好老师，也有同学认为他是一个好老师，要不，我们就来一次微型辩论赛，各方找出理据，研讨怀特森老师到底是一个怎样的老师？

生：我从刺眼的红叉叉这段，体会到怀特森是哪门子老师，有孩子认为零分的打击很大，认为这老师不厚道，为孩子留下阴影。

生：我不赞成这同学所说的，这是怀特森先生一种独特的教学方法，正因为这样的教学方法，促使他的学生独立思考，并重视这门学科……

教材是死的，但学生就犹如碁盘内的车、马、炮，各有个性。在课堂教学中，教师要让学生在一方碁盘中，灵动起来，这既要体现对整体的把握，更要体现细节处的智慧——请君入瓮。

课堂伊始，教师稳稳地下好了第一步棋，出示了研学问题：“你认为怀特森先生是一个怎样的老师？为什么？”由于课前就对此问题做了小范围的调查，发现学生们对怀特森先生持有不同的意见，分为两个不同的派别，基于以上的学情把握，教师来一招“请君入瓮”。在学生把握整体内容的情况下，并紧紧抓住通过具体的事例说明道理这一个写作方法，让学生找出理据，研讨怀特森老师到底是一个怎样的老师？这一课堂生成，激活了学生的思维，学生的感情变化就在咀嚼课文的重点词句中，不断地驳斥对方观点中自然发生了，课堂也变得更加鲜活了。在辩论结束的那一刻，尽管还是有孩子像作者的朋友那样，不赞同怀特森老师的做法。但我们的教学，并不是要统一孩子的思想，是要发散孩子的思维，我们允许有不同的观点，让孩子们从不同角度，不同层面分析和思考问题。看似课堂中产生的矛盾冲突，实际上是教师准确把握学情的基础上的预设。

四、自知：及时反思课堂效益

“碁美课堂”根据四大维度：学生喜欢、家长满意、教师幸福、学校发展来进行评价。因此，教师要从“学生、教师、家长”三个方面构建“碁美课堂”的评价体系，采取定性评价和定量评价相结合，个人自评和他人评价相结合的思路，全面、客观、准确地对课堂教学进行综合评价，反思课堂效益。

通过评价进一步促进教师的专业化发展，最终提高课堂效益。通过评价结果，帮助教师分析专业发展中的薄弱环节，提出改进建议。针对老师的评价结果，进行归类，安排其参加不同形式的相关培训，特别是教材分析、教学艺术及教学技能方面给予重点跟进及指导。“碁美课堂”评价体系（教师）的具体内容如表3所示，可供参考与借鉴。

表3　　　（　）科基于“碁美课堂”教学评价记录表

学年第　　学期　　年　　月　　日

评价对象：　　　　　　　　　　　　　　　　评价人员：

评价项目		评价标准	评价等级及分值				
			优秀	良好	一般	合格	得分
教学目标		以《课标》的学段目标和《广州市评价标准》为依据，制定符合学生特点的课时目标，可导教、导学、导评价	10	8	7	6	
教学重难点		充分考虑教学对象及学科特点，科学合理地选择教学重难点	5	4	3.5	3	
教学过程	学习习惯	在细节处反复训练，及时鼓励引导，帮助学生形成良好的学习习惯	10	8	7	6	
	学习方式	充分体现学生的主体地位	5	4	3.5	3	
		“家校、师生、生生”合作学习特色鲜明	5	4	3.5	3	
	组织教学	根据教学内容的特点，灵活组织开展自主、合作、探究性学习，分工合理，要求明确	10	8	7	6	
		善于总结学法，巧妙引导学生在学科特色活动中加以巩固运用	10	8	7	6	
	教学理念	充分体现“碁美课堂”的教学理念，彰显教师的主导作用，敢于放手，努力在疑难之处引领指导	5	4	3.5	3	
	时间分配	教师指导与学生学习的时间分配合理，充分让学生在课堂上进行学科训练，提升学科能力	10	8	7	6	
	效果评价	课堂练习（活动）：落实课时目标，具有鲜明学科特点，利于学生形成学科能力、学科素养	10	8	7	6	
		作业（练习）：作业（练习）量适当，趣味性强，对学习效果评价指向性明确，促进形成学科能力	5	4	3.5	3	

续表

评价项目	评价标准	评价等级及分值				
		优秀	良好	一般	合格	得分
教学方法策略	突出学科特点，有效引导学生学习，促进培养学科能力	5	4	3.5	3	
板书设计	高度概括学习内容，突出学习重点，利于习得方法，便于突破难点	5	4	3.5	3	
教学评价	表述具体到位，激发学习兴趣，具有鲜明的学科特点，巧妙总结学法，促进学生学科能力的形成	5	4	3.5	3	
教学特色（5分）				加：　　分		
（90分以上为优，80分至89分为良，60分至79分为达标，60分以下为待达标）		合计得分：　　　等级：				
可推广做法						
建议或意见						

第二节　“碁美”学子学法有“招”

一、有效参与课堂活动

《棋经》云：“彼众我寡，先谋其生。我众彼寡，务张其势。善胜者不争，善阵者不战。善战者不败。善败者不乱。”① 课堂之道如棋道，碁美课堂一节课成功与否，不仅要看老师的教学环节的设计如何，而且还要看课堂中学生的参与情况、互动情况，每个学生上课如下棋，有善

① 张拟．棋经十三篇（第五篇）[EB/OL]．https：//so.gushiwen.org/guwen/book_111.aspx.

胜者，善败者，大家共同演绎精彩与成功。因此教师要彻底摒弃和摆脱传统的“填鸭式”教学，把主要精力放在为学生创设学习情境，提供信息，引导学生积极思维、加强学生口头表达能力上。增强学生的参与意识、合作意识，避免整堂课只有优生表演，没有中等生、后进生的参与。

（一）课堂上关注不同层次的学生

教育心理学家奥苏伯尔认为：学生是否能吸取到新的信息与学生认知结构中已有的有关概念和经验有很大关系。以数学为例，数学学科有其严密的系统性和逻辑性，大多数数学知识点有其前期的基础，后期的深化和发展。给学生必要的知识和技能的准备是学生积极参与数学课堂教学的必要条件。因此，在数学教学过程中，教师应把所学的知识作适当的“降格处理”。所谓“降格处理”，有的是把新知识通过难度下降，使新知识变成学生似曾相识的东西，激发学生解决问题的兴趣；有的是找准新旧知识的连接点。学生在学习数学中完全陌生的内容是很少见的，对学习的内容总是既感到熟悉，又感到陌生。要让学生在新旧知识的比较中找出共同点与区别，顺利的完成正迁移，通过类似的探索解决新的问题。比如：看到过一个课例，有位数学教师在教学异分母分数加减法时，启发学生思考：能不能把分子直接相加，可以怎么计算？然后让学生独立完成。通过这样的处理，教师积极的引导学生参与算法的探究过程，能充分利用已有的同分母分数加减法和通分的知识学会异分母分数加减法的计算方法。又比如高年级语文、英语学科中的习作教学，在上课目标设计方面，对不同层次的孩子在由说到写的方面要求不同，孩子才能有话说，喜欢说，积极主动表达。

以下是广州市番禺区石碁镇中心小学谢纳娜《一起画学校》品德教学微案例，就充分体现了“关注不同层次学生”的理念。

片断一：

师：上节课我们每个小组都到学校实地辨认了方向，现在就让我们带着蓝猫去参观我们美丽的校园吧！

播放视频引出本节课的研学问题。

蓝猫说：“呀！你们学校比虎子的学校还要大还要美，可是那么复杂，你们怎样去画平面图呢?”

学生阅读书本，讨论方法。

生：我认为先定好方向。

生：还要定好中心点。

生：然后按照方向画景观图。

生：最后涂上颜色。

片断二：

师：同学们，我们在学校成长，说说你最喜欢学校的哪个地方？你学会了什么，让大家一起分享你的快乐吧！

生：我最喜欢音乐室，我们可以在音乐室听美妙的音乐，大声歌唱我们喜欢的歌曲。

生：我最喜欢阅览室，在阅览室我可以静静的阅读，在书海中快乐的遨游。

……

《基础教育课程改革纲要（试行）》明确指出：“教师在教学过程中应与学生积极互动、共同发展，要处理好传授知识与培养能力的关系，注重培养学生的独立性和自主性，引导学生质疑、调查、探究，在实践中学习，促进学生在教师指导下主动地、富有个性地学习。”这种学习方式成为当前新课程改革的焦点之一。本课以学生生成的研学问题“怎样画学校平面图?”为主线贯穿整个教学过程，围绕这个研学问题分别开展了寻方法、贴景观、画景观、画校园四个教学活动。其中片断一就是小组分工合作给学校各方位景观画平面图，既发挥学生的个性与特长，也让学生感受到分工对于合作的重要性与合作的力量。通过小组展示，师生、生生互评，检验学习效果。片断二在学生再次小组合作画完学校平面图后，学生合作意识得到提高，他们相互合作，很快正确的把学校平面图完成。总之，本节课让学生主动参与到学习活动中，自主探索，层层深入，学生在活动中感受、体验、领悟、激发求知的欲望，从而掌握相关的知识，每个小组学生展示作品中互相分享交流，使每个孩子都获得成功的喜悦，从中体会到小组合作学习取得成功的乐趣与自豪感。

（二）增设课堂互动环节

课堂教学是师生多边的活动过程。教师的“教”是为了学生的“学”。优化课堂教学的关键是教师在教学过程中积极引导学生最大限度的参与，让学生动手操作、动眼观察、动脑思考、动口表达。不同的课型，不同的科目，在课堂上互动的方式不同。

以数学课为例，引导学生动手操作是使学生参与课堂教学活动中来的重要手段。因此，教师必须强化学生的参与意识，主动为学生参与教学过程创设条件、创设情境，如教学“长方体的特征”这一课，有老师主要设计了以下几个环节：1. 首先教师出示若干个物体的包装盒，让学生先对他们进行分类，并叙述自己的分类理由。2. 教师拿起一个每个面都是长方形的盒子让学生观察、触摸长方体有什么特征。3. 通过学生的总结、教师的引导，总结出长、正方体的所有特征。4. 让学生用橡皮泥做顶点、长短不同的细木棒做棱，四人一个小组合作制作一个长方体、一个正方体。通过这样的设计，将操作、观察、思维与语言表达结合在一起，不仅使学生参与教学的整个过程，同时促进思维发展，达到了数学教学使学生获得知能发展的目的。

（三）恰当设置认知冲突

认知冲突是使学生参与课堂教学活动中来的重要因素，也是激发学生参与欲望不容忽视的因素，而学生的认知冲突是学生学习动机的源泉，激发大脑思考，也是学生积极参与思维学习的原因。所以，教师在教学中要不断设置认知冲突，激发学生的参与动机。如有老师在教“长、正方体的体积”这一课的教学，先出示 24 个大小相同的 $1cm^3$ 小正方体，摆一个大长方体，有几种摆法？然后提问长方体的体积与什么有关？有什么关系？你能验证吗？通过这样设计，层层深入，不断设置认知冲突，使学生始终处于一个不断发现问题和解决问题的过程之中，有助于激发学生的求知欲和参与感。

我们来看罗家桥虹小学王群芳老师的《比的应用解决问题》一课中“自主认识，探索新知”这个环节的教学片断。

1. 学生独立解决问题

师：你能解决吗？试一试（请不同解法的学生代表板演）

方法一：$100\div(3+2)=20$（万元）

冠军：$20\times3=60$（万元）　　　　亚军：$20\times2=40$（万元）

方法二：冠军：$100\times\frac{3}{3+2}=60$（万元）

亚军：$100\times\frac{2}{3+2}=40$（万元）

2. 小组讨论汇报

生1：方法一我是这样想的，把100万元平均分成5份，每份20万元，冠军得3份所以是60万元，亚军得2份是40万元。

生2；方法二按比例分配，冠军得总奖金的$\frac{3}{5}$也就是求100万元的$\frac{3}{5}$，列式$100\times\frac{3}{3+2}$。亚军得总奖金的$\frac{2}{5}$列式$100\times\frac{2}{3+2}$。

师：真棒，把比转化成了分率，求一个数的几分之几是多少，利用以前学过的知识解决了新问题。

3. 提出质疑，加深认识

生3：请问分数$\frac{3}{3+2}$表示什么？谁是谁的几分之几？

生4：表示100万元的$\frac{3}{5}$是多少。

师：对比两种方法，有什么不同？

生5：方法一先求每份数再分别求冠、亚军分别得奖金多少。方法二分别求总金额的分率是多少。

师：真了不起！方法一从份数的角度来思考。方法二从分率的角度思考问题。

【设计意图】 这一环节充分发挥学生是学习的主体，亲历“做数学、感悟数学”的过程，学会用先前的知识解决新问题的策略，体验学习数学的快乐和成功的喜悦。

4. 检验结果

师：结果是否正确、怎样检验呢？

生6：把冠、亚军的奖金额加起来刚好是100万元，说明结果是正确的。

师：总数符合要求了，那比是否也符合呢？

生7：60∶40=3；2也说明符合条件了。

教学反思： 本节微课最大的魅力在于体现“数学是思维的体操”，在思考中引导学生进行数学学习，在学习中让学生品味思考的快乐，让学生的思维在思考中得到提高、发展。恰当使用多媒体，使教学内容变得直观、生动，降低思维难度，便于学生从不同的角度解决问题，巧妙地建构数学模型，吃透数学基本思想方法，提高学生解决问题的能力。

（四）遵循因材施教的教学原则

因材施教是使学生参与课堂教学活动中来的前提条件。面向全体学生，让每个学生都参与到整个学习活动中去。同时，又要注意学生个性的发展，这是有效提高教学质量的前提。个性差异客观存在，所以在课堂上必须做到“上不封顶，下要保底”。在教学中，教师针对各种教学内容，精心设计课堂练习，让不同认知水平的学生从实际出发，分层练习，适应不同学生的学习水平，又能得到进一步发展。比如，在教学分数应用题时，出示了这样四个题目：1. 车站堆放36吨货物，运走了1/3，运走了多少吨？2. 车站利堆放一批货物，运走了1/3，恰好是10.8吨，这批货物有多少吨？3. 车站利堆放一批货物，运走了1/3，还剩25.2吨。这批货物有多少吨？4. 车站利堆放一批货物，第一次运走了全部的1/3，第二次运走了全部1/4，共运了7.2吨，这批货物有多少吨？在练习时，让学习程度中下等的学生做第1、2题，中上水平的同学在做完1、2题后，再开动脑筋做第3、4题。这样，不仅使多数学生能“吃得了”，而且是少数学生能“吃得饱”。这样的分层练习不但在课堂上进行，在课后的练习中，我也采用这样的方法。有能力、学习好的留一些难题，中、下等的学生留一些较简单的习题，让每一位学生都能获得发展。

（五）使用激励性评价

碁美课堂倡导教师多使用激励性评价，让所有学生积极参与到课堂教学活动中。课堂活动中经常能看到优生的表现，而中等生、差生较少能参与到教学活动中，他们只是当听众。为了让中等生、差生也积极参与到教学活动中，教师应当对他们给予更多的关注，给他们一些鼓励，使之感受到成为课堂学习的主人。而评价更是促进数学学习的催化剂，能使学生始终保持积极向上的学习劲头，进而更加积极主动地参与到活动中来。课标在“评价建议”中特别强调要注重对学生学习过程的评价，要关注他们在数学课堂活动中所表现出来的情感与态度，多用鼓励性的评语，发挥评价的激励作用。激励性的评语实际上是学生与教师的心灵对话，叙述可以从这些激励性的话语中获得学习成功的体验，积累信心，明确今后努力的方向。学生在接受教师评价的同时，也可以对同学的学习行为进行评价。相互评价能激发学生的学习兴趣，使其互相取长补短，共同进步。

《棋经》云“宁输数子，勿失一先。有先而后，有后而先。击左则视右，攻后则瞻前。”① 碁美课堂以生为本，鼓励每位孩子有效参与。在教学过程中，要充分调动起学生的积极性，创造良好的问题情景和学习氛围，使学生积极主动的参与到教学的整个过程中来，从而有效提高学生的学习效能。

二、课堂上大胆交流学习结果

教师在课堂上积极创设探究氛围，让孩子能大胆交流学习结果，充

① 张拟．棋经十三篇（第五篇）［EB/OL］. https：//so. gushiwen. org/guwen/book_111. aspx.

分利用小组合作的方式来开展学习，这是让课堂变得“有效、智慧与美好”的有益做法。笔者认为可以从以下几方面进行操作：

（一）创设自主探究的活动氛围

创设以自主探究的活动氛围。波利亚指出：“学习任何知识的最佳途径是让学生自己去发现，因为这种发现理解最深刻。”引导学生合作前，教师必须留有“空白”，让学生有一定的时间根据自己的体验进行自主探究和建构。这样的小组合作才能充分展示新的理解和认识，从而提高合作的实效。交流学习在课堂教学中为学生创设一个能够充分表现自我的氛围，为每个学生提供更多自我发展的机遇。人人都有自我表现的机会和条件，使之在小组中相互交流，彼此尊重，共同分享成功的快乐，使每个学生进一步发现自我，认识自我，他们的主体地位被大大地肯定与提高，也能学习到他人的长处，促进学生的全面发展。

看罗家桥虹小学黎爱欢关于《秒的认识》【教学片段描述】

师：下面的活动，请听清楚要求。第一次：观察秒针的走动；第二次，观察分针的走动。然后告诉大家，你有什么发现？听明白了吗？

生：听明白了。

(师用课件两次演示：秒针走1圈，分针同时走一小格)

师：谁先说说你的发现？

生：我发现第一次秒针走了一圈，第二次分针走了一小格。

生：我发现秒针走的时候，分针也在走。

生：我看见秒针比分针走得快。秒针走了一圈，分针才走了一点点。

师：一点点是多少？说具体一些。

生：是一小格。

师：其他同学还有别的发现吗？

生：我看到它们是同时走的。秒针一走，分针也开始动。

师：你认为分和秒之间有什么关系呢？

生：我认为一分就是六十秒。

生：一分等于六十秒。

师：大家同意吗？（生齐：同意）一起说一遍。

生齐：一分等于六十秒。（师板书：1 分 = 60 秒）

师：我们通过观察钟的走动，我们知道了秒针走一圈，分针同时走一小格，也就是 1 分=60 秒。那么，满 60 秒，电子表又是怎样显示的呢？（课件展现在线电子时钟，学生观察。）

生：电子表的秒变成 59 以后，再就变成了两个 0。它前面的数字会增加 1。

师：对。电子表在满 60 秒的同时，在显示“分”的位置数字会增加 1。也就是把“60 秒”变成了 1 分钟，“秒”向“分”的位置“进一”，秒的位置变成 0。我们可以这样记住它：满 60 进一。

师：一分钟能做什么呢？我们再做几个活动。老师给大家倒计时。

（活动 1：数脉搏。活动 2：默写古诗。活动 3，拍皮球。活动完后交流。）

分析：建立计量单位的概念，体验非常重要。对于抽象的、非物化的时间单位，体验显得尤其重要。课中，老师以学生为主体，以学生的活动为主线，设计了多次让学生体验的环节，“体验-感悟-再体验-再感悟”贯穿全过程，教师只是活动的组织者、引导者、合作者。这个环节，老师讲得不多，但学生做得多、动手多，参与面很广，这些实实在在的经历和感受，加深了学生对“秒”的认识，思维活动充分有效。让学生“自主探究，合作交流”获取知识，学会学习，已经成为共识。活动中，学生们发现了“秒针走一小格的时间就是 1 秒”、“秒针走得快，分针走得慢”、“分针和秒针是同时运动的”、“秒针走一圈，分针正好走一小格”等，从而建立“1 分钟 = 60 秒”的概念。设计的“一分钟能做些什么”的三个活动、“满 60 进 1”的认识活动，问题是开放的，目标是明确的，学生是主动的，思维是发散的。在活动中，学生真正理解和掌握了数学知识、数学思想和方法，在这一过程中所获得的数学经验有助于进一步学习。

在本课中，教师运用“碁道”智慧进行教学，让学生在真实自然的情境中主动学习，力求让课堂“活”起来，让学生“动”起来。教师引领学生完成自主构建，主动获取知识，在小组交流合作中轻松愉快地掌握了知识，有效地解答了本课难点问题。

（二）充分发挥教师的引导作用

斯托利亚认为：“在教学的每一步，不估计学生思维的水平，思维的发展，就不可能进行有效的学习。”① 为此。提供给学生讨论的问题必须依据学生的实际情况认知水平，把那些具有思考性或开放性，仅凭个人的力量难以解决的问题让学生合作学习，共同探究。问题设计要符合学生实际水平，不随意拔高。利用小组合作的形式来上课，对学生来说获得的不仅仅是学科知识，还能进一步提升语言表达能力、组织管理能力以及评价能力，体现的是一个人的综合素质的提升。教师在合作学习中是一位引导者，应力求引起学生兴趣，激发学生求知欲望，是学生想学；让他们获取成功的体验使他们爱学；提供给他们更多自己创造的空间使他们能学。让学生的潜能得到充分发挥，为自主探索添力。在问答式的课堂教学中，老师提出问题时，经常会出现以下几种情况：一是不思考；二是结果完全错误或结果正确但方法单一。小组合作交流学习，可使思考结果不正确的学生及时得到纠正；不愿思考的学生在小组学习的氛围中不得不去思考、讨论找到了问题的答案，激发了学生的学习兴趣，使组内的每一个学生都树立起集体中心意识，增强学生为捍卫集体荣誉而学习的强烈动机。这种学习积极性的提高，正是发挥个体主观能动性的具体体现，从而激发学生之间交流学习。

（三）倡导有意义和目的性的小组合作

数学教材中有很多规律需要学生实际操作才能发现。如：各种平面图形的面积公式的推导，仅凭个人的才智是不够的，需集小组智慧，共同合作，才能得出结论。例如：教学“三角形的内角和”时，就可以

① 王俊．一节既有“深度”又有“温度”的数学课［J］．小学数学教师，2011（12）．

这样设计：课前让每个学生准备一组不同形状的（锐角，直角，钝角，等角，等边）等的三角形，让他们通过这些不同的三角形去验证三角形内角和是多少度？小组合作前，教师提出要求，学生动手操作，通过学生间的量一量，拼一拼，折一折等方法验证出三角形内角和是180度。有的小组甚至将一个三角形的三个角撕下来后拼组在一起发现正好是一个平角。由此，很轻松的得出三角形内角和就是180度。这样，在“操作——探究——验证”的过程中，学生充分领略了合作探究的魅力，提高了解决问题的能力。

又比如广州市番禺区石碁镇中心小学陈婉妮教师《一个数除以小数》微案例片段，：

1. 出示例4情境图。(PPT课件展示)

提问：图中的小明和奶奶在干什么？

2. 简单介绍“中国结”。

3. 分析问题，引入新课。

(1) 提问：同学们可以从上图获取哪些数学信息？我们要解决的数学问题是什么？

(2) 提问：这个问题你们能解决吗？怎样列式？

(3) 提问：为什么用除法？你的根据是什么？这里蕴含着哪些数量关系？

(4) 明确问题：通过前面的学习，我们已经学会了计算除数是整数的除法，但这里的除数是“0.85”，那除数是小数的除法可以怎样计算呢？这就是我们本节课要学习的一个数除以小数的计算方法。

这节课陈老师以学生熟悉的编“中国结”为背景的实际问题出发，教师通过具体的数学问题逐步引导学生分析题目，激发了学生解决问题的热情和兴趣，促使学生进入积极探索知识的状态，为学生大胆交流作了精心的铺垫。

4. 探究计算方法

教师引导：同学们已经是计算除数是整数的小数除法的小能手了，那我们可以把除数是小数的除法转化为除数是整数的除法进行计算吗？该如何将这里的除数0.85转化为整数？转化的过程中该注意些什么呢？马上尝试一下！

（1）先独立思考后以小组为单位讨论算法（教师巡视作引导）。

（2）小组汇报，交流想法。

（3）比较方法，凸显运用商不变性质方法的优势。

（4）明确转化的关键点，初步理解算理。

提问：利用商不变性质把“除数是小数的除法”转化为“除数是整数的除法”时，要注意什么？

（要注意除数扩大到原来的几倍，被除数也要扩大到原来的几倍。）

在此，陈老师又结合编“中国结”的具体情境，引导学生通过自主思考和小组讨论的方式探索除数是小数的除法计算方法，让学生体会将未知转化为已知的过程，感悟转化的数学思想。在探索除数是小数的除法计算方法时，先引导学生明确转化的方向，即将除数是小数的除法转化为除数是整数的除法，再放手让学生用已有的知识和经验，尝试不同的转化方法，从不同的角度解决问题。在这样的学习过程中，学生不仅积累了学习数学的活动经验，也锻炼了数学思维能力，更是在小组有效合作、问题指向明确的基础上，让孩子在获得新知中提升了成就感，从而为学生进行学习成果大胆交流展示创造了条件，可谓是水到渠成。

（四）教给学生有效的合作技巧

在教学过程中，作为教师要培养学生会听的能力。在开始合作时，同学之间最大的问题是不能容纳别人的意见，为此，教师逐步要求学生在合作时学会三听：一是认真听合作伙伴的发言；二是要听出别人的发言要点，收集信息；三是听后要思考，提出自己的见解，提高学生判断，反思，评价的能力。另外，作为教师还要锻炼学生会说。在合作学习中常常会出现一些“小老师”，“小权威”，他们发言机会多，而有些学生没有发言机会。因此，教师在学生合作时应深入到小组中，调动每个学生的参与意识，培养那些不敢发言学生的勇气，将一些简单易懂的问题留给他们，并给予及时的肯定和鼓励，也让他们有参与表现自我的空间和获取成功喜悦的机会。这样才能让每位学生在合作中表达自己的观点，在课堂上敢于交流学习成果，充分展示自我。

（五）适当评价小组活动成果

教师在合作学习的课堂上要善于控制和引导，学生合作学习时要有时间限制，不能无休止的合作；在课堂上不能滥用合作学习，应该合作时再合作，否则会造成课堂上的混乱，也浪费时间。教师要深入合作小组，努力融入学生的讨论中，要不定期地评价优秀合作小组和优秀组员，让各小组在激励中更好的合作。在互动的过程中，老师与学生双方都能感受到需要与被需要，分享很多积极和美好的情感体验。

综上所述，我们可以看到，小组合作交流学习可以打破以往单纯注重班级整体教学中一些难以解决的问题，但“教无定法”，更深层次的研究和探索势必要在实践中进行，才能使小组合作交流方法逐步完善。

三、虚心采纳同伴高见

《棋经》云：“棋虽小道，实与兵合。故棋之品甚繁，而弈之者不一。得品之下者，举无思虑，动则变诈。或用手以影其势，或发言以泄其机。得品之上者，则异于是，皆沉思而远虑，因形而用权。”① 碁美课堂强调学生之间的互相学习，其中虚心采纳同伴高见也如下棋体现棋品一样。因此教师要促进生生间的互动学习，理清学生同伴之间互助学习的意义，深刻解析同伴互助的作用，选择适合同伴互助学习的方法策略。应引导学生竞争和互助，培养学生自觉学习以升华互助精神。要想学生级虚心采纳同伴高见，就要给同伴互助学习提供最大限度的时间和空间，为提高其群体协作能力打下良好的基础。

（一）同伴互助学习的意义

同伴互助学习，一是有利于提高教学质量。教学质量的提高除了教师作用外，还取决于同伴的互助学习发挥的作用。在同伴互助学习中，包括学困生在内的每一个成员都能自由表述自己的意见，让优生带动并影响后进生。避免了集体教学中相当一部分学生因得不到充分参与学习活动的机会，不得不处于“旁听”地位的被动状况。大家都积极参与其中，这种多向的交流能促进潜力的相互激发、情感的相互感染、操作的相互合作以及学习结果的相互评价。在这种宽松民主的氛围中，学生解决问题的能力得到加强，教学质量能大面积提高；二是有利于培养学生的合作意识和主体性发展。现代社会呼唤合作精神，同伴互助学习是培养合作精神的有效途径。为达成小组的预期目标，小组成员之间必须相互了解、彼此信任，经常进行交流，互相帮助和支持，同伴之间建立起一种融洽友爱、默契配合的伙伴关系。许多学生在与同伴的交往活动中逐步学会如何有效地表述自己的观点，认真地倾听他人的意见，概括吸收同伴经验，从而形成团结合作、相互尊重、互帮互助的优良作风。学生作为学习的主体，只有在交往中，其主体性的发展才能得以真正实现。同伴互助学习是学生主体性发展的良好途径。三是有利于自我反省和改进。同伴互助学习有利于学生从同伴身上看到自己的影子，逐渐学会以自身为尺度，客观地评价他人，从而也形成符合实际的自我评价，

① 张拟．棋经十三篇（第十篇）［EB/OL］．https：//so. gushiwen. org/guwen/book_111. aspx.

提高自我调控的能力。同时，群体对自我的认同、理解，将有效激发学生探索的欲望和创新的意识，引导学生发展方向。

（二）同伴互助学习的作用

人们常说“榜样的力量是无穷的”。小学生的模仿性高，可塑性强，特别是对于身边亲近的同伴。有了榜样，同伴之间就有一种自发的向榜样学习的意识。学生更明白与他人共同学习能激励自己，为自己树立一个前进的目标，向榜样看齐。同伴是亲密无间，无话不说的，是共同进步者。同伴的激励作用主要体现在对同伴的评价上，互相评价使越来越多的学生学会欣赏同伴。学会了欣赏，也就学会了正确的评价，才能自主与同伴一起合作进行学习。在教学中，教师应尽量鼓励引导学生积极参与同伴之间的相互评价，以此增进学生同伴间的多向交流。

（三）同伴互助学习实施策略

1. 找准研学问题

课堂上，同伴互助学习可以是同桌，可以是前后桌，可以是四人小组。要想同伴互助学习有成效，同伴间学者与教者都有收获，观点从不同到相同，从不认同到接受，研学的问题设置非常重要。

下面看旧水坑小学李雪芬老师讲的语文《找骆驼》片断是如何进行同伴自主、合作、探究学习的。

（1）师：在读书之前，老师给你们一个自学提纲，它能帮助你们带着问题进行自学，在自学的过程中解决这些问题。

出示自学提纲：（PPT 自学任务一）

（2）自由读课文，把课文读正确、读通顺。

圈出文中的难以理解的字词，尤其是注了拼音的词我们要多读几遍，联系上下文理解新词的意思。思考课文讲了一件什么事？

（3）检查自学。

指名读词语，纠正读音

理解词义

跛：腿脚有毛病，走路身体不平衡；

驮：背；

愤愤（忿忿）：很生气的样子；

不紧不慢：不急也不慢，不慌不忙的样子；

究竟：毕竟、到底；

至于：课文中指另外再提到一件事。

(4) 交流：课文讲了一件什么事？

师：词语的意思明白了，那你知道课文讲了一件什么事吗？

这个故事讲了商人（走丢了）一只骆驼，为了找骆驼，向老人（打听），经老人（指点），（　找到了　）骆驼的事。

(5) 出示自学任务二

商人走失的骆驼有哪些特点？

老人是怎么知道骆驼的这些特点的？

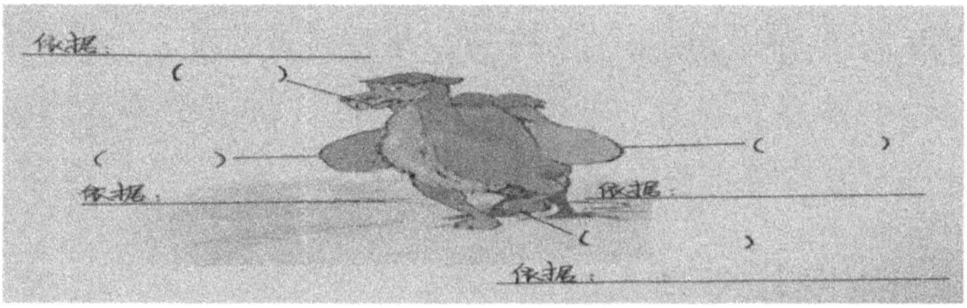

师：把你的思考在小组内进行讨论交流，也听听别的同学有什么发现。

小组汇报归纳，学习重点段

师：同学们讨论得非常认真。好，谁来说说，商人走失的骆驼是什么样子的？老人是怎么知道骆驼的这些特点的？

(6) 学习任务三：

老人为什么能准确说出骆驼的特点和依据？

采用同伴小组学习法的基本程序是：组建小组、明确学习任务、分工合作、完成目标、组内自评以及组际互评、教师评价。明确学习任务后，各小组根据任务进入合作探究阶段。每个小组成员，根据自己的理解和收集的信息，资源共享，互相交流，互相支持，互相学习。借此来填补自身知识和能力上的不足，提高能力，从而让学生在与同伴思想的碰撞中提升认识。

2. 开设竞赛，以竞赛促互助

利用儿童上进、好胜的心理，组织学生进行竞赛，以激发学生外在的好胜心，让学生兴趣盎然地参与到知识的探究过程中。竞赛激发了学生参与的兴趣和求知欲望，在问题中巩固知识，不但培养了他们与同伴合作、学习解决问题的能力，同时也培养了他们向困难挑战的精神。

3. 游戏互动，引发冲突求互助

由于小学生注意力的持久性较短，恰当地组织好学生游戏活动，让教学内容融入有趣的游戏中，可吸引学生更好的学习数学。在游戏中设置有争议的问题，可以使学生学习的积极性更高，挑战欲更强。

同伴互助学习能促进学生人格和心理的健康成长，有利于学生主动性和创造性的发展。同时，学生的情感态度，价值观等方面的相应提高，能使课堂教学变得更有活力和效能。

四、及时梳理知识系统

“世有围棋之戏，或言是兵家之类。上者远其疏张，置以会围，因而成得道之胜。中者则务相绝遮，要以争便求利，故胜负狐疑，须计数以定。下者则守边隅，趋作卦，以自生于小地。”① 我们的碁道课堂也如棋道，要对知识进生系统的梳理才能取舍和做到有效，我们都会有这样的体验：同样是一个衣橱，如果你能定期整理，那么容纳衣物的空间相对较大，同时便于查找；如果你只是不停地往里面添加衣物，但并不加以整理，那么随着时间的推移，终有一天，当你打开柜门时，即使衣物朝你劈头盖脸地扑来，你却找不到你想要的那一件。这就是梳理的作

① 张拟．棋经十三篇（第一篇）［EB/OL］．https：//so. gushiwen. org/guwen/book_111. aspx.

用。知识同样如此。作为教者，如果我们只是教会学生接受，却不懂得梳理，那么“温故知新”、“举一反三”、“触类旁通”、“闻一知十”这些说法也就无从谈起了。但事实上，很多学生由于缺少对知识进行梳理的能力，每日学习的知识在头脑中相对独立存在，并处于“点状”、“真空”状态，导致对知识不能灵活运用，大大降低了学习效果，不知学为何用。

梳理是相对于新授而言，教师在经过一段时间的新知识传授之后，引导学生对知识作出的系统整理与回顾的过程。学科知识由浅入深，呈螺旋式上升，可以说是一本小小的百科全书，但有规律可循。只要善于并勤于对知识进行梳理、比较和归纳，就可以使知识系统化、条理化。知识的梳理可以有效增强学生对知识的认知与理解，发现知识间的联系，从已有知识中获得新的感悟，是复习课教学思路的必然趋势。而知识的梳理本身就是一种能力的体现，这种能力不是学生天生就具备或者仅仅靠热情形成，须依靠教师的科学引导和帮助。下面我就结合我们的具体案例谈谈如何让学生对所学的知识进行梳理、有效建构。

（一）整体把握学科框架

框架就是把各知识点按一定的关系相互构成线性联系，构建具有清晰、概括、包容性的认知结构。现代认知心理学家都非常重视认知结构的重要性，持同化论的观点，主张认知结构是实现新旧知识间相互作用的有机场所，通过广域性认知结构（知识网络）的构建，在新旧知识间和所学知识与新问题间建立起实质性的联系，使新知（新问题、新情境）同化、纳入到原有的认知结构中，并在这个结构中确立其合适的位置。这样，这个新问题、新情境变成了“旧”问题、“旧”知识，减少了学生对该问题的陌生感，在不自觉中实现了知识的迁移和运用。国标本苏教版第九册语文教材中接触到的人物很多：有的善良仁慈，有的大公无私，有的目标专一，有的锲而不舍，还有的写出了鸿篇巨制。但是这些人生活的年代不同，背景不同，品质不同，贡献也不同。对于这些人物各个知识点的梳理，如何理出个头绪？教师在对具体知识点进行详细讲解后，学生可结合具体的表格，根据教师的讲解按照不同的要素进行分类归纳整理，这样就显得条线分明，结构清晰。

（二）搭建温故知新的平台

知识梳理侧重于培养能力，发展自我。在知识梳理的过程中，可以采取成果展示、小组竞赛等多种方式进行交流，一方面激发学生自主学习的兴趣，尽量减少知识梳理过程中的枯燥感。另一方面则可以温故知新，不断促进学生对原有知识的理解。由于学生的认知水平、思想方法、知识层次的不同，可能会导致他们在知识梳理过程中出现偏差和错误，所以，针对知识梳理的合理与否、完善与否，就有了交流的必要。根据知识梳理的进程，需要对学生进行前馈、适时交流、反馈交流。前馈交流要让学生明确本次知识梳理的内容，以及所需的原知识，让他们有心理准备；适时交流要通过相互比较，让学生知道知识梳理的方法是否合理，知识梳理的过程是否会出现偏差或错误，让他们做到心中有数；反馈交流要让他们根据所出现的偏差或错误，及时找正确的知识，选合理的方法，来纠正偏差或错误，促使自己不断提高。

比如《表内乘法解决问题》复习课微案例，教学片断如下：

出示问题：①有3排房子，每排5间，一共有多少间房子？

②有2排房子，一排5间，另一排3间，一共有多少间房子？

师：请同学说说知道了什么，要解决的问题是什么？

生：这里有两个问题，第一个问题知道了有3排房子，每排5间，要解决的问题是一共有多少间房子；第二个问题知道了一排5间，另一排3间，要解决的问题是一共有多少间房子。

师：两道问题有什么相同的地方？

生：数字都有3和5，问题都是一共有多少间房子。

师：那两道题目表达的意思一样吗？同学们可以用画一画的方法，把题目的意思表示出来吗？

生：可以

（基本完成画图）

师：请同学们以小组为单位，互相说说，你是怎么想的。

教学反思：

本节课是以复习课的形式进行，主要以培养学生自主归纳梳理知识能力以及提高学生问题解决能力为目的。以加法与乘法的联系和对比展开，重点突出加法和乘法的应用，学生较多出现的问题是加法和乘法的混淆，主要提高方向是学生的理解分析能力。

作文教学历来是学生语文学习中的难点、重点。很多学生写作文就像小猴摘玉米，写一篇，丢一篇，写作水平在同一层次往复，得不到有效提升。如何解决这一问题？一次有意义的体验是否可以经常写，并写出新意？如何理清命题之间的关系？文章开头如何点题？我引导学生着手对这些方面进行梳理。经过多次的“实战演练”，加上老师的讲评指导和来自同学的“范文”借鉴，同学们渐渐悟得作文的一般写法。在这样的基础上，重新审视、评判自己以前写过的文章，大多会有新的构思或新的切入点，而这种新思考和新角度，会让学生的文章“更上一层楼”。以下是一位学生在多次交流的基础上就做剪贴本这一写作素材所进行的梳理，体现对丰富孩子的习作素材、提升审题能力有很大的帮助。

例：

1.《一次______的活动》《这个活动真让我______》

开头：我参加过很多活动，有好玩的游戏活动，有激烈的足球比赛活动，有刺激的贴鼻子活动……但最让我记忆深刻的是一次语文综合实践活动，那就是做剪贴本。

2.《一堂______的课》《这堂课真______》

开头：学生时代，有一半的时间都是在课堂度过的，有让人绞尽脑汁的数学课，有让人不断探秘的科学课，有让人流连忘返的班队课，可最让我兴奋的是一堂语文综合实践活动课。

3.《第一次______》《学做______》《我学会了________》

开头：人生有好多的第一次。第一次当家长，第一次当保姆，第一次看家，第一次偷吃辣椒……有的让我品尝了失败的痛，有的让我品尝了成功的乐，但我最难忘的是第一次学做剪贴本，这不但让我学到了筛选、剪贴、装饰的本领，还让我懂得了家事国事天下事，事事关心的道理。

4.《迎奥运》《我参加了志愿者活动》

开头：第二十九届奥运在北京举行，真是同一片蓝天，同一个梦想，这是中国人的百年梦想，在迎奥运的阳光中，让我们都来做奥运志愿者，做奥运的宣传者。为此我还特别做了奥运剪贴本，将我特别的爱献给北京奥运。

5.《________的星期天》《______真好玩》

开头：有人说，现在孩子的星期天也是灰色的，有太多的作业，我可不这样认为，我的星期天是缤纷多彩的。这不，这个星期天我就学做剪贴本，过了一个好玩而有意义的星期天。

6.《______我想对你说》《给________的一封信》

亲爱的爸爸：

我想对你说，不要给我买那么多的学习辅导资料，不要以为做题才是学习，分数高才是好孩子，现在是素质教育，老师说要全面发展，才能适应将来的社会。其实，能力比分数更重要。现在，我学会了做剪贴本，而且有了不少的收获。如果你认真听听我的想法，你一定会为你的女儿骄傲的。

7.《我最得意的一件事〉《我真__棒__》《我终于成功了》

开头：你知道吗？我最得意，最有成就感的事就是做剪贴报。这可不是“王婆卖瓜自卖自夸哦！”

8.《一句名言的启示》《名言伴我成长》。

开头：“成功不是将来才有的，而是从决定去做的那一刻起，持续累积而成。”通过做剪贴本，我深深体验到了这句话的真谛。

9.《向你推荐一本书》

开头：书是人类进步的阶梯。如果让我推荐一本书，我一定先推荐我的《学海拾贝》，她是我的剪贴本，可是我三年的剪贴结晶啊！

10.《飞向未来》

开头：昨晚，我做了一个梦，梦见我到了五百年后，我的剪贴本变成了万能魔毯，我乘坐它向深邃的太空飞去。我同时还带去了“霍金、爱因斯坦、肖帮、爱迪生、金庸、李白……”他们都住在我剪贴本里的名人部落，他们可是我精心打造的智慧团队。

（三）回顾总结中迁移

迁移是数学教学中常用的一种教学方法，在语文知识梳理中也能起到很大的作用。它是通过一知识点所具的规律和性质推导出有相关或相近联系的知识点的规律和性质。养成知识的迁移能力可以避免对知识的死记硬背，实现知识点之间的贯通理解和转换，有利于认识事件的本质和规律，构建知识结构网络，提高解决问题的灵活性和有效性。如学习了古诗《所见》后，学生根据诗句“意欲捕鸣蝉”推测出这是一首描写夏天的古诗，因为只有夏天才有鸣蝉啊！再如：学了“故人西辞黄鹤楼，烟花三月下扬州。”（李白《黄鹤楼送孟浩然之广陵》）。由“烟花三月”一词可判断出此诗写的是日暖花繁、岸柳如烟的暮春盛景，暗含诗人对友人此行的祝福，虽是挚友离别，却没有寻常的离愁别绪，这番情景很是别致。那么其他的古诗是否也可以依据这样的方法判断它所描绘的季节呢？于是孩子们对国标本苏教版语文五到十二册的古诗进行了以下梳理。相信通过对判断古诗季节的几种简单可行的方法的梳理，有助于学生在阅读欣赏古诗词时理解并深入其中，从而准确地把握诗情，体味涵咏。

知识的梳理是个系统性很强的工作。国标本苏教版教材分别由知识结构不同的单元组成，但语文知识不是各单元知识的简单叠加，而是紧密联系的一个整体。因此教师要帮助学生对同类的知识进行系统的整理、归纳，理清各类知识的脉络，使学生学到的知识，竖成线，横成序，形成系统的知识网络，这样有助于他们巩固旧知，利于学习新知，逐步完善头脑中的知识体系。

当然，在梳理能力培养的同时还要注重知识间的联系和团队合作。

有很多知识点涉及的面很广，仅靠个别学生的工作费时费力，时间拖长了，动力不足，难以继续，也显乏味枯燥。这种情况下就必须建立一套高效工作的机制，发挥团队协助的作用，以保持知识积累和梳理的完整性以及学生学习的兴趣。

（四）梳理知识系统的方法

“博弈之道，贵乎谨严。高者在腹，下者在边，中者占角，此棋家三常然。法曰：‘一子，勿失一先。’”有先而后，有后而先左则视右，攻后则瞻前。两生勿断，皆连。阔不可太疏，密不可太促。与其恋子以求生，不若弃之而取势；与其无事而强行，不若因之而自补。善胜敌者不争。善阵者不战。善战者不败。善败者不乱。随手而下者，无谋之人也。不思而应者，取败之道也。”① 可见掌握知识系统的方法也如同下棋一样，懂方法则明局势、心中有数，步步为赢。梳理知识系统的方法可以从以下几步试行：

1. 具体实践法

知识的梳理离不开认知的提升，对于有些孩子在学习过程中不容易懂的难点知识，也可以用动手实践的做法帮助孩子梳理，从而达到理解与应用的目的。

石碁小学郭显辉《有余数除法——例 4》实践教学微案例

《有余数的除法》例 4 这节课是在之前两节课的基础上学习的。所以让学生通过观察、操作、亲身体验等活动，让学生在具体情境中理解除数与余数的关系。

［**课例**］深入探究余数为什么比除数小

（1）老师手里面如果有一把小棒，也不知道是多少根，你来猜一猜余数可能是几？为什么？如果用小棒摆五边形，三角形？可能剩余几根小棒？为什么？

① 张拟．棋经十三篇（第五篇）［EB/OL］．https：//so. gushiwen. org/guwen/book_111. aspx.

（2）出示一大堆苹果（几个不知）每8个装一袋。

出示：■÷8=●袋……（　）个

问：可能剩余几个？为什么？

剩余9个可能吗？为什么？最多剩余几个？

（3）通过上面的探讨你们能不能归纳一下：为什么有余数的除法，余数一定要比除数小？

学生通过研讨总结出答案（如果余数大于或等于除数，还可以再分一次。所以余数一定要比除数小。）

2. 思维导图法

碁道育人的核心内涵是：“慎思善行，碁美人生”，弈棋者需要缜密的思维，学习者亦然。因此，碁道与育人之道、教学之道相通。番禺区教学研究室凌顺诗老师在阐述“读与写”对发展学生英语学科核心素养的作用时指出：学生阅读和写作文本的认知过程能活跃大脑、提升思维品质，阅读也能接触到多种篇章逻辑结构，分析和比较不同的观点，认识和接纳观点的多元性，有助于学生逻辑思维和批判性思维能力的培养，促使学生以多元的思维方式来理解周围的世界。①

笔者认为：阅读与写作，务必加入思维元素。基于这点认识，我在指导学生阅读与写作时经常使用一种工具——“思维导图”。以小学六年级英语上册 I like Spring Festival Best 为例，阐述我的做法。下面看番禺区石岗小学伍雪萍《“思维导图”助力英语读写环节》的教学案例。

在本课中，老师针对思维训练及读写技能培养设定目标如下：1. 能理解对话，获取对话中的信息补全思维导图；2. 能结合“思维导图”口头和笔头复述对话。“思维导图”把读（输入）与说、写（输出）贯穿在一起，思维由始至终伴随着学习过程，流淌于课堂中。

在课堂伊始，师与学生互动，问他们：关于春节，你们有什么了

① 韩少杰，王小英．英语专业精读教学与学生批判性思维能力的培养［J］．外语教学，2009（6）．

解？（What do you know about Spring Festival?）学生七嘴八舌，争先恐后地说起来——从时间、习俗、食物等方面说得不亦乐乎。老师趁热打铁，随后呈现了课文插图，告诉学生图中的孩子也最喜欢春节，我们来观看他们的对话，看看是他们了解得多还是你们了解得多，观看两遍后，你们要完成思维导图：

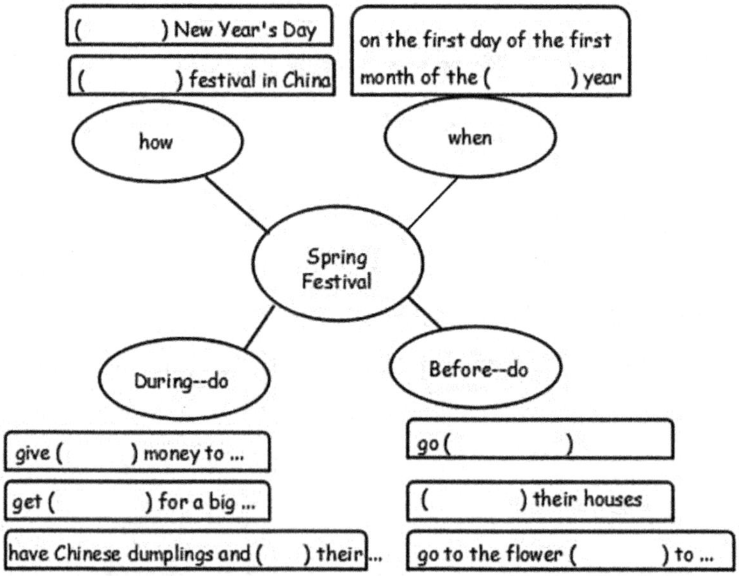

有了任务，学生听得特别认真仔细，边听边把相关信息在思维导图中记录下来。通过导图，学生不但了解了可以从哪些方面介绍一个节日，也进一步了解了每个方面的细节及相关语言。在思维导图的帮助下，基于节日这一话题，学生建构起清晰的思维架构和语言架构。基于此，我进一步要求学生口头把相关语言信息连词成句，按语言点逐条表述。学生都为自己这么快就理解了课文、梳理了结构，还能复述课文感到惊喜和惊讶。其实，一切的成果归功于思维的运用，归功于“思维导图”这一抓手。没有思维的课堂不美，思维是课堂的灵魂，更是碁美课堂的灵魂，发挥思维在学习过程中作用至关重要。

（五）运用图表式非连续性文本

下面看石碁镇石碁小学曾倚嫦老师的《图表式非连续性文本阅读指导》微案例。

【背景分析】

《语文课程标准》（2011 年版）在第三学段的“学段目标与内容”中，增加了这样一个目标：“阅读简单的非连续性文本，能从图文等组合材料中找出有价值的信息。”在小学的高年级，学生必须掌握这一简单的信息整合能力。我国语文阅读教学比较偏重于文学性较强的小说、散文，而对于相对比较理性、运用性强的非连续性文本，则不但缺乏阅读理解，甚至感受到陌生。鉴于此，我设计了以图表式非连续性文本阅读指导为切入点的阅读课，其目的是为了更好地让学生了解非连续性文本的特点，让学生可以在平时的生活中多留意身边的“非连续性文本”，做一个生活的有心人。

【目标分析】

六年级的学生对“图表式非连续性文本”并不陌生，如小学语文五年级综合实践中有关于天气的图表；如数学中的统计图表；如学习生活中阅读课程表、值日安排表、作息时间表等。但在教材中没有作为专项教学内容，来训练学生处理和整合信息的能力，学生对于概括性强、文字简洁、信息量大的图表式非连续性文本阅读起来存在困难，信息综合运用能力更亟待提高。所以指导学生在图表式非连续文本中发现有价值的信息，整合信息，进行评价有重要意义。

【教学环节】

1. 利用微课课件说明图表的类型，让孩子活学活用，使孩子的阅读活动有方法可依凭，增进取得良好阅读效果的信心

结合小学生的认知特点，让学生通过提取信息和整合知识，激发联想与创意，将各种零散的阅读信息融会贯通成为一个系统，使学生形成系统的阅读和思维的习惯，加强学生表达的语言能力训练。

2. 指导读图，渗透方法

（①关注标题②辨别类型③提取信息④圈画关键⑤整合信息。）

3. 讨论图表数据及其反映的问题或引发的思考

【方法分析】

教学片段遵循非连续性文本的教学特点：

第一，寻找所需信息——非连续性材料的核心。

第二，建构文本意义。对于多种材料组合的较为复杂的非连续性文本，要注意识别文本材料的主题，联系实际需求，找出文本写作目的，为材料信息内容排序，联系文本中的不同资料，结合自己的知识、想法和经验，提出独特见解，自主建构文本的意义。

第三，落实了《语文课程标准》（2011 年版）在第三学段的“学段目标与内容”部分提出的“阅读简单的非连续性文本，能从图文等组合材料中找出有价值的信息。”教师选取贴近学生的现实生活的阅读素材，引导学生在课外阅读实践活动中快速阅读中获取与处理信息，学生兴趣很高，精准地实现了预期的目标。

五、自然生成学科素养

核心素养近几年备受关注，如何通过学科教学有效培育学生的学科核心素养？这是当前深化学科教学改革必然面对的一个课题，也是我们碁美课堂必须探讨的课题。对于这个课题，碁美课堂力求从以下几方面去培养学生的学科素养：

（一）在教学内容设计上生成学科素养

学科课堂中，什么样的知识教学方式有利于学科核心素养的发展？如果要在学科课堂中具体实施问题驱动的整合式教学，教师需要处理好两个操作问题：一是如何整合设计精妙、精当和真实的学科问题，二是如何完整地设计问题驱动的整合式教学。

整合设计尽量精妙、精当和真实的学科问题，教师需要采取“1+X”的学科问题设计思路。其中，“1”是指在课堂中居于核心地位，对其他问题起着统领和整合作用的学科核心问题；“X”是指围绕学科核心问题而自然生成的学科子问题。围绕学科核心问题，学科子问题的设计需要体现三大基本特征。第一，顺序性，即各个学科子问题必须符合学生解决问题的基本心理顺序；第二，逻辑性，即各个学科子问题之间应该具有内在的逻辑联系；第三，纵深性，即各个学科子问题之间最好具有一定的层次性和阶梯性，以不断激发学生的学习潜力和提升学生的学习水平。正是学科核心问题和学科子问题，共同构成了驱动学生学习的学科问题群。

在这个思路下，教师如何才能设计出尽量精妙、精当和真实的学科问题群。基于大量的课堂经验，教师需要把握三个操作要点：第一，把握教材背后所蕴含的学科本质；第二，捕捉学生内源性学习力的触发点；第三，寻找教学内容与现实事物的联系处。在准确把握教材背后的学科本质和学生内源性学习力的触发点之后，接下来要做的事情便是寻找教学内容与现实事物的联系点，最终设计出尽量精妙、精当和真实的学科问题。

以下是石基永善小学碁美课堂教学微案例：

扬碁道之风　启学生之慧

——《秋天的雨》教学案例

1. 背景分析

随着区“研学后教”的深入，我们的课堂也渐渐地发生着变化。作为一线的老师，在教学中应挖掘和利用学生的创新思维，巧妙地将课堂教学联系生活。在人教版第五册《秋天的雨》的教学中，我以文本教材为载体，联系实际，引导学生懂得生活，学会生活，改造生活，赋予课堂以生命和活力，让语文课堂因生活而精彩。

2. 案例描述

《秋天的雨》是一篇非常优美的散文，抒情而又拟人化的语言，令人深深陶醉。重点让学生去体会秋天那缤纷的色彩，体会果实那迷人的香味，分享丰收的喜悦，去细心观察蕴涵在秋雨里的自然景物的变化，在教学中我利用思维导图启发学生的智慧，让学生结合生活感受优美的语言。

例如在人教版第五册第三单元课文教学如下：

师：同学们，今天我们学习新的课文。请大家把预习所画的思维导图拿出来。

师：我们准备用思维导图把我们的课文先画出来，谁记得第一步我们要确定什么？

生：确定中心句。

师：通过预习，大家找到的中心句是什么？

生：秋天的图画。(师板书黑板。)

师：好的，谁来做第二步？

生：想想使用什么关键词。

师：大家先读读课文，找找文中各自然段的关键词。

学生读文，相互讨论关键词，并修改自己的思维导图。

师结合学生的讨论进行板书。

师：我们接着做什么？

生：想想连接的部分是否合理。

师：好，相互读读课文，讨论讨论。

学生展示讨论结果。

师：最后我们做什么？

生：完善各种的文字或图画。

师：好，这是我们今天学的课文《秋天的雨》的思维导图，大家可以作为参照修改自己的作品，也可以发挥想象，增加一些不同的元素。

这是《秋天的雨》的思维导图：

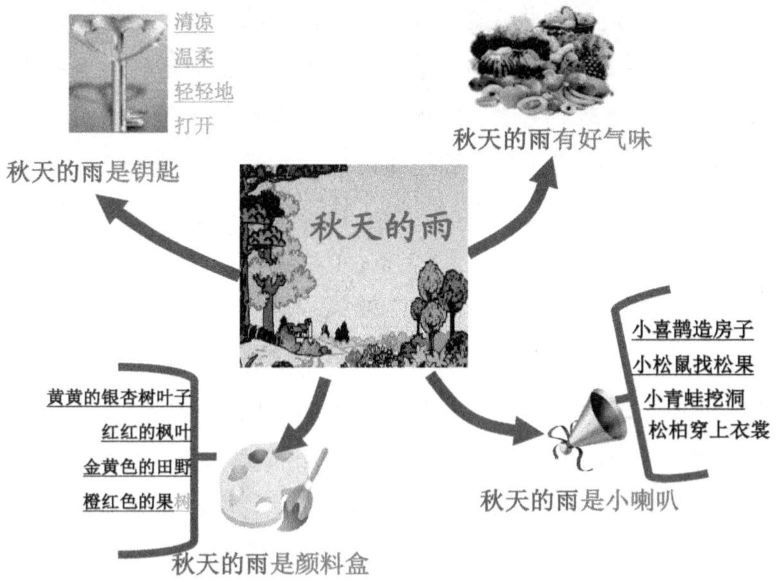

3. 案例反思

我真为学生的奇思妙想感到振奋！也庆幸自己没有错过这道美丽的风景线。我没有按照我们“想当然”的观点去框定学生的思维，而是给了学生思维的空间，想象的余地。我肯定了学生的见解，珍视学生的发现，使学生在愉悦的状态中受到鼓舞，使学生在轻松的氛围中碰撞出创新思维的火花。课堂上指导阅读时应用思维导图，引导学生自主阅读，允许学生多元化的理解，并且鼓励学生自由运用多种形式的构图呈现自己的阅读理解。利用思维导图记录的语言文字相对比较少，能吸引学生专注于阅读思考，调动学生根据自己的兴趣、关注焦点和已有的读写经验、知识水平、理解能力、文学修养等，生发出不同层次的阅读理解和感悟，对所阅读内容进行尽量深入的学习，保持高涨的学习热情。并且在课堂上，学生将已有思维导图，与老师设计的导图相对比，深化学生对课文内容的记忆，有助于学生从另一个角度和思维理解课文的内容。

（二）在课堂互动中生成学科素养

课堂如棋，学生之间参差不齐，在师生互动之可以取长补短。学习本质的把握需要抓住三个关键：第一，学习即自主的建构。学习不是知识的简单获得，而是学生通过发现、思考、理解和运用，从而构筑自己知识结构的过程。第二，学习即持续的建构。学习不是蜻蜓点水和一蹴而就，而是学生由易到难、由浅入深、由表及里、由分到合，最终穷理尽妙的持续过程。第三，学习即持续的自主建构。学习永远都不能由他人代替完成，而必须是在持续的自主建构过程中得以发生和完成。

根据学习的本质，我们可以归纳两个基本观点：第一，有效触发学生内源性学习力的学习样态才有利于学生学科核心素养的发展。从源头上讲，学生学科核心素养的发展最终依靠的是学生本身的内源性学习力。如果离开了学生的内源性学习力，所有学科素养包括学科核心素养的发展便无从谈起。第二，有力促进学生持续建构的学习样态才有利于学生学科核心素养的发展。从机制上讲，学生的学科核心素养始终是在学生持续建构的过程中生成和发展起来的。而基美课堂是能体现连续性、纵深性和整体性的知识建构过程的课堂。

以下是番禺区罗家桥虹小学罗惠的案例：

课外延伸，余音袅袅

——《精彩极了和糟糕透了》教学案

面对一篇新的课文，我们总是按照先读书感知，再分析理解，接着拓展、延伸，最后达到思想的升华这样的路子教学。看似环环相扣，步步深入，但是仔细想来，这种教学模式经纬分明，块与块之间如楚河汉界不可跨越，学生缺乏一种自主、随机的思考，缺乏自然而深切的思想碰撞，更谈不上水到渠成的思想共鸣。只是长期的学习实践使学生知道了：哦，最后该让我们联系实际，接受思想教育了。于是便多了些死拉硬拽、机械牵强的感悟升华，总给人一种外熟里生的别扭之感。能不能走出这种模式呢？尤其对于那些与学生的生活实际联系很密切的课文，能不能多一些随机思考，让学生在思考辩驳中与作者产生共鸣，达成共识呢？我深深地思考着，不断地实践着，小学语文第9册中的《“精彩极了”和“糟糕透了”》很贴近学生的生活，于是，我就又一次实践着。

【案例呈现】

备课《精彩极了和糟糕透了》一文，让我灵机一动，这不正是促进“亲子阅读”的一个契机吗？我以此文设计了一个“精品美文推荐”，为引发关注和重视，我准备了粉红色的纸，将《精彩极了和糟糕透了》打印在上面，并且附上了我写给家长的推荐语：“尊敬的家长，一个人的童年往往对他的将来人生道路的成功起很大的决定作用，有首诗，说明这一点：敌视伴随着孩子，他学会争斗；嘲弄伴随着孩子，他羞愧腼腆；鼓励伴随着孩子，他信心倍增；赞美伴随着孩子，他鉴赏有方；认可伴随着孩子，他爱心常存……是呀，一个孩子能成为怎样的人，童年所受的教育起着很大的作用。孩子的成长过程就是家庭学校社会在这块洁白的画布上涂抹的过程。由于立场观点不同，各方面给予孩子的影响也是不同的，孩子一时难以适从也是可以理解，但我们应该培养孩子的辨别思维能力和一定的承受力，但愿您我都如这对父母般循循善诱！”除此之外，我还拉上了学生，孩子们在文章下面写下了“我的话”：

“爸爸、妈妈，我学了《精彩极了和糟糕透了》明白了在我的人生旅途中，严爱和慈爱都很重要。我也希望您们不断的鼓励和提醒我，让我在您们的教育下，驶向成功的彼岸。”“可怜天下父母心，学了此文，我们明白了表扬是爱，批评也是爱，我也明白了爸爸、妈妈，我一定要珍惜。”

这样的发自肺腑的话语，家长什么反应呢？

第二天，我一张一张地读着家长的阅读感言，被他们表现出的热情与认真感动着，请看他们发自肺腑的心语：

家长1：孩子，希望你能认清生活中的真、善、美、丑，成长总会有阳光和风雨，要努力学习才会有好的成绩。我和爸爸一定会在你的成长历程中不断的提醒你“小心、注意、总结、提高”，同时也会不断鼓励你。

家长2：“读了文章，我们想倘若有一盆花，它需要充足的水分，那这个水，就像母亲的慈爱，让花儿越长越艳，越长越美；而在花上生了虫子，这就需要灭虫器，它就像父亲的爱。所以父母的爱缺一不可，两种爱交织在一起时，才能显示出他们的真正作用来！孩子，让我们共同努力吧！”

家长3：“孩子，过去我和你妈妈对你太苛求了，忽略了你的内心感受，现在我知道了，你的成长过程阳光和雨露都是不可缺少的，……”书，如同一股神奇的力量，它使我触到父亲那颗滚烫的心。

家长4：“虽说作者是在父母的帮助、提醒下才成为了不起的作家，但孩子，我认为真正的导师是作者本人”

家长5：“其实，我也认为你们说的很对，母爱与父爱，单单只有一个并不全面，需要两种爱来平衡。母爱与父爱，就像一个天平的两端，互相平衡着，精心守护你生命的每一个成长历程。”

……

在与文本对话的基础上，走出文本，超越文本，用心灵去感受是本片段教学的一大特色。通过教师的引导，自我感悟，学生已体会到文中母亲对子女的感性的爱，父亲的充满理性的爱。教师明白仅仅是让学生读好、读透教科书上的内容是不够的。因此，教师的阅读教学并没有停止在会文得意上，而是进一步引导学生情感体验。加深了对父母之爱的感悟和思考。

【反思】

此时无声胜有声，在这样的氛围中，心头涌动的是异样的激动。这堂课一开始就制造了一份沉默，在孩子心灵上引起了一圈圈的涟漪；一一呈现在眼前，学生有了一吐为快的表达欲望。丰富的情感积蓄，让学生的表达做到了言真而意切。从学生个性化的发言中，教师看到了学生独特的内心世界、内在感受；体验到了这些感受源于文本，又超越文本；体验到了学生的感受是多元的、是鲜活的、是有生命力的。交流、反馈实现文本、教师、学生、家长四者的真诚交流，真诚对话。学生感受了爱，理解了爱，明白鼓励与批评在成长中的作用，身心和人格得到了健全和发展。同时，教师在与学生共同讨论、共同思考的过程中，对爱也有了新的认识，与学生共同进步，共同明白了爱的真谛。家长聆听了孩子的心声，

此刻我最想说的一句话就是：爱是我们共同的语言。

罗惠老师的这个教学案例，孩子的语文学科素养让学生在思考辩驳中与作者产生共鸣，在互动生成中达成共识，从而提升了语文的读写与感悟能力，是一个很有代表性的教学案例。

第三节　“碁美课堂”评价有“据”

一、学科特色鲜明

基础教育课程改革已经进行了十多年了，不少教学专家和同行在各学科特色的研究上下足功夫，并取得一定成效，学科特色愈加鲜明。“碁美课堂”教学中，学科特色必须清晰明显，在课堂中培养学生的学科素养、训练学生的学科思维能力，提升学科综合水平。

而学科特色必然是受学科课程内容、课程结构和课程目标等因素影响的。最核心评价指标是，课堂是否始终围绕培养学生本学科的核心素养开展教与学，最终形成具有个人教学亮点且学科特色鲜明的魅力课堂。

语文学科特色：语文是一门工具性与人文性统一的课程，随着新课改的不断发展，又进一步明确语文还是一门应用型的学科，具有实践性。语文学科核心素养有四个维度——语言建构与运用、思维发展与提升、审美鉴赏与创造、文化传承与理解。这就要求语文教师在语文课堂中，引导学生通过听说读写训练，积累字词、培养语感、学会阅读、学会写作、学会表达，进而形成健全人格。语文课堂倘若缺乏了“工具

性”的教学任务渗透，一味追求“人文性”，这就必将演变成脱离文本内容、脱离语言文字去追求所谓的人文价值，甚至上成了思想品德课。反之，一味强调“工具性”的语文课堂，也是寡然无味的。结合具体的教学内容，准确拿捏语文学科的“工具性”与“人文性”，并落实到语文的实践运用上，这才是具有“语文味”的语文课堂。

数学学科特色：数学课堂应落实培养学生的运算能力、数据分析能力、空间观念、应用意识、符号意识，学会“建模”与推理。数学课堂应始终注重培养学生的数学思维能力，重视问题的探究过程，注重解题思路的形成过程，注重数学思想、方法的灵活渗透。首先，数学是思维的体操，培养学生的思维能力，是数学教学的重要任务之一，忽视了数学思维训练的课堂教学，是与素质教育背道而驰的，重视学生解题方法的寻求过程和解题思路的形成过程，这是提升学生数学思维能力的抓手。其次，数学思想方法是将数学知识转化为数学能力的桥梁。再次，数学语言的运用也是本学科课堂的特征之一，数学语言从形式分，主要有三种：文字语言、符号语言、图形语言。课堂中，加强数学语言的理解与运用，是积淀数学能力的不可或缺的途径。

英语学科特色：英语学科核心素养是指通过英语学习及学生自身的实践活动，获得相关英语学科的基础知识、技能、情感、观念和品质。如语言能力，以听说读写等方式进一步发展语言意识和英语语感，并在具体语境中整合性运用所学知识。养成英语学科思维能力，能辨析语言和文化中的各种现象；分类、概括信息，建构新概念；分析、推断信息的逻辑关系；正确评判各种思想观点，理性表达自己的观点，具备初步用英语进行多元思维的能力。同时，英语课程丰富的文化意蕴在具体的课堂教学中理应得到有效开发与运用，潜移默化地培养学生的知识素质、人文修养和行为取向；在比较文化异同的过程中，吸收文化精华，形成正确的价值观念和道德情感，自信、自尊、自强，具备一定的跨文化沟通和传播中华优秀文化的能力。

物理学科特色：物理观念、科学思维、科学探究及科学态度是物理学科特色的核心要素。物理观念是指从物理学视角形成的关于物质、运动与相互作用、能量等的基本认识，是物理概念和规律等在头脑中的提炼与升华。物理科学思维主要包括模型建构、科学推理、科学论证、质疑创新等要素。当然，实验探究是物理学科不可或缺的重要指标，学生通过提出物理问题，形成猜想和假设，获取和处理信息，基于证据得出结论并作出解释，以及学会对实验探究过程进行记录分析等。物理课堂中教师还需要将物理学科与生活实际巧妙紧密结合，使物理的教学做到从生活走向物理、从物理走向社会，使学生达到“见物说理、见理说物”的程度。

化学学科特色：化学实验、化学思维方式、化学语言是化学学科特色的三个核心要素。化学实验之所以成为中学化学学科特色的首要指标，那是因为化学实验是中学化学课程的重要组成部分，是学生进行化学科学探究的重要方法，与此同时，化学实验可以激发学生学习本学科的兴趣，培养学生科学探究的实事求是的严谨态度。化学思维方法则是化学家科学探究和人类智慧的结晶，既有科学思维方法的一般特征，也反映了化学科学研究的思维方法的特殊规律，化学反应的本质及其规律往往隐藏在复杂的化学现象之中。这就需要用思维去分析，用模型去具体化，用归纳统计、抽象概括去揭示规律，就需要用比较、类比、推理、假说和模型等科学方法作为化学研究的重要工具。学生一旦形成了化学思维方式，其智力水平和学习能力均会得到相应的提高。化学语言具体分为“文字语言”、“符号语言”、“图表语言”。其中“文字语言”用以表达化学概念，原理等知识的自然语言；“符号语言”则用以表示物质组成、结构变化及其规律的化学科运用的特殊符号系统；“图表语言”用以表示物质结构、化学事实、化学反应过程及原理规律的图形、模型等。化学语言不仅囊括了化学知识和化学思想，而且也积淀着化学方法和化学精神。学生通过对化学语言的识别、转换、表达和应用，不仅能够系统掌握化学学科知识，养成观察、空间想像、思维和表达能力，而且还能够体会化学的科学魅力。

道德与法治学科特色：从 2016 年起，教育部将义务教育小学和初中起始年级“品德与生活”“思想品德”教材名称统一更改为“道德与法治"。《道德与法治》教材不是对人教版原教材的修编完善，而是在框架结构、编排立意上全部重新设计。教材以社会主义核心价值观为价值引领，并将之贯穿始终，按照落实、落细、落小的原则，显隐结合、由近及远、渐次展开，从而使核心价值观的学习内化于心、外化于行。教材强调综合性，注重学习的过程，道德与法治课有机整合道德、心理健康、法律和国情等多方面的学习内容，不强调各自学科本身的严密逻辑与自成体系，不过于强调知识的系统性，而更加重视整合不同领域的知识为学生的思想道德发展服务，重视运用知识来感受、解释、理解社会现象、生活经验，处理和解决生活和生命成长中的困惑与问题，引领学生精神成长。教材以栏目来精心搭建教和学的脚手架，注重学生道德与法治水平的发展，从观念认识、体验内化到践行反思相融合、循环，是一个复杂的过程，遵循这一思路，每一框内容的展开都包含着一条引领生活经验的线索。教材力图促使教师和学生能够在设计的内容与问题中产生一定的体验共鸣和思想冲突，鼓励学生开放自我，展现自己真实的矛盾、困惑与情感，通过平等的交流与对话，探索行动策略，促进自我发展。

教师只有理解本学科的学科特点，才能在具体的日常课堂中结合不同学段、不同课程内容、不同课程目标进行科学规划课程开展，灵活设计教学内容，有效选择教学策略，巧妙组织课堂活动。

二、课型特征明显

课堂教学的课型是指课的类型。按照教学内容可以分为：新授课、复习课、评讲课、实践操作课。新授课一般是指本节课以学习新知识为主要目标；复习课则是对学过的知识进行巩固强化；讲评课是指对学生训练习题进行分析归纳；实践操作课则是学生将知识转化成技能的运用过程。四种课型在所有学科都是循环运用的常见课型，形成一个体系，最终达到培养学生学科思维与能力、形成学科核心素养的目的。

当然，不同课型有不同的教学目的，不同的教学流程以及不同的学习活动进而构成不同的教学结构。

新授课一般的教学结构是：“自学—合作—展示—评价”。“自学”其实就是我们常说的“预习”，学生初步自主学习教材内容，注意对教材内容的体会和感悟，划出重点并进行必要的记忆或理解，同时标注出疑难问题，进而带着初步感知和疑难问题进入课堂的师生互动合作学习。“合作”是指课堂中围绕学习核心知识，开展师生、生生互动，交流探讨，整理和深化学习。“展示”是指学习小组结合本组的合作学习结果，选择优化后的学习结果在班级进行展示，组间开展点评升华。“评价”则是指对本节课的学习内容进行检测，开展当堂训练、及时反馈、查漏补缺。根据新授课内容有针对性地设计评价内容和方式方法，学生个体独立完成，教师出示正确答案，学生纠正后将集中出错的题目再次分配到各小组，从读题、审题、解题方法、解题思路、错因分析等再次深入探究。

复习课教学结构是：“自补—合作—反馈—反思”。“自补”是指学生自主复习，查漏补缺。学生根据学科学习的章节核心知识和学习目标，进行自主复习，复习过程中要注重查漏补缺和对新授内容的拓展延伸、重新感悟，构建知识树。“合作”环节中，学生根据自主复习后在学习小组中进行交流探讨，列出复习过程中的疑难问题进行讨论、帮教，弄明白后再次进行个人修改、完善本章节的核心知识、主要考点知识树。这个环节中教师要兼顾班级各小组的学习进程，充分做好学习辅助者的角色。“反馈”则是根据复习内容有针对性地设计习题或当天检测题，学生独立限时完成，教师公布正确答案并分析集中出错的题目，从读题、审题、解题方法、解题思路、错因分析等引导学生深度学习。“反思”复习课中必不可少的环节，是学生个体学习升格的必由之路。通过反思，归纳提炼本章节主要考点、母题型及其解题思路、以错漏的思维误区等等。

讲评课教学结构是：“自纠—合作—展示—反馈”。讲评课一般是指学科课堂中针对练习情况或考试情况开展讲解、评价的授课形式。“碁美课堂”理念下的讲评课与传统讲评课还是有一定的区别的。其中“自纠”、“合作”、“展示”、“反馈”四个环节中始终是学生为学习主体。“自纠”是学生结合教师批改后的情况进行自我纠正错误，结合学习资料完成，并列出自己无法解决的问题为下一步“合作”做铺垫。“合作”环节中，学习小组进行组内错题剖析，生生互动、教师辅助。“展示”环节则是将本次练习或考试的考点进行归纳整合，将母题型的解题思路进行分析示例，将易错点进行归因分析。“反馈”则是结合本次的过关率比较低的内容进行二次检测，即：变式练、练变式。学生限时完成，教师当堂公布答案和互动分析解题要点。

实践操作课教学结构是：“设计—实践—总结—改进”。实践操作课是把学到的知识运用到实践操作中，进而把知识转化成能力，并在实践中进一步提升。开展实践之前，学生必须先设计实践方案，规划预设实践过程需要运用的知识和工具，预设实践过程中将会出现的实际问题和思考如何解决。实践过程中，注意观察并记录实践过程，灵活应对实践过程中偶发情况。总结反思环节是指针对本次实践操作进行独立思考，提炼实践结果乃至得出新的发现。“改进”则是实践操作课中最后的一个步骤，对本次实践的方案、实施过程、实践结论等进一步提升优化。

教师切忌把四种课型混淆了。尤其是“复习课”容易上成“新授课”的简单知识重复一次，即常说的“炒冷饭”；“讲评课”容易变成只有教师在分析，不分重点将整份试卷或习题讲一次，没有考虑学生的需要；也容易把“实践操作课”变成漫无目的的一般活动课，热热闹闹一场空。

“碁美课堂”的学科课型有一个共同之处，那就是以学生为中心。这与传统的教学最大的区别。传统的教学更多是以学科知识为中心，教师讲授为抓手，学生处于被动学习。而以学生为中心的“碁美课堂”，更注重学生的主体性原则，这样的课堂，教师的角色定位是引航者、点拨人，与学生构成学习共同体。就像放风筝，握住风筝线的是老师，在空中飞舞的风筝是学生们；方向掌控的是老师，飞翔实践体验的是学生们。这样，教师很难预测空中的风力风向，必须有更高的课堂掌控能力和学科素养，才能始终引导学生不偏离方向，在具体的体验中习得知识，提升能力。

“碁美课堂”要从“知识本位”走向“能力本位”，这就决定了课堂是学生的舞台，各种课型的设计和开展都必须落实“生本课堂”，关注生命个体的独特性和发展规律，有效推进，形成高效课堂。

下面以石碁四中杨娇林老师教学微设计《秋天的怀念》以及《“咏史怀古诗”归类复习》为例对比一下新授课与复习课的课型特点。

微案例1教学片断：

师：这篇文章标题中的“秋天”两字去掉好吗？为什么？

生1：不好。因为“秋天”是背景和“引子”，文中写景、叙事、记人，都与“秋天”有关。

生2：“秋天”也是“我”不幸遭遇、暗淡心情的写照，具有象征性。

生3：“秋天”是“我”走出低谷、乐观生活的象征。

生4：文章标题的作用大致有三个：①概括内容；②文章线索；③点明中心。结合前面几位同学的分析，我觉得《秋天的怀念》这个题目是暗示了文章的情感或者说在一定程度上奠定了文章的感情基调了。

师：同学们，文章的中心情感单单从题目是很难断定的，大家刚才说到的观点，估计都是通读全文后反观文题得出的理解，而且理解得都很准确。是的，“我”瘫痪了，情绪很糟糕，秋天在某个程度上有渲染这样一种凄苦处境的作用；妈妈在秋天因重病离开了，也留下一份沉重的思绪；生活如此不尽人意，可是妈妈一直想带“我”去看看秋天里开得灿烂无比的野菊花，这又看到了困境中坚强的意志。这份对母亲的怀念，深沉而且厚重，顽强而已坚定。给人感动，给人力量！所以，秋天的怀念与怀念实在不一样。

生们：点头默认……

师：请同学们再齐读文章最后一段，思考投影的内容。

投影的内容如下：

母亲坚持让我看秋天的菊花的目的是（　　　）。(3分)

A. 母亲喜欢花，可是“我”瘫痪后，她侍弄的花都死了。

B. 为了让“我”出去散散心，使“我”的心情好转起来。

C. 鼓励“我”学习菊花傲霜斗寒的精神，重新扬起生活的风帆。

D. 那黄色的花淡雅，白色的花高洁，紫色的花热烈而深沉，泼泼洒洒的令人神往。

（答案：C）

微案例 1 分析：

此微案例课堂以生为本，师为导。教师能结合具体文本引导学生掌握一个语文阅读技能——从文章标题切入，结合文中抒情议论语段，理解作者在文中表达的情感。方法指导具体可操作，深入浅出，有助于提升学生语文阅读敏感度和理解能力。此外，教师课堂上对学生的观点点评及时到位，并从点评的过程中升华观点，体现了语文学科新授课特点，具有语文味道。

微案例 2 教学片断：

师：同学们，看看这几首诗有何相同之处？

投影以下几首诗原文：

张养浩《山坡羊·骊山怀古》《山坡羊·潼关怀古》、杜牧《赤壁》、辛弃疾《南乡子·登京口北固亭有怀》、陈与义《登岳阳楼》、杜甫《登楼》、陈子昂《登幽州台歌》。

生 1：诗歌题目都有“怀古”“怀”或者“登”这样的字。

生 2：其实好像诗歌题目都有一个古迹名。

生 3：那就是诗人身处一个古迹，描写所见之境，有感而发。

生 4：好像还会联想到一些古人古事。

生 5：以《赤壁》为例，杜牧去到赤壁之战这个古战场，想起了当年若不是得东风，战役取胜的便是曹操了。结合杜牧的写作背景不难看到，诗人是借助古人古事来含蓄表达自己的怀才不遇的抑郁之情。

生们：点头默认……

师：哪位同学再说说其他的几首诗歌理解呢？

生6：辛弃疾《南乡子·登京口北固亭有怀》中，诗人借助对孙权的赞叹，含蓄表达自己对南宋统治者偏安江南、不求收复失地的投降路线的愤懑之情，同时也表达自己渴望收复中原、建功立业的豪情壮志及爱国情怀。

生7：借古讽今、借古抒怀是这类诗歌的共同特点。

师：大家在互相交流探讨中，理解渐渐明晰并且有一定深度。请同学们看投影内容。

投影的内容如下（辅以教师分析）：

古迹	（对比）	今世
古人	链接点	今人
古事	（用典）	今事
	借古讽今 借古抒怀	

微案例2分析：

初中语文对古诗词阅读有两个基本要求：一是涵泳积累，二是初步鉴赏。考查“涵泳积累”多采用默写的形式，“初步鉴赏”多采用简答的形式。古诗词阅读的初步鉴赏，其核心是“读懂”，无论是鉴赏诗歌作品的形象、语言和表达技巧，还是评价诗歌作品的思想内容和作者的观点态度，前提都是“读懂”。

给学生一个例子，他们就能学会自主整理，把更多的复习时间还给学生，使他们在实践中提高初步鉴赏古诗词的能力。所以，我选择了稍微有点难度的“怀古咏史诗作为切入。鉴赏“咏史怀古”诗的一般规律：弄清史实—体会意图—领悟情感—分析写法。弄清史实可以关注诗歌题目和诗句中有关的“古人、古迹、古事”，体会意图的环节要找准“古今的链接点”，写古人古事古迹不是最终目的，其目的在于“借古伤今，借古抒怀”。有的表达诗人对现实的不满；有的属于冷静思考；

有的怀人伤己，向往古人，或表同病相怜之情。在现手法上，一般都运用了“借古讽今、借古抒怀、对比、用典”等。所以，要读懂这类诗，必须弄清作品所涉及的历史和有关人物，分析古今人物、事件的链接点，从而体会诗人的写作意图，透悟诗情。

此微案例设计巧妙，课堂引导学生由浅入深，最终很好地达成了复习此类诗歌的目标，生成语文诗歌阅读素养。

三、活动内容充实

从学与教的过程逻辑看，一切真正意义的学习，归根到底，是学生的自我求知求真的内需被唤醒。“碁美课堂”的教师“应当忘记他是一个教师，而应具有一个学习促进者的态度和技巧”。学生的主动有效学习必须通过学生的学习活动情境去实现。把课堂学习内容以活动的形式开展，在学生自主实践中构建知识，是实现学生自我求知欲望被唤醒、教师成为课堂学习者的促进者的有效策略，进而达成高效课堂。

活动内容的设计的最基本目的是促进学生自主学习、自主建构能力的发展和学科素养的提高。那些浮在表面的只为了活跃气氛的随意性课堂活动，对学生的学科发展缺乏真正意义。因此，“碁美课堂”活动内容的设计始终遵循“学生主体性”、“课堂学习内容核心性”、“引导学生走向深度学习”这三个原则。

首先，学生主体性原则。这是指课堂活动内容的设计要考虑学生的兴趣点、学科能力起点、活动参与的普适度等问题。设计活动前，充分调研分析学生学科知识能力基础，设计符合学生年龄特征的感兴趣的活动形式和活动内容。倘若活动形式过于老套，活动内容过于简单，学生参与活动的欲望会大大削弱，直接影响活动目标的达成度。活动过程中，教师与学生的课堂地位上是平等的，彼此形成一个学习共同体，体现课堂活动的民主性，学生始终是课堂学习的主动者，并通过参与具体的活动，体验感悟、掌握知识、形成能力，建构学科知识体系。缺乏了学生的参与度，任何课堂活动都必将成了空中楼阁，没有了根基，失去了意义。优秀的学科活动课堂教学案例必定是学生“想动”“能动”“会动”的课堂。

其次，课堂学习内容核心性原则。课堂活动始终要围绕本节课学习的核心知识开展的，体现“课堂学习内容核心性原则”。任何学科的每一节课，均有学习目标，为了达成目标需要突破的重点难点，便是本节课的核心学习内容。课堂学习时间是有限的，如果在众多知识点、能力训练点上都设计活动，这就必然导致活动泛滥，课堂就成了哄闹的菜市场，最后竹篮打水一场空。然而，紧紧围绕课堂学习目标，在学习内容的重难点上巧妙设计学习活动，避免了教师简单依赖教材和教参，将现成的结论灌输式地呈现在课堂上。学生通过具体的情境主动参与体验，独立提出问题、寻求解决问题的方法、得出结论。这样，学生的认知是自主习得的和建构的，可以在一定程度上内化成学科能力。

再次，引导学生走向深度学习原则。课堂活动的根本目的在于循序渐进地引导学生从浅层次学习走向深度学习。课堂学习要有梯度，学生由浅入深地开展学习，这样才符合一般的认知规律。课堂活动不是为了活跃气氛，而是为了活跃思维，促使学习者对某一知识或技能的初步感知到实践运用，进而提炼学科知识与能力中规律性的东西，实现从浅层次学习过渡到深度学习。因此，活动内容也需要有梯度，环环相扣，有序展开。这就对教师在活动过程中的方向盘掌控要求较高，有效运用课堂生成教学资源，及时科学点评学生学习行为和升华学习内容。学科课堂活动又有别于综合实践活动和社会实践活动，必须具备学科性，为学生学科素养养成服务。如语文的辩论赛活动，围绕一个主题开展辩论活动，旨在培养学生掌握辩论的规则、技巧、陈述观点、论证观点、批驳对方观点的能力，而不仅仅是把某一话题辩出个结论来。

“碁美课堂”提倡不放弃任何一颗“碁子”。因此，课堂活动的参与度应具有普适性，师生之间、生生之间相互扶助前行，课堂活动成为师生、生生间双向乃至多向的交流，学生的思维将会更加活跃、视野更加开阔、学习内驱力更加持久。教师始终关注活动内容充实的同时，注重活动内容的效度。此外，学科活动课堂也考验着教师的耐心，要留给学生充分的学习时间和空间，让学生主动、全面而有深度地参与学习过程。这样，打造学生喜欢、家长满意的“碁美课堂”便不是一席空话。

下面以石碁四中杨娇林老师教学微设计《托物言志诗解读方法》为例谈一下课堂活动设计与实施的三个原则。

微案例教学片断：

师：投影四首学生学过的“托物言志”类古诗。并提出思考问题：这四首诗歌在表情达意上有何共同点？

投影内容是以下四首古诗原文及写作背景：刘桢《赠从弟》、王安石《梅花》、于谦《石灰吟》、郑燮《竹石》。

生1：这四首诗分别写了松树、梅花、石灰、竹子，但好像目的不是仅仅赞美这些物本身。

生2：《赠从弟》表达诗人对堂弟的勉励，希望他能像松树那样遇“凝寒”而不屈，顽强坚贞。

生3：《梅花》表达诗人如梅花般清高傲雪。

生4：《石灰吟》抒发了明代于谦的傲然正气。

生5：《竹石》通过描写竹子从岩石缝里立根生长，千磨万击还坚劲的特点，表达自己的顽强坚贞个性。

师：大家的见解都很到位，似乎都感觉到了诗人借助描写之物，间接地表达自己的情志。这种手法在现代文里也是见过的……

生们：托物言志！

师：正确！托物言志诗，要读懂诗人表达的情感，首先要把握“物”本身的特点，然后通过类比联想，联系到人，联系到诗人自己的生活境遇，从“物”到“情”，类比联想其相似性，就不难理解这类诗歌的中心情感了。请尝试运用这种方法品读陆游《咏梅》。

投影的内容如下：

卜算子　咏梅

宋·陆游

驿外断桥边，寂寞开无主。已是黄昏独自愁，更著风和雨。

无意苦争春，一任群芳妒。零落成泥碾作尘，只有香如故。

【思考问题】 诗人笔下的梅花有何特点？诗人借梅抒发了怎样的情怀？

师生共同交流对这首诗的理解。(略)

微案例分析：

此微案例课堂始终以生为本，师为导。以“旧”带“新”，引导学生从感性认识逐步走向理想分析，最终掌握解读“托物言志”诗歌的具体方法。学生活动始终指向课堂学习核心内容，即：托物言志诗的解读方法。学生通过这样的高效课堂学习，读懂的不是一首诗歌，而是学会了一类诗歌的品读方法。由浅入深，循序渐进，这样的课堂既体现了高效性，又体现了语文课堂亦可“授人以渔”。抓住学科特点，遵循文本性质，把握规律性的东西，学生语文能力生成便可水到渠成了。

四、目标达成度高

在教学活动过程中，实现教学预期与教学目标的高度统一是对每一位教育工作者的要求。然而，传统的教学模式和教学方法是对学生单向灌输的过程，教师过分强调教学进度，没有预设在教学过程中学生的心理感受和对知识的接受程度，忽视了学生的发现和探究的过程。这样的课堂，无论是对学生还是对教师而言，是漫长而枯燥的。如何让学生在多姿多彩的课堂教学中收获知识，通过预设和生成的相辅相成实现教学的目标高度达成，这是我们不得不面对的问题。本节就精心预设、强化师生互动以及丰富课堂教学模式三个方面，让我们的课堂更加的生动、有趣。

（一）精心预设，挖掘教材细节

教学预设主要是指在课堂前做好学案设计。实践证明，充分做好教学预设对教学质量的提高起着重要的作用。预设内容包含对教材知识点的挖掘和整合、学生接受知识能力的程度以及对教学方案做好备份计划。

1. 详读教材，更新认识

在实际的教学活动中，特别是很多经验丰富的教师，在课堂中会脱离教材，凭借自己多年的教学经验在课堂上夸夸其谈，甚至会脱离之前预设的内容。殊不知，新课程改革要求深化学生对知识的理解，挖掘教材中的潜在价值。无论在何时，教育工作者在教学前都应该重新阅读教材，每一次的阅读都会加深对文章的理解，有新的认识。从而修正之前错误的观念。研究教材中的细节知识点，对教材形成全面认识。

2. 以人为本，了解“学情”

在设计教学活动时，教师要充分认识到自己是课堂中的引导者，而学生才是课堂的主体。就像世界上没有两片相同的叶子一样，课堂上也没有完全一样的学生。教学活动设计的原则让每一位学生参与其中。教师要在课前对学生的基础能力和认知能力有所了解，在设计教学内容中考虑到每个学生的实际情况，让学习困难的学生可以轻易接受知识，让学习优异的学生可以充分汲取知识。

3. 提前预知，设计弹性课堂

人生有很多意外，但有些意外是美好的。教师在教学过程中也是一样的，时常会发生小插曲。有的教师会强行将教学活动拉回预设内容，忽略学生的感受；甚至有的教师面对这种情况时束手无策。这些现象产生的根本原因是教师没能做到正在的引领课堂，只对教学活动做了一个方案，一旦出现意外，会让他们措手不及。预先设计弹性课堂，做好备份方案，才能让教师在教学时面对学生游刃有余。

（二）动态生成，强化师生互动

在番禺区研学后教理念下，师生互动在教学中起着关键的作用。教师要预设学生已有的知识，并传授学生足够的未知知识。在课堂上与学生进行互动交流已有知识，深化学生的理解。同时，保留弹性空间教授学生新鲜的知识。使用课前导学案将预设案例展示给学生，教师充分利用导学时间，与学生进行互动，激发学生思考，快速进入课堂。而在动态课堂上，秉持“少教多学”的理念。教学的对象是学生，学生在课堂上掌握的不仅仅是知识还有自主学习能力。教师最为课堂的参与者和合作者，要以“推波助澜”的途径，在生成环节起到催化预测的作用，推动精彩课堂的生成。

以番禺区石岗小学朴英校长六年级上册《伯牙绝弦》课堂教学片断为例：

师：哪两句是钟子期赞美伯牙高超琴技的？

生：“善哉，峨峨兮若泰山！”和“善哉，洋洋兮若江河！”是钟子期赞美俞伯牙高超琴技的。

师：真棒！你也来赞美一下俞伯牙好吗？

该生低声朗读，声音不是很响亮，但也不失敬佩之情。

师：谁再试试？

生2：我试试。

该生声音洪亮，语气真切。同学们不自觉地掌声鼓励。

师：真好！大家在生活当中也会经常赞美。你习惯哪种方式呢？你更欣赏哪位的读法呢？

生3：我喜欢激昂的读法。因为平时我喜欢大声赞美人。

生4：我喜欢低声的赞美，因为我比较害羞。

师：那是内敛。非常好。那可以用自己喜欢的方式赞美一下俞伯牙吗？

生4声音低沉，但朗读真诚，打动全班同学。

师：也请你用激昂的方式赞美一下俞伯牙。

生3抑扬顿挫地朗读两个句子，声情并茂，非常精彩。

师：同桌用自己喜欢的方式朗读一下，并说说原因。

……

除此之外，教师应该保持平易近人的态度，与学生融为一体，这样才可以了解每个学生的特点，学生也会主动地亲近老师。教学过程中教师和学生的身份是平等的，教师要允许学生对教学环节提出质疑，从而开展优质的教学活动，拉近教师与学生的距离。如果能在课堂上引入一些小游戏，在强化教师与学生关系的同时还可以渲染课堂气氛，营造一个轻松、愉悦的课堂氛围。

（三）多元化教学，构建智慧课堂

传统的教学方式只有教材和黑板，然而，随着信息时代的到来教学工具和教学形式也多样化。学生正处于大脑快速发展的节点，他们通常对新鲜的事物产生好奇。如果在课堂过程中能够引进新科技，不仅仅会激发他们的学习兴趣，还可以培养他们对科学技术的热爱。在课堂前，教师准备好课堂过程中需要的信息设备和技术，比如，音频动画、教学软件、电子书包等等，将束缚在传统课本的教材动态地展示到多媒体教学中。教师不只可以丰富教学形式，也可以拓宽教学场所。特别是针对科学、地理、生物等科学的教学，可以把学生带到大自然、博物馆和科技馆，让他们切身地体验到自然和科学的奥秘。

多元化教学手段越来越受到广大教育工作者的欢迎，不仅仅是因为可以提高教学的质量，更重要的是让学生开拓思维，脱离传统环境的约束，从而构建智慧课堂。

“碁美课堂”要尊重学生的思维特征，不能一味地灌输。而教师只有不断学习先进的教育理念，让“预设”因教师的智慧而精彩，让知识的生成因学生的参与而“灵动”，从而实现教学目标达成度高的效果，体现“石碁·大龙”片区“碁美”课堂中的“谋划中实现共赢，变化中寻求突破”的理念。

五、素养有效发展

近年来，核心素养越来越受到重视，它不再是游离于教学实践过程之外的高大上理念，而成为了推动教学开展的一个重要指引。教师作为课堂教学的主导，其自身的综合素养决定了课堂的具体开展情况和整体效果，所以要想有效地开展课堂活动，一个重要的途径就是不断提升教师的综合素养和专业技能，引导学生在学习过程中把核心素养落到实处，从而提升课堂的有效性，推动教师和学生的共同发展。教师的素养水平更体现在对学生评价的过程中，所以想要有效地开展好课堂评价，要注意以下几个方面。

（一）基于教师素养的课堂评价的重要性

教师是开展课堂评价的主导者，他们的素养直接影响了评价的方式和效果，而正确的评价方式有着非常重要的意义。第一，掌握好的评价方式，能够很好地了解学生的兴趣点，从而做到因材施教，激发学生的积极主动性。第二，正确的评价方式能够增强学生的自信心和自尊心，让学生在学习的过程中收获成功，从而在学习和活动中更加有勇气。第三，正确的评价方式，能够及时指出学生在学习过程中存在的不足，让他们认识到自己的缺点，并且引导学生积极改正，在学习的过程中锻炼自己的动手能力和思维能力，促进学生的全面发展。

（二）基于教师素养的课堂评价的现状

评价对于学生学习活动有重要的促进作用，也得到越来越的老师关注，但是在实际的活动过程中，老师在评价方面还存在着一些不足之处。第一，老师自身的水平还有待提升，很多老师在专业性和技巧性方面比较缺乏，不了解评价的概念以及方法，所以在实际操作的过程中存在很多的局限性。第二，评价的方式比较单一，很多老师都知道在学习活动中要给予学生肯定，给出正确评价，但是在实际评价的时候，往往给予学生全面的肯定或者全面的否定，而没有辩证地评价，所以难以促进学生的发展。第三，有的老师在评价的时候习惯用横向评价，比如总是将同班的学生之间进行对比，这样容易引导一部分学生的嫉妒心，也会影响学生的健康成长。

（三）基于素养的课堂评价有效策略

学习活动是一个学生学习与成长的重要过程，对其进行正确的评价其实也是对学生的成长做出的评价，它关系到学生的身心健康和学习的提升。为此可以从以下几个方面来开展正确的评价。

1. 注重动、静评价结合

对学生学习活动的评价应坚持动态评价与静态评价相结合，既要关注学生的结果，对学生有一个整体评价，又要关注学生学习的过程，把握每一阶段的学习细节，对学生的优缺点有多方面的认识。这种方式将动态与静态相结合，让学生既体会到学习的成绩，也认识到自己在活动中提升的空间。如：开展剪纸美术活动，老师针对整个学习活动对学生做出一个整体的评价，指出所有参与的学生：“同学们，你们今天的学习真棒，你们大胆地发挥自己的想象，充分运用自己的学习技巧，取得了非常优异的成绩。”这是一种整体评价，属于静态评价。同时老师还应对学生学习的过程进行一个评价，例如在活动过程中，老师提问：“在你们的心中，窗花是什么样子的？”这时所有学生都非常积极地抢答，老师给予肯定，给学生更多的自信，这就是属于动态的评价，这有利于让学生认识到自己的优势，从而更好地推动整个学习活动的开展。

2. 注重整体评价

小学生处于快速成长的时期，他们有自己的优势，同时也有很多需要不断提升和完善的地方，所以在评价的过程中应当辩证地看待，给予学生整体的评价，而不能够一味地肯定学生的学习活动，或者一味地否定学生的学习成果。如：在绘画学习活动中，老师给予学生 A 评价：“你画出的作品很有创意。”这是对学生正面的评价，但是如果一味地正面评价，就会让学生容易骄傲，认识不到自己的缺点。所以老师还应当指出学生学习中存在的不足，比如：“如果你绘画的形状对称一些、规范一些，那作品会更棒。”这样学生就知道自己的学习虽然很棒，但是在规范性等方面还有不足，在今后的学习活动中会努力去改进，这样就达到了评价的真正目的。

3. 关注学生个体差异，慎用横向评价

每个学生都各不相同，他们的思维方式、学习能力等千差万别，个体差异比较大，所以在评价的时候，要正确认识到这一点，要充分尊重学生的个体差异性，不能够一概而论，以偏概全，谨慎运用横向评价。例如在语文教学中，老师给定时间，让所有学生背诵课文，然后老师检查所有学生的背诵情况。A 学生由于对课文不熟悉，所以背起来速度较慢，此时老师说：“老师教给大家同样的知识，给大家同样的时间，但是其他同学都背诵了，为什么只有 A 一个没有背呢。”看似简单的评价，实际会给 A 带来很大的打击，甚至会让他觉得自己不如其他的同学，从而产生心理阴影。所以老师要教学的时候，要谨慎运用横向评价，要认识到学生的个体差异性，尊重每个学生，并且帮助他们找到自己的优势，实现适合自身的发展，才是好的发展。

4. 多种评价形式结合

评价的形式多种多样，但是目前在学习活动中，很多老师运用的评价方式则比较单一，一般是老师布置任务，学生按要求落实，最后老师根据要求对学生们的学习进行评价，并以作品来评定学生的学习能力、努力情况等，这实际是不科学的。所以在教学活动中，应当结合师评、互评、自评、小组评价等评价形式，更加全面地认识和分析问题。比如在上作文课时，老师可以先对学生的学习过程进行一个详细的评价说明，然后由学生自己开展自评，自己给自己的作文打分，发现自己的优势和不足之处；再由同学给自己打分，让同伴指出自己的不足，最后，再对每一个的作文进行分析，这样学生能够得到中肯的评价，从而更好地改进。

总之，随着素质教育和新课程改革的不断深化，课堂评价已越来越受到重视，并且成为推动教学活动顺利开展的有效途径。在课堂评价过程中，教师起着至关重要的作用，他们的素养直接影响着评价的效果，也影响着学生的学习和成长，所以老师在教学实践中可以通过动、静结合评价，注重整体评价，关注个体差异评价，多种评价形式结合等方式，不断提升自己的评价水平和素养，提升课堂评价的效果，指引课堂的可持续性发展和学生的终身发展。

表4　　**石碁教育指导中心“碁美课堂”评价表（试用稿）**

听课日期：________年____月____日＿午

学校		授课教师		职称		授课班级	
学科		课题		课时	第　课时	课　型	

评价项目	评　价　要　点	项目评分			
		A	B	C	D
教学目标	落点精准，知识、能力、品质目标具体； 表述清晰，体现学科特征，适合学生特征； 操作性强，不虚，不空，不伪，可评价	3	2	1	0
教学内容	研学内容集中，体现重点或难点； 研学问题清晰，有研究空间和价值	5	4	3	2
教学过程	步骤合理，有足够的思维时间与空间； 启发适度，有明显问题导向学习方式； 语言得体，有明显的学科特点和个人风格	6	5	3	2
教学品质	政治品质，体现担当，顾及全体，实事求是； 思维品质，体现智慧，课控灵活，重视生成； 文化品质，体现自信，凸显学科与学校文化。	3	2	1	0
教学效果	学生参与度高，凸显自主、合作、探究学习； 学生发展面广，知识、能力、品质均有收获； 目标达成度高，课间检测或训练效果优良	3	2	1	0

评价结果	A（20-18）	B（17-14）	C（13-9）	D（8-5）	总　分	
					等　级	
总体评价						

评价人________________

第四章 “碁美课堂”的落地保障

“碁美课堂”以促进所有学生的全面发展为目标，尊重学生的主体地位为原则，以课堂为主阵地，以教学为手段，以课堂培养学生的八大意识为归宿。要促进学生发展，教师个人必须首先实现自身的发展。教师个人素养是“碁美课堂”有效发挥其价值的重要保障。下文从教师教学技能与教师个人文化基础出发，分析教师个人素养对“碁美课堂”的落地保障价值。

第一节 教学技能的提升

国际劳工组织、联合国教科文组织在《关于教师地位的建议》中提出，“教育工作应该被视为专门的职业，这种职业是一种要求教员具备经过严格而持续不断的研究才能获得并维持专业知识及专门技能的公共业务。”① 因此，教师作为一个专门的职业，必须要经过严格和持续的学习以维持或提升相关的专业知识和专业技能，也就是我们常说的提升教师的教学素养。因此，“碁美课堂”要求教师从以下三方面作出努力，即提高教学素养、生成教学智慧、优选教学策略，使“碁美课堂”实施落实到位。

一、提高教学素养

何为“教学素养”？目前学术界对其定义仍没有明确的明释。如有

① 陈理宣．教育学原理：理论与实践［M］．北京：北京师范大学出版社，2010：163.

人认为教师教学素养包括教学板书、教学语言、教师形象、教学机智;① 有人认为包括以学生为主、育人为本的教学理念，现代化的课堂运作能力，较强的文化判断力、信息处理能力、营造充满人文精神的教学意境的能力;② 还有人认为“自我意识、仪表、语言”的素养是青年教师所首要考虑的教学素养。③ 之所以对“教学素养”难以达成共识，是因为素养包含的内容复杂而丰富所致的。本人认为教师教学素养泛指教师在课堂教学中，所表现出来的教学思想、专业知识和基本技能，因此应该指教师：具备乐教善导的教风、正确解读课标的能力、精心设计教学的能力、熟练驾驭课堂的能力、全面提升教研的能力等。下面本人将结合我们的“碁美课堂”教研活动，谈谈如何提高教师的教学素养，保障我们的“碁美课堂”落地生根、开花结果。

（一）具备乐教善导的教风

所谓“棋品如人品”，即下棋者下棋方式与风格会体现其思维与品格。将其引入教育同样可行，下棋者正是课堂教学中的教师，教师在课堂上的作风、心境、态度、方式等表现亦可以折射出教师的教学风尚。根据“碁美课堂”的价值定位，笔者认为“碁美课堂”的教师必须具备“乐教善导”的教风。

所谓“乐教善导”者，无非就是指热爱教育，善于引导的教师。子曰：“知之者不如好之者，好之者不如乐之者。”乐教是教师对从事的教育事业的一种最佳态度，即教师热爱教育事业，甘于为教育事业付出，开心并充满激情地做好本职工作。只有“乐”，才能产生强大的动力源泉，才能全身心投入教学，才能提高教学的效益和质量。只有“乐教”，才能“勤教”、才能“善教”，把工作当成是一种享受，在不

---

① 李安民．引领 伴随 共生：求解教育学院发展最大值［M］．哈尔滨：黑龙江人民出版社，2008：114-115.

② 何安明．如何提高小学教师的课堂教学素养［J］．小学教学研究，2007(5).

③ 陈全英．现代教师课堂教学素养浅析［J］．宁波教育学院学报，2002(9).

断进取中提升自我、完善自我。“善导”寓意着教师不仅要具备深厚的专业造诣和开明的教学艺术，还要在教育教学上潜心钻研，主动修炼导学导行的内功，努力给学生创造和谐、平等、民主的课堂教学环境，培养学生浓厚的学习兴趣，在言传身教和潜移默化中培育出德才兼备的高素质人才。

如今，家长和学生不单对教师的知识和才能提出了较高的要求，同时也对教师的人格魅力提出了新的期望和要求。充满睿智、乐教善导，具有良好师德修养的教师是受家长和学生喜欢的，也是为人师者应不断追求的基本素养。因此，“碁美课堂”要求教师首先要具有“爱岗敬业，履职尽责，乐于奉献”的职业素质，具有“以生为本，育人为先，为人师表”的价值观念，具有“严谨治学，教研相长，专业发展”的理想追求，具有“热爱生活，个性良好，身心健康”的工作状态，这是提升“碁美”教师教学素养的首要任务。

（二）正确解读课标的能力

正确解读课标的能力与棋者正确解读棋术有异曲同工之妙。正确解读课标是“碁美课堂”对教师的基本要求之一，是教师进行教学设计与实施教学的前提条件。教育部制定的全日制义务教育课程标准，明确地提出了义务教育各阶段各学科的总体目标，革新了传统课程体系，教学实践由过去的以学科为中心逐渐以学生为本的轨道上。例如语文《新课标》指出：人文性和工具性的统一是语文课程的基本特点，学生的人文素养、科学素养、创新精神、合作能力、问题能力的培养是语文教学的基本任务。

如：石岗小学的曾婉居老师在《抓住中心，读写结合——〈杨氏之子〉教学微案例》中，曾老师对《杨氏之子》这篇课文的教学内容、学生的学情、课标的要求等作了详细的分析：《杨氏之子》是小学语文五年级下册第三组第 10 课。教材以“语言的艺术”为主题，作为开篇课的《杨氏之子》全文共 55 字，语言简洁、浅显，主要写了九岁孩童与客人笑谈的经过，孩子那机智巧妙的对答，令人拍案叫绝。语文课标的第三学段要求学生“在交流和讨论中，敢于提出自己的看法，作出自己的判断”。而“碁美课堂”讲究的是智慧，体会文中杨氏之子所表现出来的智慧，是学习本课的重点。学生经过五年的学习，有一定的阅读能力，绝大多数学生能自学生字新词，读准字音，读通句子，但《杨氏之子》是小学生初次接触的文言文，虽然行文简洁，不足百字，但古今字义不同，孩子们阅读起来还是有一定难度的。因而在本课教学中，通过质疑、交流、练笔等手段，让学生在读、写、议等活动中学习理解文言文的方法，感受语言艺术的魅力。因此，曾老师为突现“碁美课堂”的理念，把“能根据上下文，通过交流、对话，读写结合，感受到故事中人物语言的风趣机智，体会孩子的‘甚聪惠’”定为本课的教学重点。这充分体现了曾老师的教学素养——正确解读课标，并正确处理教学重点的能力。

只有教师正确地解读课标，并将其与教学内容、具体学情等方面有机结合，以此为教学的出发点与落脚点并贯穿于课堂教学中，这样才能切实做到以学生为主体的学习，才能提升学生的核心素养，为学生的学习和终身发展奠定坚实的基础。因此，我们教师要从编者的角度去解读新课标，最终为精心完成教学设计打下基础。

（三）精心设计教学的能力

在《棋经十三篇》里提到的“棋者，以正合其势，以权制其敌。故计定于内而势成于外。战未合而算胜者，得算多也。算不胜者，得算少也”①，意思是说“所谓围棋，以常规的方式形成态势，以随机应变的机智制服敌手，所以必须胸有成竹并体现在布局上。双方还未交手而计策占上风的，他得胜的可能性就大；反之，计策处于劣势的，得胜的可能性就小。”因此，这启示教师在正确解读课标的基础上，统筹各方面的因素，做到“谋划中实现共赢”，即“谋定而后动”。换句话说，教师要课堂教学的流程做精心的设计，从备课到上课再到课后的反思，都要做精心的准备，这样才能运筹帷幄，使我们的“碁美课堂”达到

① 张拟．棋经十三篇（第十三篇）［EB/OL］．https：//so. gushiwen. org/guwen/book_111. aspx.

预期效果，所以，精心设计教学的能力是我们“碁美”教师教学素养的重要基石。

精心设计教学包括准确设定教学目标、透彻分析教学对象、正确界定教学重难点、巧妙安排教学内容、恰当选择教学方法、科学测评教学情况等。教学设计应该要体现学科的特色和个人的教学风格，同时符合系统性、程序性、可行性、反馈性的原则。系统性是指教学设计的各组成部分既相对独立，又相互依存、相互制约，组成一个有机的整体；程序性是指教学设计的各个环节是排列组合起来的，具有一定的次序，前一环节影响到后一环节，而后一环节又依存并制约着前一环节；可行性是指设计时我们应该考虑学生的年龄特点、已有知识基础和师资水平、教学设备、地区差异等因素，同时教学的各个内容具有操作性。

例如：茶东小学的曾佩仪老师《有效操作，建构碁美课堂——〈分数的简单应用〉教学案例》中，曾老师精心设计了剪一剪、摆一摆、涂一涂等系列的动手、动脑、动口的操作活动，巧妙地引导学生观察、思考、发现、比较，建立丰富的分数认识的表象，揭示出感性经验背后的理性、抽象的数学概念，使动手操作与数学思维紧密联系，让学生的思维火花在不同的操作中得以绽放，享受数学学习的乐趣，感受数学知识的魅力。

专家型教师	新手型教师
突出了课的主要步骤和教学内容，并未涉及一些细节，从学生那里获得一些有关教学细节的问题	大量时间用在课时计划的一些细节上，如怎样呈现教学内容、针对问题设计方法、仔细安排某些课堂活动等，不能够把课堂教学计划与教学情景中学生的行为联系起来
根据学生的先前知识来安排教学进度，课时计划有很大的灵活性	努力完成课时计划，不会随课堂情绪的变化修正计划

续表

专家型教师	新手型教师
具有预见性，在头脑中形成包括教学目标在内的课堂教学表象和心理表征，并且能预测执行计划时的情况	不能预测计划执行时的情况，更多地想到自己做什么，而不知道学生将要些什么

皮连生教授《学与教的心理学》一书中指出了专家型教师和新手型教师他们对课时计划的差异，教师们应借鉴专家型教师的教学设计方式来提升教学技能。我们在精心设计教学的同时，还需要针对班级学生的实际情况体现一定的灵活性和预见性，这样才能进一步提升教学设计的能力。

（四）熟练驾驭课堂的能力

教师的课堂教学行为是教学素养的外化表现。教师熟练驾驭课堂的能力是完成教学任务、实现教育目的重要保障，是体现教师教学素养的主要表现。正如《棋经十三篇》里提到的“误人者多方，成功者一路而已。能审局者多胜。”意思是说“使人犯错误的可能性是多种多样的，但通向成攻的路却只有一条，只有那些仔细了解棋局特点、认真估计情况变化的人，才能经常得胜。”课堂教学上有很多需要教师掌握的教育教学方法和技巧，只有我们不断地学习、实践，才能深谙教学的规律，熟练而灵活地驾驭课堂，实现教学双长的“双赢”局面，从而真正地提升自身的教学素养。

例如：傍西小学的梁坤妹老师在《The magic pen 绘本阅读课教学微案例》里选用了《大猫英语分级阅读》中的一本绘本“The Magic Pen”，老师通过熟练地向学生展示将用魔法钢笔引发的一系列有趣神奇的事情，让学生放飞想象，课堂气氛非常活跃，学生的回答得奇思妙想，令人意外又精彩：

师：你认为 Mr Big 是怎样的一个人？

生：他是个幸运的人，因为他得到神奇的魔法钢笔，并且很机智地画了一个与他体型相匹配的大个子妻子。

师：假如你拥有这支魔法钢笔，你会做什么呢？

生：我会用魔法钢笔画出更多的魔法墨水，永远用不完的墨水。

生：我会再画一支更大的魔法钢笔。

生：我会画自己变得长生不老。

甚至有学生会提出质疑“猫喜欢吃老鼠，但为什么故事中的猫却不吃老鼠？反而成为好朋友帮助 Mr Big”；“为什么 Mr Big 能听懂老鼠说的话？”。

在课堂里，梁老师通过绘本故事为学生营造宽松愉快的学习气氛，大胆放手让学生通过自主或小组合作进行学习，交给学生合适的学习方法，帮助学生形成有效的学习策略，收到了非常好的教学效果。

因此，“碁美课堂”要求教师在教学中要以学生为主体，融入自己的教学理念、教学风格，运用合适的教学方法和激励手段，并利用先进的教学媒体，充分调动学生学习的主动性与创造性。同时，教师要因势利导调整教法和教学节奏，使其张弛适度；善于运用教师个人的教学智慧捕捉课堂教学中产生的有价值的知识或技能，即生成性教学；教师要建立一个协调、成功的课堂行为系统，真正体现“碁美课堂”的“变化中寻求突破”的特征，这样才能达到“碁美课堂”的预期教学效果。

（五）全面提升教研的能力

苏霍姆林斯基曾言：“只有善于分析自己工作的教师，才能成为得力的、有经验的教师。”① 客观来说，教师业务水平良莠不齐，但不同年龄、不同水平的教师在教育教学各个岗位上承担的是“育人”重要任务。“碁道育人”中的全盘格局、一盘棋的思想要求学校师生要树立“学习共同体”的意识。因此，对教师而言，学校应营造良性的教研氛围，让教师与专家、同行学习，一方面可以让教师不断总结、反思自身

① 黄新强．开展教学反思 促进教师专业发展［J］．中国教师，2010（6）．

的教学素养，主动向经验型、专家型教师靠拢，从而提升教师的教学与科研能力；另一方面可以有效地在区域内构建研修共同体，提升整个区域的教育教学水平，这将成为提升我们“碁美”教师教学素养的重要一环。

以石碁教育指导中心为例，每学年都深入各间学校开展教学视导工作，同时组织小规模学校开展“抱团”教研活动，开展中青年教师的教学技能比赛，并组织各学科开展区域内教研活动，构建了石碁区域内的研修共同体，促使了教师的教学素养得到迅速的提升。

二、生成教学智慧

随着时代的飞速发展，知识的更新速度持续加快，由于学生知识获取渠道的多元化、思维的活跃化，以及新课标下的课堂教学更强调以人为本，更关注作为个体的教师和学生的共同发展，强调课堂彰显人文价值，让学生体会智慧之美，教学智慧成为了教师不可或缺的专业素养。

正如我们观看棋手下棋时，在看似悠闲雅致的对峙背后，支撑着棋手的是一股由智慧、意志所凝铸起来的巨大力量，往往给人一种轻松恬适的印象。我们在观课时，也往往为名师在课堂上所凸显出来的教学智慧而折服，这使学生和观课者都有如沐春风的感觉，使得课堂锦上添花。那么，什么是教学智慧呢？

（一）教学智慧的内涵

我国学者关于教学智慧的说法不一。杜萍等人认为“教学智慧是教师个体在教学实践中，依据自身对教学现象和教学理论的感悟，深刻洞察并敏锐机智、高效便捷地应对教学情境而生成融通共生、自由和美的境界的一种综合能力。”① 王鉴教授认为：“教学智慧是教师面临复杂教学情境时所表现的一种敏感、迅速、准确的判断与行动的能力”。②

---

① 杜萍，田慧生．论教学智慧的内涵、特征与生成要素［J］．教育研究，2007（6）．

② 王鉴．教学智慧：内涵、特点与类型［J］．课程·教材·教法，2006（6）．

王九红认为教学智慧是“教师将学科知识转化为易于学生学习的知识形态，进而在学生的学习过程中进行恰当调适以取得良好学习效果的能力；教师对学科知识的转化能力是学科教学智慧的核心，体现为教学设计智谋和现场调适机智两种形态”。① 综上几种说法，学者们普遍认为教学智慧可以通过教师在后天的教学过程中学习和经验积累获得的，是教师实践知识与经验的提升及能力内化，是一种综合能力和素养。因此，在本书中笔者把教学智慧理解为：教师在某种教育观念或教学思想的指导下，在教学过程中应对预设之外生成性的复杂教育情境时，能正确、合理、灵活地应对或解决教学实际问题的能力。

（二）教学智慧生成的关键

“碁美课堂”有一条原则是“变化中寻求突破”，讲求教学不是机械的知识授受活动，而是以智慧启迪智慧、以智慧引领知识建构、关照生命成长的过程。只有教师充满智慧地组织教学活动，才能使学生充满智慧地学习，实现智慧人格的建构。由此，教师有无教学智慧，便成了课堂教学成败的决定性因素。我们“碁美”教师又可以怎样培养自己的教学智慧，成为智慧型的教师呢？

1. 经验积累——教学智慧是“学”出来的

正如棋手对各种残局的如何争胜、谋和，开局、布局的各种定式下法，对攻防、阵型、势实、稳险的判断和把握能力，这些对各种棋型的掌握都是要通过积累而来的，这样才能慢慢形成自己独特的棋艺而决胜千里。教学经验虽不能等同教学智慧，但它们是一对不可分割的孪生兄弟。教师的教学智慧需要经历一个由幼稚走向成熟、由生涩走向熟练的发展过程。一个教育经验缺乏的教师，很可能使其在面对复杂情景时难以从容应对。因此，积累教学经验是教师教学智慧的必要支撑，是教学智慧生成的最宝贵的源泉。

所谓“他山之石，可以攻玉”。教学智慧的发展不是一个闭门造车

① 张大均等．试论教学策略的基本涵义及其制定的依据［J］．课程·教材·教法，1996（9）．

的过程。在日常教学中，我们应该积极参与课堂研究合作和教学教研活动，观摩分析其他教师的课，学习他们的教学理念、教学组织形式、教学方法等，不断地检视自己教学理念和教学行为，总结教学规律，提高自己的应变能力。在教学知识、经验习得的基础上，继续结合教育理论的学习，对自身经验作理性的反思，并在教学中加以结合和应用，从教育教学的经验到教学智慧的深度积累沉淀，这样才能使自己真切感悟、得以启迪，形成自己的教学智慧。

2. 精准预设——教学智慧是“写”出来的

“凡事预则立，不预则废”。这与棋者在博弈过程中的谋篇布局一样，行棋时根据计算的深度、速度、准度及效能等进行行棋的预设，这是行棋者的胜负的关键。“碁美课堂”着重讲求“谋划中实现共赢”，即“谋定而后动”。因此，教学智慧不仅仅是课堂上生成时被“逼”出来的，更主要的是在于教师个人进行的应该还在于积极主动地在教学预设中展示教师的智慧水平。正如杜萍等人将教学智慧定义为“一种综合能力”，主要包括教师在教学设计、教学内容呈现、教学方法选择和应用等方面的智慧。

例如：石碁镇中心小学曾筱洵老师在她的《活教：数据驱动 精准教学——〈最后一分钟〉教学案例》中，曾老师就是使用智能学习平台，课前以微课为手段，借助信息技术获取精准的数据，发现学生对第三小节的内容理解方面还不够深入，还对写作方法尤其在象征方面掌握欠佳，基于这一学情立刻对研学问题作灵活的调整，在课堂里把课前反馈出现的难点作为课堂教学的起点，由老师组织堂上学习活动突破难点，使学生借助“互联网+”的手段，搜集、整理课外相关的资料理解诗歌的内容，体会诗歌传达出的浓浓的爱国之情，收到很好的教学效果。这充分体现曾老师对“碁道课堂”在于灵活变通的理解，由数据驱动，从学情从发，灵活调整研学问题，此乃“活教”，“碁道”智慧之所在，也是教师教学智慧的所在。

教师只有科学地把握学生学习情况、教学内容、教学过程或教学情境中预期性和确定性的智慧等方面，才能灵活地、巧妙地处理教学过程中出现的偶然的、非预期的教学情况。因此，教师在课前应该要做好充分的准备，要根据自己的教学风格、教学理念，通过对教材、内容、目标、方法、学生、组织方式等作全面而细致的预设、分析，构建出详细、具体而创新的教学设计，再根据这教学设计把教学实施过程进行论证与调适。智慧课堂上精彩的生成往往就是来源于教学课前这充分、精准的预设当中，从而体现教师的教学智慧。

3. 把握生成——教学智慧是“练”出来的

世事如棋局局新，棋局是变化无常的。在双方的博弈中，除了需要有心理素质、意志品质、计算能力、临场经验和智谋韬略等，更需要灵活变通，不拘泥于常规，见机而作。正如教育家苏霍姆林斯基所言：“教育的技巧并不在于能预见到课堂的所有细节，而是在于根据当时的具体情况，巧妙地在学生不知不觉中作出相应的变动。”① 在新课程改革对教师教学素养提出了新要求，即课堂教学不仅需要课前的精准预设，更需要教学实施时关注课堂生成，学会“变化中寻求突破——慎思善行”，把握教育教学时机，随机应变，展现自己的聪明才智，这种突发、意外教学情境下迸发出的、灵活变通的教学智慧更难能可贵、更精彩、更富生机和活力。

“纸上得来终觉浅，绝知此事要躬行”。学生是课堂上学习的主体，教师虽然对教学设计进行了精准的预设，但最终的落脚点仍在学生方面。因此，任何精准的教学设计都要注重学生的主动性、差异性与创造性。在教学过程中保持教学的灵活性，关注学生的发展。善于从师生、生生的交互活动中捕捉到有价值的问题，并将其转化为新生成的教学内容与学生共同探讨。如课堂上，教师要从学生的回答中及时发现有价值的错误，从而将学生的错误转化为一种难得的教学资源；要及时发现学生思维的闪光点，因为只有抓住了星星之火，才能成就课堂生成的燎原之势；还要善于发现学生情绪的变化和那些欲言又止的学生，从中或是层层追问，刨根究底，或是开放提问，一石激起千层浪，从而达到百花

① 伏春兰．打磨教学细节 展现精彩课堂［J］．课程教育研究，2012（6）．

齐放的效果，点燃学生智慧的火花。

例如：东怡小学的谭惠清老师在《巧用生成　激活课堂——〈金色的鱼钩〉教学案例》中，谭老师充分调动学生的积极性，给学生以更多的发展和表达的机会，在教学中发扬民主，提倡“群言堂”，倡导多向信息交流，善于捕捉并巧妙运用课堂动态生成的有价值的教学资源，让课堂更加灿烂，更显生机，学生更喜欢。

老师让学生用一定的速度读课文，完成一道填空题：这是一个__的班长。小组合作讨论之后，学生代表发言。

生：这是一个舍己为人的班长。

生：这是一个诚实守信的班长。

生：老师，我反对。老班长没有做到诚实守信。

生：老师，这篇课文讲的是老班长牺牲自己，成全三个小战士的事情，与“诚实守信”没有什么关系。

……

师：我建议同学们先别急躁，你们都静下心来听听他的理由，好吗?

生：老班长答应过指导员，无论多么艰苦，也要把三个小战士带出草地。而在还有二十多里路就要走出草地的时候，老班长却死了。所以我说他没有实现自己的诺言。而且在老班长奄奄一息的时候，他自己也亲口说“我没有完成党交给我的任务”。

师：老师很喜欢听到你这样的观点，说明你认真看书，认真思考，这个方法值得所有的同学学习。生命诚可贵，难道老班长就不愿意让自己好好活下去吗?请同学们再读课文，一边读一边想，老班长为什么就不喝那救命的鱼汤?（学生读书思考。）

生：我从“奄奄一息”这个词看出来老班长快要死了，他知道自己就算喝了鱼汤也活不下去，所以他就说别浪费东西了。他不喝，是要省下来让给三个小战士喝。

生：文章前面说，老班长四十岁还不到，就“背有点驮，高颧骨，脸上布满皱纹，两鬓都斑白了”，我觉得老班长常时间营养不良，到这时，生命已走到尽头。

生：这让我想到了《丰碑》这篇课文，军需处长和老班长都是那种为别人想得多，为自己想得少的人。

师：现在我们再回到最初的那个话题，老班长是个讲诚信的人吗？

生：我觉得是，他答应指导员要把三个小战士送出草地，事实上三个小战士是平安走出草地了，老班长说到做到了。

生：老班长如果自私一点，每一次做好鱼汤先自己喝的话，死的人就不会是他了。他为了实现自己对指导员的承诺，付出了生命的代价。

……

整个教学片段中谭老师自始至终没有去干涉学生的学习行为，让学生在课堂中交流、争辩、质疑……学生在课堂上尽情地发言，抒发对课文的感悟与质辩：老班长是否诚实守信？学生从不同的角度发表了自己的看法，真正体现了以学生为主体，使课堂成了他们学习的演练场。另外，谭老师还把握课堂内与众不同的声音，让课堂焕发出不能预设的精彩，当学生有争论的时候，教师不过早地表明自己的观点，这样学生才能“敢于直言”“畅所欲言”，经过这样的锻炼，学生才有可能做到“言者善绘”“闻者有味”。

由此可知，学生的顿悟、错误、困惑、灵感等，都是丰富而宝贵的教育资源，它是动态生成的，稍纵即逝，需要教师拥有生成教学的意识，才能把握这教学的契机，合理地开发、利用，变成课堂的闪光点，发挥最佳的教学效果，充分体现教师的教学智慧。

4. 文化底蕴——教学智慧是“读”出来的

智慧并非先天的，也不同于知识可以传授，智慧要在获取知识的过程中不断地开启、累积、内化和升华。因此，缺乏深厚的积淀、扎实的功底，没有文化底蕴的教师，其课堂教学往往就仅停留于经验性的实践层面，缺乏灵魂性的内涵，更不会产生教学的智慧。教师只有不断地提高个人的综合素质，增加知识的广度和深度，做到知识渊博、掌握教学艺术、具有高度责任感，才能设计出内容新颖且富有情趣的教学，才能拥有高屋建瓴的全局观念和意识。

正如《棋经十三篇》里提到的“夫智者见于未萌，愚者暗于成事”。一个知识丰富而又熟悉教育教学原理规律的教师，在教育之前就能预见教学的重难点并采取科学的手段，能在障碍之前、受阻之时，自觉为学生铺设合理的台阶，从而获得事半功倍的教学效果，这就是有文化底蕴的教师，他的教学智慧的体现。那么，文化底蕴从哪里来？教师的文化底蕴是书堆起来的！在这个飞速发展的社会，我们“碁美”教师需要读书学习，不断地为自己充电，通过读书提高自身素质和内涵，增强自身文化底蕴。从读书到底蕴的转化是积淀的过程，它需要长时间的积淀，只有教师大量的阅读，仔细咀嚼，不停地去追求、思考、感悟、提升，才能丰富和充实自己，积累智慧，才有可能实现“读书—底蕴—智慧”的转化。

三、优选教学策略

（一）教学策略的含义

教学策略是教学心理学中的术语，目前并没有一个统一的说法。有人把教学策略看作为完成教学目标而形成的静态的可供教师操作的计划、措施、原则或知识。如：张大均等人将教学策略定义为：“在特定教学情境中为完成教学目标和适应学生认知需要而制定的教学程序计划和采取的教学实施措施。”① 有人把教学策略看成针对一定的教学目标而在课堂教学中采取的调节行为、调控过程或决策活动。如：施良方等人把教学策略看作系统的行为，认为：“课堂教学策略指的是教师为实现教学目标或意图（指难以明确和无需明确的目标）所采用的一系列问题解决行为。”② 又如：蔡淑兰把教学策略看作系统决策与设计的活

① 张大均等．试论教学策略的基本涵义及其制定的依据［J］．课程·教材·教法，1996（9）．

② 施良方等．教学理论：课堂教学的原理、策略与研究（第一版）［M］．上海：华东师范大学出版社，1999：2-3．

动，认为：“教学策略是教师为了实现教学目标，根据教学情境的特点，对教学的实施过程进行系统决策的活动。”① 综上所述，教学策略可以说是根据一定的教学理论和观念，在一定设想的基础上，针对教学活动所运用的一些方法和措施。②

在本书中，笔者认为教学策略是在教学过程中，为完成特定的目标，依据教学的主客观条件，特别是学生的实际，对所选用的教学顺序、教学活动程序、教学组织形式、教学方法和教学媒体等的总体考虑。教学策略的选择，直接影响着教学质量的高低。但是，在教学过程中并不存在能实现各种教学目标的和最佳的教学策略，也没有任何单一的策略，能够适用于所有的教学情况。因此，优选教学策略，是指对教与学的活动程序、组织形式、方法和媒体等的相对最优的选择，即在主、客观条件可能与可行的前提下，尽力在更广泛的有关教与学策略等系列中，找到科学的、更具有实效的教学策略。“碁美课堂”理念下的教师应该要熟知掌握常用的教学策略，学会统观教学全过程，综合考虑教学过程中的各种教学因素，合理和优化相关教学策略，做到“互动中成就你我”，从而让“碁美课堂”达到预期的教学效果。

（二）常用的教学策略

教学策略是对完成特定的教学目标而采用的教学活动的程序、方法、形式和媒体等因素的总和，为达到一定的教学目标而采取的一系列教学方式和行为。因此，根据不同的依据和因素可以把教学策略进行不同的分类：

依据教学因素的分类：
- 方法型策略
- 内容型策略
- 方式型策略
- 任务型策略

① 蔡淑兰．论教学策略的结构［J］．内蒙师大学报（哲社版），2000（2）．

② 冯润胜．研学后教［M］．广州：广东教育出版社，2016．

- 依据教师行为的分类
  - 主要教学行为的策略
  - 辅助教学行为策略
  - 课堂管理行为策略
- 依据教学成分（即教学内容）的分类
  - 组织策略
  - 传递策略
  - 管理策略
- 依据学习结果性质的分类
  - 直接教学策略
  - 间接教学策略
  - 提问教学策略
- 依据教育心理学内涵的分类
  - 先行组织策略
  - 认知发展策略
  - 概念形成策略
  - 随机管理策略
  - 行为练习策略
  - 自我管理策略

（三）如何优选教学策略

学生在学校里习得的知识、技能、价值观等大多是通过教师在教学活动过程中实现的。因此，教师运用何种教学策略、实施何种教学方法，一定程度上决定着教师解决教学问题能力的高低，并最终影响到学生的学习效果，它将是学生知识与能力将达到何种程度的关键之处。在此，“碁美教师”应该思考如何优选教学策略，以达到“碁美课堂”那“互动中成就你我”的教学效果，真正地发挥教学策略提升“行为措施”、“方法技能”等方面的最终目标呢？

1. 优选注重教学过程的教学策略

新课程强调把过程和方法本身作为课程目标的重要组成部分，强调学生在探索新知的过程中获得丰富的体验和多方面的收获，同时要使知识的获得过程成为情感态度和价值观的形成过程。因此，要落实新课程的目标，就应在教学中采取注重教学过程的教学策略。例如：教师可以创设民主和谐的氛围，鼓励学生大胆提出问题，敢于质疑、猜想、发表自己的独特见解，使学生主动参与到“过程”中；又如：教师可以通过向学生提供背景知识、联系实际、观察、实验、操作、质疑、解释、类比等学习方法，帮助学生将新知识与头脑中已有的知识联系起来，进而理解、内化新知识。“过程”是形成“结论”或获得“结果”而必须经历的程序、步骤，没有“过程”便没有真正意义上的“结果”。“碁美教师”在优选教学策略时只有注重选择一些注意教学的全过程的教学策略，真正积极地调动师生的情感体验，才能让师生在“碁美课堂”实现“互动”，从而收获良好的教学效果。

2. 优选关注认知构建的教学策略

在皮亚杰认知发展理论中，他认为认知发展的实质就是适应，儿童的认知是在已有的认知图式基础上，通过同化、顺应、平衡，不断从低级向高级发展的过程。换句话说，影响学生理解新知识、掌握和运用新知识的最重要因素是认知结构，即学生头脑中的知识结构。头脑中的知识结构组织得越好，就越有利于接受、理解新知识，保存、运用已有的知识。相反，那些零散、孤立、无序的知识，在大脑的记忆库中好比一盘散沙，很容易丢失，在需要提取运用时难以寻找。因此，在选择教学策略时应该重点考虑学生的认知水平，了解“学生如何思考”。在此基础上选择一些能揭示知识之间的内在联系的教学策略，或选择能使新旧知识之间、新知识之间、原有知识之间达成结构化、系统化，最终形成一个多层次、多类型、相互关联的有序整体的教学策略。此外，关注认知结构的教学策略的选择要为学生创造“最近发展区”，使学生获得最优的发展。例如：适当运用表格法、纲要法、概念图法等教学策略；又如：我们“碁美教师”都熟知的运用思维导图的教学策略，它可以更好地揭示新旧知识的联系点、生长点，搭好新旧知识的桥梁，使新旧知识之间最终形成一个多层次、多类型、相互关联的有序整体，这样可以帮助学生更好地理解、掌握、保持并在实践中应用知识。(下图为傍西小学古锦波老师的作文《中秋之夜》教学案例中的思维导图)

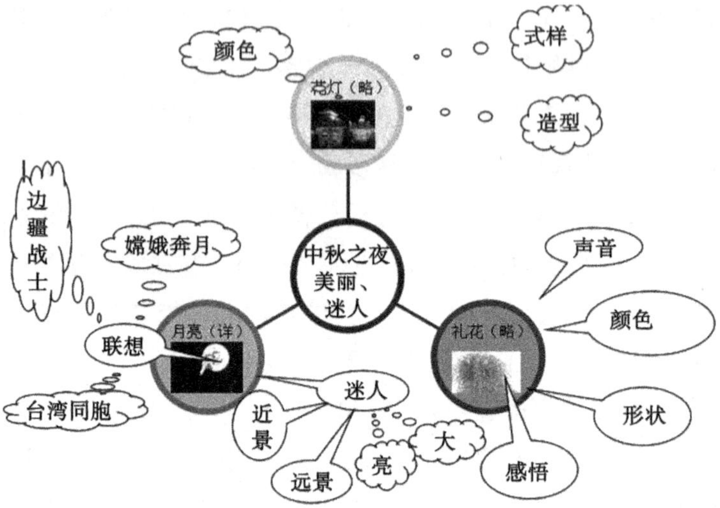

3. 优选实施探究学习的教学策略

探究学习的实质是学生围绕问题而展开主动学习。新课程倡导探究式学习，将其作为学生学习的主要方式之一，其重要目的在于让学生在主动参与的过程中进行学习，在探究问题的活动中获取知识并主动建构新的认知结构、了解获取知识的方法、学会探究所需要的技能，使学生在探究过程中学会独立思考，体验并领悟其中蕴含的情感、态度和价值观。因此，在优选教学策略的时候，应该创设问题情境，引导学生发现问题、提出问题，激发他们探究的兴趣，同时提供分析和解决问题的机会、条件，指导和帮助学生解决问题。例如：番禺区的“研学后教”的教学策略注重学生探究能力的培养，要求教师为学生提供探究的机会，让学生有独立思考、自主探究、小组合作的时间和空间，这种教学策略是全面实现课程目标的重要途径。

4. 优选着重情境创设的教学策略

学科知识是从各种真实情境中概括和抽象出来的，这些知识和经验对于学生来说都是抽象的、间接的，不便于学生理解与掌握。因此，我们在优选教学策略的时候，应该积极创设与学习内容相融合的真实学习情境，注重还原知识的本来面目，使抽象的知识具体化、感性化，实现化繁为简、化难为易、化枯燥为生动，让学生在身临其境中获得知识与技能，在情境中感受、认识世界，丰富人生经历。例如：创设活动情境、问题情境、故事情境、主题讨论情境、课外阅读情境等，我们要使课堂鲜活起来，进一步促进师生之间、生生之间的互动，以达到“碁美课堂”那“互动中成就你我”的教学效果。

教学策略具有动态生成性、选择性、综合性、灵活性和创新性等特点，因此，“碁美教师”应该不断丰富和调整自我教学策略的积累，学会根据课堂教学目标、教学内容、师生的实际、各学校的条件等因素，精心选择并设计适宜的能够提高教学质量和效能的课堂教学策略，最大限度地促进学生的有效学习。

第二节　文化底蕴的夯实

何谓教师的“文化底蕴”？这得先从“教师文化”说起。教师作为一种职业，有着不同于其他职业的文化，教师文化有着自己的规则与理念。可以说，教师的信念与性格、知识与技能、价值观与行为方式等就构成了教师文化，这是社会体制作用的结果。从其成因来看，教师文化与社会、学校以及个人三个层面有关。就社会角度而言，传统文化、区域文化、社会期望、家长的诉求、学校的地理位置等，是教师文化的重要影响因素；从学校层面来看，学校文化、年级组文化、教研组文化、科组文化、学校的类型与级别、学校的领导风格和教师管理制度等，是形塑教师文化的重要力量；就教师个人因素而言，教师个人的成长经历、生活情境，教师群体的素质、风格、兴趣、习惯、气质等，教师对自身角色的体悟与认同程度，教师的情感等，都是教师文化的重要成因。一定区域的教师文化具有一致性和整体性。

因此，从“教师文化”的成因及其内涵的角度上看，教师的“文化底蕴”既是指教师的学识水平、知识视野、思维品质、创新意识、审美能力、气质品位、价值取向、人格修养等的总和，还是指人类精神成就的广度和深度。①

① 顾明远. 教育大辞典［M］. 上海：上海教育出版社，1998.

“碁美课堂”作为区域性的特色课堂，它的落地更离不开教师文化底蕴的夯实。究其原因有：

一是教育改革外部驱动的需要。2011 年，党的十七届六中全会通过了《中共中央关于深化文化体制改革、推动社会主义文化大发展大繁荣若干重大问题的决定》，提出了文化是民族的血脉，是人民的精神家园，文化建设是中国特色社会主义事业总体布局的重要组成部分，要增强国家文化软实力，弘扬中华文化，努力建设社会主义文化强国的奋斗目标。一个民族的文化高度决定了国家的发展速度和程度，而文化与教育是密不可分的，教育是民族文化代代传承的主干，其本质功能是留存、传承、创造文化的基地，教育在建设文化的强国战略中起着举足轻重的作用，教育应当承担起文化大发展大繁荣的义不容辞的职责。如果说学校是文化建设的“前哨”，那么教师则是文化建设的“排头兵”。教师是教育事业的第一资源，是知识的传播者、能力的培育者、文化的传承者，其文化修养决定基本素质，而教师的基本素质的高低，决定着教育质量的高低。只有不断加强教师的文化底蕴，才能促进教师的成长与发展，才能形成教师自己独特的教学风格，显示自己独特的教学魅力和深远的影响力，才能担负起时代赋予的神圣使命。①

二是改变课堂教学现状的内在需要。当今的教学，为何有诸多的不尽如人意之处？原因之一便是教师文化底蕴大多不够深厚。语文特级教师窦桂梅非常精辟地指出：“我们的讲述可能是流利的，但却是就事论事、浅薄、平面化的；我们的答疑解惑可能是耐心细致的，但缺少更深意义上的关怀和考量；我们的声音可能更多地来自喉咙，而不是发自内心；我们的目光亲切柔和，但是却缺少深邃和睿智。这一切都因为我们缺少应有的知识底蕴和文化视野。”②

① 做一个有问底蕴的教师［EB/OL］. http：//www.360doc.cn/article/19218921_463097631.html.

② 张彦春，雷玲．特级教师的特别建议［M］. 福州：福建教育出版社，2009.

追根溯源，造成教师文化底蕴缺失的主要原因至少以下三个：① 一是缺乏静心读书的心态与习惯。相当一部分教师即使读书也带有较强的功利性。例如，为了提高学历而学习，为了培训过关而学习，为了写论文、评职称而学习，等等。其实，读书学习是一种文化积累，它拒绝浮躁，排斥急功近利。二是应试教育的影响。由于学生考试的内容主要是课本知识，学生的考试成绩是评价教师的最主要依据，因此，很多教师就自然而然地埋头于仅限于书本知识的教学之中，放弃了自我水平的提升，在一种低效劳动中不断地“重复昨天的故事”。三是教师教育境界的影响。许多教师只把教书当作一个职业，一种谋生手段，缺乏对教育事业的追求，从内心深处难以产生自我提升的需求。

三是提升教师专业素养的需要。苏霍姆林斯基曾说：“只有当教师的知识视野比学校教学大纲宽泛得无可比拟的时候，教师才能成为教育过程的真正能手、艺术家和诗人。”② 可见，只有知识渊博的教师才能更好地理解课程内容，培养出爱读书的学生。一个文化底蕴缺失的教师，必然难以把握现代教育发展的潮流，无法给予学生心灵的启迪，其教育教学肯定缺乏精神上的底气；无论是在课程内容的深度挖掘、课堂教学的策略选择，还是在课堂设计、课堂氛围的营造上，定然陷入匮乏之中。这样的教师所能提供给学生的只能是一种隔靴搔痒的教育，而付出的大量劳动也只会停留在一个很低的层次上。③

所以说具有丰厚的文化底蕴是教育事业赋予我们新时代教师的要求，也是我们站稳脚跟、求生存、谋发展，实现人生价值，不被时代淘汰，不使自己贬值的行业资本。

那么，我们如何夯实自身的文化底蕴，为“碁美课堂”的落地保驾护航呢？

---

① 白小平．关于教师文化底蕴的思考［J］．科学咨询，2008（4）．

② 苏霍姆林斯基．给教师的一百条建议［M］．周蕖译．天津：天津人民出版社，1983：23.

③ 白小平．关于教师文化底蕴的思考［J］．科学咨询：教育科研，2008（4）：29.

一、专业发展的定位

《国家中长期教育改革和发展规划纲要（2010—2020年）》第十七章“加强教师队伍建设”中指出：“要提高教师业务水平。……培养教育教学骨干、‘双师型’教师、学术带头人和校长，造就一批教学名师和学科领军人才。”① 由此可见，教师的专业发展已成为推动学校、区域教育不断发展的关键。

这里所说的教师专业发展是指教师作为教育专业人员，在专业思想、专业精神、专业知识、专业能力等方面不断发展和完善的过程，这一过程也是教师实现自我价值的过程。因此，教师的专业发展定位就是指教师根据社会和自身的需要，依据一定的价值标准，对其专业发展活动所做的选择和判断的一种价值定位。美国学者卡茨把教师的发展分为求生存时期、巩固时期、更新时期、成熟时期四个阶段，② 得到学者们认同。教师的专业发展应是一个独特的、持续的、递进的、多元的过程，大体应指向合格型教师、骨干型教师、示范型教师、专家型教师和未来教育家型教师等五个阶段。

“碁美课堂”的实践，一方面有利于不同阶段教师的成长与发展，促使各阶段教师向合格型教师、向骨干型教师、向示范型教师、向专家型教师和未来教育家型教师发展；而另一方面为使“碁美课堂”得以顺利形成区域教育特色，也需要区域教师有着清晰的专业发展定位，使自己成长为合格型教师、骨干型教师、示范型教师、专家型教师和未来教育家型教师，两者是相生相成的。

教学作为一种专业活动，其复杂性决定了教学实践中不会有一种方法和技术可以放之四海而皆准，所以，为了保障“碁美课堂”顺利实施，促进教师的专业发展定位，这需要教师的专业素养。

---

① 国家中长期教育改革和发展规划纲要（2010—2020年）[EB/OL]. https://zhidao.baidu.com/question/1606199750562070347.html.

② 吴乐乐，姜利琼，柏杨．骨干型教师专业发展的定位、方向与路径反思［J］．中小学教师培训，2017（5）．

教师的专业素养是教师的内功加策略以及理念加行动的复合性知识。简单地说，就是知道做什么、做了什么、对于做什么和做到什么样的程度的体知。教师的专业素养包括很多方面，我们这里姑且做人为划分，暂时讨论教育理念、知识素质、能力素养、教育影响等几个方面。

（一）教育理念

教育理念是教师专业发展的第一要素，是养成良好的师德师风、形成卓著的教育成果、产生一定教育影响的首要因素。大的方面来讲，教师的教育理念是指高度认同并贯彻落实国家教育方针政策、遵守教育法律法规、明确教育教学的价值意义和教师、学生、学校的角色定位等。小的方面来讲，教育理念具体是指热爱教育、热爱学生、热爱学校、热爱同事，致力献身教育事业的专业态度。一要增强对教育事业的专业认同。主动学习党和国家关于教育领域综合改革精神和文件，深刻理解教育活动是教师引导学生发展自我、实现自我的重要载体，准确定位学生、教师、学校以及彼此之间的角色职能，全面贯彻党和国家的教育方针政策，严格遵守教育法律法规和教师职业道德规范，不断提升师德修养。二要端正对教育活动的专业态度。教育是爱的事业，“没有爱就没有教育”，具体而言，教师要坚持以生为本，关爱全体学生，尊重个性差异，促进学生全面发展；热爱教育事业，树立主人翁意识，充分认识教育工作的专业性和独特性，忠于教育工作，爱岗敬业、志存高远、肯于吃苦、不断进取；热爱单位、热爱同事，积极参与团队活动，增强与人合作能力，打造精品团队，高效完成团队任务。

（二）知识素质

教师的知识素质是在初步学习并掌握了基本的学生发展知识、学科知识、教育教学知识和通识性知识基础上，进一步拓展、延伸、聚焦到学科知识和通识知识两个领域。一要夯实学科知识体系。教师应主动学习并深入研究学科课程标准，准确理解课程理念和设计思路，熟练掌握课程目标、课程内容、课程实施策略等；依据学生核心素养和学科核心素养，归纳提炼本学科的育人核心功能价值，梳理出本学科的主干知识体系；主动关注本学科与相近学科、领域之间的关联，跟踪学科发展的最新研究成果和前沿性信息。二要拓展通识知识体系。教师要主动阅读古今中外著名教育家的著作和论述，学习并掌握教育学、心理学、管理学等领域的重要研究成果，熟练掌握“有意义学习”“最近发展区”等策略，熟知有效教学、课程开发、课程实施、课程评价、项目研究等理论体系和方法论体系；熟悉并严格遵循教育教学基本规律和学生发展基本规律，营造学生自主、健康、快乐成长的环境，在教学实践中检验、丰富、创新，形成自己的实践策略和教育智慧。

（三）能力素养

能力素养是教师教育理念、知识素质的载体，直接影响教书育人的质量和效果。教师应该具备较强的说课能力、评课能力、赛课能力、技术能力、研究能力，能够熟练掌握核心程序、有效策略，能够按照要求独立优质地完成相关活动任务，有效提升教育教学质量和育人效果。

一要增强说好课的能力。说课是教师以语言为主要工具，向同行阐述自己对某一教学内容的理解、施教方案的设计以及施教效果的预测与反思等的一种教学研究方式。实践型说课包括说教材、说学情、说教法、说过程、说反思；理论型说课包括说观点、说实例、说作用。说好课需要把握教材，明确本节课在本学科知识体系中的位置和作用；研究学情，掌握学生的知识、技能、情感基础和资源基础；找准目标，依据课程标准和学生实际，精准定位教育教学目标；突破重难点，结合学科知识体系和学生认知规律，创新教学活动，化解重难点；设计教学，自主创新教学结构、活动、技巧和策略；做好反思，总结优点、亮点和缺点，加强交流，改进后续说课。

二要增强评好课的能力。评课是教师专业发展中转型、成长为反思型、研究型教师的一种重要能力。评课是指对课堂教学成败得失及其原因做出中肯的分析和评估，并且能够从教育理论的高度对课堂上的教育行为做出正确解释的一种教学活动。评课，一是评判教学目标的科学性、准确性，尤其是与学科课程标准的吻合性；二是评判教材处理的有效性、适切性，尤其体现在对教学重难点的突破；三是评判教学程序的递进性、严谨性，重点关注教学思路设计和结构安排；四是评判教学方法手段的得体性、多样性，灵活运用现代教育技术手段，恰当开展启发式、探究式、问题式、合作式教学；五是评判教师教学基本功的扎实性、规范性，具体包括板书、教态、语言、操作等；六是评判教学效果的达成度、效能性，关注学生个性差异，关注教学预设与生成。

三要增强赛好课的能力。赛课是增强交流切磋能力、提升教师素养、提高教育质量的重要平台。一是同台竞技型赛课，教师现场随机抽取授课内容，在规定时间内研究教学内容、进行教学设计、组织教学资源、做好教学预设，然后登台展示；二是各级公开课型赛课，教师提前准备好自己最拿手的优质课或指定课题，在相对宽松的环境氛围中开展。赛课对教师的综合能力要求比较高，要求在日常教学过程中，主动夯实教学基本功、解读教材知识体系、积累优秀教学案例、吃透新型教学模式、储备课程教学资源、观摩学习与总结反思并及时演练同台竞技型赛课。

四要增强新技术的能力。“互联网+”理念已经深入教育教学改革的核心腹地，运用新技术开展教育教学工作，是教师主动适应和创新教育教学工作的重要能力。教育部印发的《中小学教师教育技术能力标准（试行）》，是我国颁布的第一个有关中小学教师的专业能力标准。教师要具备微课、慕课等课程资源的设计、开发和评价能力；“网络教研”“视频会议”等新型课堂教学模式的创新、管理和评价能力；电子白板、多媒体等教育技术手段的应用、管理和评价能力。

五要增强教科研的能力。“没有教育科学，就没有科学的教育”。教育科学研究是教育工作者对教育领域的对象现象及其规律的一种创造性认识活动。教育科学研究具有教育性、科学性、探索性、创新性、应用性、实效性、群众性等特点，骨干型教师要在教书育人过程中，立足实践、关注实践，总结反思、勤思善悟，认真发现问题、分析问题、解决问题，形成经验技巧，逐渐认识教育现象背后的规律性，探索总结出科学的教育教学方法，结合先进的教育教学理论，将其提升为教育教学改革研究成果，最终指导教育教学实践，获取最佳的教育效益。

（四）教育影响

教育影响是教师专业发展的里程碑式标志。作为名师，应该在一定区域范围内具有一定知名度和社会认可度，即教育教学成绩、教育研究成果和人才培养质量在区域教师和广大家长群体中，具有一定知名度，得到广泛认可。要成为学科教学名师，站稳讲台、站好讲台，学科教学成绩突出，育人效果丰硕，能够支撑起学校和全区特定学段、特定学科的教育、教学、管理等工作；二要成为师德师风标兵，传道授业、言传身教，爱生如子、爱校如家，道德修养、职业精神、工作态度获得广大师生和家长的认可和称赞；三要成为教育科研熟手，经历过 2～3 个比较系统的教育教学项目或课题研究，熟悉教育科学研究的基本知识体系和核心方法论体系，在主题论坛、专题研讨、学术期刊、编著专著等平台上发表自己独到的教育观点、技巧策略、反思和研究成果。①

二、教学专长的习得

随着世界各国对在职培训重要性的认识不断深入，认识和理解教师教学专长、提高教师职业化水平受到了各国政府和教育专家的高度重视，已成为教师教育领域的重要研究课题。20 世纪 60 年代，国际劳工组织与联合国教科文组织正式将教师列为一个专业化的职业。欧美各国在教师的职业发展方面做了大量的研究工作，各国心理与教育专家对教师职业专长的发展进行了大量的研究。其中，教学专长是教师职业专长研究的核心问题。②

教学专长的形成是教师成熟的重要标志。教材是一本薄薄的书，教师投入创造性劳动，才能将它转化为科学与艺术有机结合并符合学生认知水平的教学内容。苏霍姆林斯基说：“即使是最好的、最精密的教学法，也只有在教师加入了自己的个性，对一般的东西添加了自己的、经

① 吴乐乐，姜利琼，柏杨．骨干型教师专业发展的定位、方向与路径反思［J］．中小学教师培训，2017（5）．

② 张学民，申继亮．国外教师教学专长及发展理论述评［J］．云南教育（小学教师），2001（22）．

过深思熟虑的东西之后，它才可能是有效的。”① 也就是说，教师虽然有教学理论作指导，也有教育论文、范文、许多他人的成功经验供以借鉴，但这都不能生搬硬套，必须在遵循共同规律的同时，强调教学的个性，这种在共性指导下的个性就是教师的教学专长。那么，在“碁美课堂”的实践中，我们可以怎样有效地形成自己的教学专长的呢？

（一）思维的创造性是形成教学专长的源泉和根本

教学是一个多层次、多因素、多变量、多结构的有机结合体，教师要想构建独特而有价值的教学特色，必须发展思维的创造性。日本创造学者思田章说：“有创造性的教师，能够发现普通人不注意的、容易忽视的问题，同时进行创造性的教学。”② 因此，教师要充分运用思维的发散和想象能力，利用已有的表象和概念，形成新概念和新方案，杜绝因循守旧、墨守成规、安于现状，在创造性思维的激发下，迸发激情。这种激情会使教师经常处于难以遏制的教学创作之中，甚至在设计教学方案时就已感受到将在课堂上获得的创造的欢乐，从而努力将自己的所思所想、所言所行与教学创作接轨，致使巧思迭出，渐成一枝，独秀勃发。

（二）灵活自如的宏观设计与微观调控是形成教学专长的基本保障

教学活动是一项立体化的系统工程，它有着三维功能，即知识传授、能力培养、品德教育。同时，教学过程有两个基本系列，即认识系列和激发学生学习动力的系列。这要求教师必须能够融三维功能和两大系列于一体，在教学过程中讲求科学性、艺术性、思想性，强调突破重点，分散难点，把握关键点，精当处理。而且，学生知识的发生发展，能力的增强提高是一个循序渐进的过程，又是一个多种矛盾交汇、主副线交错的复杂综合体。因此，教师不仅要有扎实精深的专业素养和厚实广博的文化底蕴，而且更要具备统揽全局的驾驭能力，因而必须重视教

① 苏霍姆林斯基．给教师的一百条建议［M］．周蕖译．天津：天津人民出版社，1983：84-87.

② 闫德明．如何正确形成自己的教学特色［J］．江西教育，1992（3）.

学过程的宏观设计与调控，才能实现教学过程的顺利开展。同时，还必须加强微观上的调控，力求对教学活动、教学内容、教学手段、教学评价等每一个教学环节的组织与实施，都赋予个性化含义，融入转化为教师自己的思想和行为。正如朱熹所言，“观书，先须熟读，使其言皆若出于吾之口；继而精思，使其意皆若出于吾之心；然后有所得耳”。①只有处于“有所得”的状态之下，教师才能在对教学过程宏观设计的总体构思指导下，具体创编设计教学导入与结束，各教学环节的衔接与过渡，教学方法手段的选择与运用、双边交流的时机与途径、各种练习的选编与配置、教学预见与对策等等，从而使教学更加贴近学生的知识结构、认知能力和思维水平。这也正是教学专长形成的前提条件。

（三）个性化的教学语言是形成教学专长的载体

教学语言是教学的最主要的载体，个性化语言是教师创造力的集中体现，教学内容好比是原酒，而教师则应是技艺高超的勾兑师，把不能直接饮用的原酒勾兑成琼浆玉液，从课的导入、新知识的传授、教学情境的创设、课堂气氛的营造、师生情感的交流、对难点重点的揭示剖析和解答等，无不需要科学加艺术的语言作载体，富有个性化的教学语言必须突出科学性和艺术性，内容力求翔实严谨，形式力求有效，应做到表情丰富，情感饱满，语调抑扬顿挫，语音洪亮、清晰、简洁。除此之外，还要在语言的技巧上下工夫，注重这方面的学习和训练。②

具有教学专长是一个教师成熟的标志，是一个教师知情意行的心理素质在教学实践上的整体体现，是他的人格、学识、才能、理念的综合反映，“碁美课堂”的施教者要努力成为这方面的典范和楷模。

三、专家教师的追求

（一）专家教师的内涵

专家教师是对所从事的专业有深入的研究，成果突出，在该领域有

---

① 刘彩辉．浅议初中语文朗读教学［J］．吉林画报，2013（12）．

② 试论教师教学特色的形成［EB/OL］．http：//www.010lunwen.com/jygllw/926.html.

一定的话语权和相当的学术地位。作为教师的专家化，就是必须对自己所从事的教育专业有深入而精深的研究，形成优化而独特的知识结构和能力结构，有较高的学识水平，有较强的研究能力，有坚实的理论功底，有丰富的教育经验，有创造性的研究成果，在教育理论与教育实践方面有创造性的建树，最终将成为教育专家。“专家化”是由“教书匠”走向名师与教育专家的必由之路。教师的专家化不是一般的专家化，而是教育专业化与专家化的有机结合。对一般教师，我们不能苛求他一定要是专家，但是，作为实践“碁美课堂”的施教者中的名师，应该要有成为专家的追求。

（二）专家化教师的构成要素

对于专家化教师的构成要素，许多名师都有各自的不同的经验和看法。如湖南省的杰出教师彭中亚认为“学者型”教师的特征，应该是以下的素质要求：一是奉献；二是率先垂范；三是严谨治学；四是善于学习；五是作风朴素。① 这是强调了教育教学的行为素质要素。结合我们“碁美课堂”的特征，我们做如下阐述。

1. 学术勇气和胆略

从事基础教育的老师，不管是小学教师、初中教师还是高中教师，都应该把“专家化”作为自己成长和发展的目标。如何成为专家型教师，首先要有学术勇气和胆略，不怕权威，不怕古人，不怕洋人，不迷信书本，敢于怀疑；具有伟大的理想和抱负，敢于和善于创造具有中国特色的教育模式和教育理念。其次，要坚守自己的教学信念，有明确的阶段目标。有明确的目标至关重要，它是给自己增加成功的心理压力，树立必胜的信念，是破釜沉舟，背水一战，不留后路，不达目的决不罢休。目前，基础教育质量不尽如人意，是因为基础教育有许多的教育学和心理学的规律、原理有待揭示和诠释，有许多问题有待研究和解决。处于教学第一线的中小学教师既不能袖手旁观，又不能抱怨、埋怨，而是应该深人钻研和研究，找出问题，探索规律，必将大有作为。要像魏

① 董菊初．名师成功论［M］．北京：科学出版社，2003：24.

书生、宁鸿彬、李吉林等名师一样，探索基础教育领域的奥妙，为人所不敢为，言人所不敢言，选择富有学术价值的课题，深入地进行探索与研究，并把自己的教学经验和研究的结论上升为理论，不断地提高自己研究的学术层次，逐渐形成自己的理论系统，最终成为教育专家。

2. 问题意识和研究意识

古人认为，治学必须“学有所宗”，必须有宗旨和目的，目的就是研究的课题。任何研究与改革，都是以发现问题为前提的。诺贝尔奖金得主李政道在给我国大学生讲演时指出，“求学问，光学答，不学问，无学问”，“一个大学生不会提出问题是可悲的”。① 对于学生尚且要求善于提出问题，更何况作为老师呢？教师在教学和教育的实践中，要大胆地怀疑，发现问题；积极参与教育和教学中的热点问题的讨论与研究，选择新的角度，提出新的观点和看法；善于从别人的教育和教学成败得失中发现研究的价值，得出研究的课题。如果没有问题意识和研究意识，教师就很难发现问题，也谈不上解决问题，更谈不上个人的成长和发展。

3. 探究与坚持的精神

对教育现象的本质与规律的揭示是一个艰苦的探索的过程。必须既一往无前，敢于和善于探究与探索；又坚韧不拔，不怕艰险和困难。要寻根究底，探索“是什么”、“为什么”和“怎么办”，认识教育现象的本质，弄清产生的原因，找到解决问题的途径和方法，不达目的，决不罢休。我国著名特级教师，无一不是在自己的教改事业中，探索规律，艰苦跋涉。丁有宽持续 30 多年进行了六轮语文改革的实验，上下求索，取得了培养学生创造性思维和形成良好的方法论与正确的世界观的宝贵经验。

4. 创新意识和能力

专家型教师一般都有很强的创新意识和创造能力。福建省的杰出数学特级教师李迅认为，所谓专家就是“钻家”，即认准一个目标，孜孜

---

① 李政道．科学和艺术［J］．装饰，1993（4）．

以求敢于并善于“闯”和“创”，并为此有“强烈的事业心，对专业的入迷和百折不挠的勇气，这是成就专家型教师的必备条件”。① 可见，创造能力是专家化教师的必备条件，是专家化教师的基本特征。“求知欲”、“浓厚的兴趣”、“胆略和勇气”是形成创新意识的基础。从思维方式来说，创新，就是善于创造性地思维，即能够运用发散性思维、求异性思维、逆向思维、多角度思维等思维方式。

5. 丰富且有价值的研究成果

研究成果是教师长期的实践经验的结晶，是专家教师成长的轨迹和成长的见证。研究者必须有成果意识，这成果包括理论成果和实践成果。从理论成果来说，研究必须有价值，为大家所借鉴和分享；从实践成果来说，研究必须可以操作，在实践中具有推广价值和意义。一个专家教师在教学之余，应该从事学术论著的写作实践，把研究成果“物化”；应该进一步把研究成果用于实践，使其具有可操作性。例如，于漪先生有十三四本著作，数以百计的文章；洪宗礼先生主编初中语文教材一套，专著八部，文章三百余篇；钱梦龙、魏书生能够应各校的邀请，上示范课，通过施教展示和推广自己的研究成果等，不胜枚举。

---

① 傅道春，林奇青，齐晓东．中国杰出教师行为访谈录［M］．上海：上海教育出版社，1995：35-36.

第五章　“碁美课堂”教学模式举隅

“碁道”之理若为人之理、做事之理。碁盘之上分属不同团队之碁子各有其职，各有其规；各尽其职，各行其道；互相配合，彼此联系。团队内部碁子互相支持，目标一致；一荣俱荣，一损俱损。弈碁之人要想取得胜利，需要具备早布局，善谋划，视野广，思维活的特质。需要识大体，顾大局，懂规矩，具备创新之胸怀与智慧。弈碁之人，要努力将每一粒碁子作用发挥极致，不轻易舍弃每一粒碁子。这便是下碁之道，因性而行，因约而同。下碁如此，教学亦然。本书通过分析“碁美课堂”的智慧特质，提出了“碁美课堂”的“三段八步聚点教授法”并将该方法运用到课堂中。

第一节　“碁美课堂”教学模式的三大碁道智慧特质

基于“碁道育人”的理念，石碁教育指导中心提炼出“碁美课堂”教学模式，这一模式体现出了三大碁道智慧特质：

一、发挥团队合作精神

石碁，原义石质棋子，碁与棋同意。我们知道，碁之形状由碁盘与碁子组成，盘如一方水土，子如一个团队，可谓一个整体。而弈碁之理，仿若为人之理、做事之理。碁盘之上团队之人各有其职，各有其规；各尽其职，各行其道；互相配合，彼此联系。而且互为利益，目标一致；一荣俱荣，一损俱损。比如连环的士象，连环马，担子炮，并联的车或兵，护马后炮等，它们防守的威力很大。并且如果在互相配合保护的状态下进攻，敌人是无法可挡的，但不要盲目互连，否则要被塞象眼，撇马脚，一切服从全局。一个企业也是一样，如果都各自怀有猜忌之心，为了自己多得利益而不团结，也会造成很多麻烦，使工作停滞不前。"碁美课堂"最大优点是集体智慧，如从以往语文单元模块设计到今天的小规模学校"抱团"发展，充分发挥资源共享。也正是如此，石碁片的教研活动有声有色，促进课堂走向高效，更促进石碁片学校均衡发展。

二、发挥每一只棋子的作用

"碁道育人"源于"弈碁之道"，自然它的基础也具有浓厚的社会学味道。弈碁双方推子前行，必有规则在先，然规则之下却不能墨守成规，何时举"炮"，何时飞"马"，绝非一成不变，灵活得很。"公平对待每一个孩子，让他们自由独特成长。"是"碁美课堂"教学箴言。"碁美课堂"教学中，不要分数论英雄！教师以多维度评价每一个学生！让每一个学生都体现自己的存在价值。教师们懂得每一个学生都有他优秀的一面。也许学生的优秀不在今天，但学生的优秀一定会在明天！

三、不放弃任何一只棋子

一个班级就如一盘棋，学生是棋子，班主任则是操纵这盘棋的棋手，能否顺利、出色地下完这盘棋，班主任的工作思路、工作方法起着尤为重要的作用。

"碁美课堂"流传着这么一个故事：上帝给我一个任务，叫我牵一只蜗牛去散步。我不能走太快，蜗牛已经尽力爬了，为何每次总是那么一点点？我催他，我唬他，我责备他，蜗牛用抱歉的眼光看着我仿佛说人家已经尽力了嘛！我拉他，我扯他，甚至想踢他，蜗牛受了伤，它流着汗，喘着气，往前爬……

在这富有深刻哲理的小故事中，石碁人懂得：孩子的成长如同花的生长一样，有其内在规律，教育中只有遵循规律，因人而异，教育才会瓜熟蒂落，水到渠成，如果无视成长规律，则欲速而不达。所以，在工作中石碁人拒绝——拔苗助长的愚蠢做法。石碁人也有像蜗牛一样的孩子。但是，石碁人时刻提醒自己有原谅孩子犯错的胸襟，要容得下孩子的不足甚至是千奇百怪的错误。石碁人十分清晰自己教育思维：孩子的成长是有曲线的，有时是高峰，有时是低谷；有时他的内因愿意配合，有时他的内因在排斥；有时会随着时间的流逝，或者自己的经历能慢慢明白。只要给孩子们多一点点的时间，总有一天他会走出混沌黑暗。

“教育的本质是等待，孩子的成长三分教育七分等待！”“辛勤耕耘，耐心等待，在等待中静听每一朵花开的声音”“让每一个孩子都有他的起跑线”“让每一个孩子都获得认同感”是“碁美教师”工作座右铭。正是这一种最美的境界！默默地陪伴着孩子们一起走过一生中最灿烂的孩提时代！默默地感受生命的美好和纯真，让孩子们展示生命斑斓的色彩！

“碁美课堂”是一个教育理念，也是一个行为理念。因此，“碁美课堂”理念本质上讲，就是活用碁道思维引导教师用“弈碁之道”来做教学之事。

“碁美课堂”这个智慧理念，倡导变通与创新。弈碁充满智慧，布局谋划，推子前行，虽有规则，却重变通，局局创新。“碁道育人”理念之要义就是引导人们尊重规则而不墨守成规，看到共性也能洞察个性，用不同手段（方法）解决不同的问题。规范是前提与基础，创新是发展与归宿。这是理想也是目标，其中非常考验人的智慧。

“全面构筑学生喜欢的碁美课堂”——“碁美课堂”的蓝图。这个美丽的愿景实质上就是“研学后教”升级版落地的生动体现。它有鲜明的特征，有基本的操作模式。

第二节 “三段八步聚点授法”教学模式

“三段八步聚点授法”是在分析国内外教学模式的基础上，结合“碁美课堂”的理念提出的，该模式契合“碁美课堂”的学子的追求，具体如下：

一、“三段八步聚点授法”教学模式的来源

“三点八步聚点授法”教学模式充满弈碁智慧美，充满碁行哲学（互动才精彩）之美。这一教学模式有根有源，有足够的理论支撑。教学模式的发展经历了三个阶段，分别是寻求“教学规模”的有效教学——建构“教学模式”的有效教学——走向“教学设计”的有效教学。寻求“教学规模”的有效教学，始自夸美纽斯（捷克）的班级教学“大”教学论认为，知识就像水、光线一样，从教师或教材那儿发出去直到学生“接收”、“接管”为止。它是不变的，在学生身上不存在个人的理解问题。知识之源经由教师源源不断地流向学生，就可以实现把一切知识教给一切人的目的。到赫尔巴特（德国）的“普通”教育学，赫尔巴特设计的“普通”教学过程分为四个阶段：明了—联想—系统—方法，后其弟子的弟子在赫尔巴特的基础上提出五段教学法：预备—提示—联想—总括—应用。五段教学法在20世纪经日本传入中国，对中国的教育产生一定的影响。前苏联凯洛夫的六段教学法则在其基础上对中国产生了更深远的影响。凯洛夫六段教学法：组织教学—检查作业—引入新课题—讲授新教材—巩固复习—布置作业。中国教育则在其基础上改造为五段教学法：组织教学—复习旧课—教授新课—复习巩固—布置作业。随着各种教学模式的流行和认可，人们开始认识到一种教学模式再优越，也不能作为唯一的教学模式来取代其他具体情境中的教学模式，而开始视其为“教学策略”，人们开始意识到：课堂教学不再是可以完全预测的，没有一劳永逸和机械套用的教学模式。

“三段八步聚点授法”基于教育理念层面的思考，确立有效教学最为核心的理念。“以学定教”，就是教师要根据学生的实际，采取灵活的手段进行教学，凸显学生的主体地位。教学的任务是学生在老师的指导下，学习从文本中提取信息。实践“以学定教”，教师创造性地进行教学设计，要重视分析学情，寻求合适的教学方式；课中营造和谐、愉悦的氛围，充分发挥学生学习的主动性和创造性。教师要组织学生展开

读、悟、思、议、练等有效活动。要善于因势利导，巧妙引导学生主动参与。通过师与生、生与生的交流互动，碰撞出思维、情感、认识的火花，做到以学定教，顺学而导。“以教促学”，就是通过教师的教有效地促进学生的学。新课程强调：课堂应该体现教师创造性地教，让学生在学习语文中享受成功的课堂。有效的课堂教学既要体现学生学得愉快，又要体现学生学有所得，最终达到“教为了用不着教”的目的。

“三点八步聚点授法”的提出基于番禺区的“研学后教”理念，又是对“研学后教”的发展遵循以下顺序发展而来。先学后教（学与教的程序问题）—讲学稿（师与生的位置问题）—研学后教（凸显师生主体论，但忽略过程方法论“教什么和怎么教”）—三段八步聚点授法（综合了前面几个模式的优点，避免了其中的不足，解决了新授课授什么和怎么授的问题—“聚点”和“授法”）

二、“三段八步聚点授法”教学模式的具体操作

我们在“以人为本”理念的指引下，努力探索一条倡导了自主、合作、探究的学习道路，逐渐构建出“三段八步聚点授法”，提出了相应的指导思想与操作策略，具体如下：

（一）确立了以人为本的教育观念，打破了教师主导课堂的局面，让课堂教学成为学生的主阵地

“碁美课堂”下的“三段八步聚点授法”课堂教学模式，实施自主互助式小组合作学习，把课堂还给学生，提高学生学习的自觉性、自主性和自学能力。它要求老师做好三点：

一是聚点。“棋者，以正合其势，以权制其敌。故计定于内，而势成于外。战未合其势，以权制其敌。故计定于内，而势成于外。战未合而算胜者，得算多也。算不胜者，得算少也。战已合而不知胜负者，无算也。由此观之，胜负见矣。”① “碁美课堂”要求教学之前要先在脑

① 张拟．棋经十三篇［EB/OL］．https：//so.gushiwen.org/guwen/book_111.aspx.

中作全面考虑备好课，才能在具体教学过程中体现出积极的苗头和方向。未进行教学就预计到自己能取得成功，是因为教前考虑深刻而取得效果，是因为备课吃透教材，针对学生。教学结束，而不知有无成效，是没作好准备，少备课少收效，不备课无收效。由此可见，教学成效好坏是可以预见的。

二是授法。“博弈之道，贵乎谨严。高者在腹，下者在边，中者占角，此棋家三常然。法曰：‘一子，勿失一先。’有先而后，有后而先左则视右，攻后则瞻前。两生勿断，皆连。阔不可太疏，密不可太促。与其恋子以求生，不若弃之而取势；与其无事而强行，不若因之而自补。善胜敌者不争。善阵者不战。善战者不败。善败者不乱。随手而下者，无谋之人也。不思而应者，取败之道也。”① 而“碁美课堂”要求教学时随时要掌握主动权，使学生能顺着导引方向前进。教学前段时要准备后面的铺开，教学后面时要注意与前面的呼应，做到前后浑然一体。达到目的，见好就收，不必再画蛇添足。教学密度不可太松或太紧，在教学顺利势如破竹时要充分发挥；不该深入或困难时，要释疑撤障或干脆断然收兵。与其无大效果而勉强新授，不如趁早强化补缺。善于教学不在于时间长，练习多；善于课堂教学设计能使教学顺利进行，事半功倍；善于处理课堂障碍的，不应慌乱。教学一开始就能遵循教学规律、针对学生环境实际，而后可用奇妙的教法取得好成效。当然必须随时注意自己的教学进程、教学方法、课堂结构合情合理，才能使学生在愉悦中，不知不觉中受到教育。随意教学的是无谋之师；不加思考而对待学生反应的是取败之道。教学处处要小心谨慎：如同面临深谷。

三是建构。夫奕棋布置，务相接连，自始至终，着着求先。临局交争，雌雄未决，毫厘不可以差焉。局势已赢，专精求生，局势已弱，锐意侵绰。沿边而走，虽得其生者败。弱而不伏者愈屈，躁而求胜者多

① 张拟．棋经十三篇［EB/OL］. https：//so. gushiwen. org/guwen/book_111. aspx.

败。两势相违，先蹙共外，势孤援寡则勿走。① “碁美课堂”教学环节连接要自然合理，前后呼应，自始至终教师都要掌握主动权，使学生能顺着教学目标前进。教学目标胜利在望时，不要重复练习、节外生枝，只要顺势整理，加以明确即可。在疑难迭出，进路遇阻时，要根据学生实际迅速设法撤碍疏通，或干脆另辟蹊径。只注重词句和表面意思的理解，虽然能获得零碎的知识，但不能深入理解课文。不懂装懂的比不教更糟。急于取得效果者，大多数要失败。在争议激烈的问题上，不要贸然结论，而要从小部着眼，引导学生用事实进行推理。由于现实的局限，学生不能或不便于理解的，就绕开而行。因此，教学中有不该讲的，就不讲；不能理解的，就不讲。教学时，调节学习气氛，激发学生兴趣的方法是多种多样的。而只要能达到目的就行，不必流于形式，随意画蛇添足。达到了目的，就要有新的目标。进路不通，就要改变方向。有新的目标和路径，教学就会顺利畅通，如能畅通，教学就能有效而持久。

当然，我们不强求所有学校完全照搬这个模式，在这个通用模式的基础上，结合学校实际（尤其是学科实际）进行改造，这正是我们想要的。但是一个核心不要变，就是要凸显“学生喜欢”的理念，要得到切实的优质高效的质量。

（二）倡导了自主、合作、探究的学习方式，让学生学会学习的方法，变被动学习为主动求知

“三段八步聚点授法”课堂教学模式以“课前研学——聚点前准备；课中研学——聚点授法；课余研学——聚点后建构”为三段，“自主研学——检查研学——小组研学——问题聚点——思维聚点——归纳授法——巩固拓展——布置预习”八步，实现“研”、“学”、“教”高度一体化，它体现了师生在“谋划中实现共赢，变化中寻求突破，互动中成就你我”（这是“碁美”课堂的核心理念），让学生学习思路清

① 张拟．棋经十三篇［EB/OL］. https：//so. gushiwen. org/guwen/book_111. aspx.

晰，教学内容适合，教学评价多元。具体如下：

第一段：没进核心问题之前，我们称之为“课前研学——聚点前准备”，主要包含 2 个步骤，其目的是扫清进入核心问题的外围障碍。

1. 自主研学

教师把第二天要讲的内容，以问题的形式写成“导学案”呈现给学生，包括应知应会的背景资料、学习目标、字词、阅读内容、练习题目等【简言之就是讲学稿】；二是学生根据“导学案”进行自主学习【生生互动】。

2. 检查研学

课堂上，教师用小测验的形式，检查学生的预习情况，解决一些小问题。

第二段：进入核心问题之时，称之为“课中研学——聚点授法”，主要包含 4 个步骤，其目的是解决核心问题，积累学科知识，提升学科素养。

3. 小组研学（聚点，发现问题）

一是小组内互助解决问题【生生互教】；二是小组汇报学习情况，直接对接预习提供的问题，暴露疑难地方或新的疑问点。【着重暴露问题所在，教师要注意收集与分类】

4. 问题聚点（启发，解决问题）

教师在学生解决问题思维受阻时或没有发现问题的地方进行点拨，提示性地引导学生深入问题的研学【这一节课想要完成的知识点或能力点，教学重点与难点的明晰化】

例如：小学语文六年级的《别饿坏这匹马》教学中，着力研究“我”与“残疾青年”的对话和心理描写，看作者如何表现这两个人的关系的，从而突出教学的重点与难点。

5. 思维聚点（探究，思维聚焦）

在课堂上，教师认为有必要提出大家共同探讨的问题，或必须大家形成共识的地方以及带有规律性的东西，便组织学生进行分小组讨论。

例如，在小学数学应用题教学中出现：为什么不可以用方程来解决，只可以用线段图来解决？让学生进行分组讨论，在小组合作探究中，培养学生自我分析、自我解决问题的能力。

6. 归纳授法（建构，方法升华）

对讨论的问题进行思维整理，形成一种定向格式或思维方法，教会学生学习。

例如在数学教学中：天星学校，去年学生 1500 人，今年增加了 500 人，问今年增长率是多少？

为什么要去年的做分母？规律性的认知何在？

又如在语文教学中：《夜书所见》（宋-叶绍翁）（三年级）“萧萧梧叶送寒声，江上秋风动客情；知有儿童挑促织，夜深篱落一灯明。”最后两句是顺序倒过来的，为什么要倒过来？

怎么引导学生？可不可以换转来？为什么不可以？得出结论，写诗有好多讲究的，我们以后慢慢学，大家也可以看看课外书多一些了解。

一节课，讲什么？讲用词造句，讲押韵，讲用句，背书。

第三段：解决核心问题之后，我们称之为“课余研学——聚点后建构”，主要包含 2 个步骤，其目的是拓展核心问题，巩固学习内容，奠基下节课堂。

7. 巩固拓展

对应学习要点（核心问题）进行巩固训练或拓展训练。

例如：调查与计算：记录家里的伙食两周，看看两周的情况变化，增加了的算出增长率，减少了的算出百分率。

8. 布置预习

布置第二天的研学内容，包括应知应会的背景资料、学习目标、字词、阅读内容、练习题目等【简言之就是新的讲学稿，回环到第一二步】

（三）构建了多向互动的评价方式，打破单一机械的传统评价

以“碁道”精神为纲，开设各种“碁美课堂”活动，以多元文化评价为指引，发展学生个性特长，提高教师学科素养，在启智、育德、健身、审美、悟理等方面促进了学生全面发展，提高了学生综合能力。

1. “碁道文化”的育人功能

“碁道文化”具有丰富的内涵，其中很多可以对教育产生有益的启示。以棋启智——小小棋盘，将帅对阵，楚河汉界，势均力敌。兵不厌诈，胜败全在细微处；运筹帏幄，大将稳坐钓鱼台。每日数局，大脑保健操；开发智力，永葆聪又明。以棋育德——小小棋盘，以棋会友，日对三局，增进友谊。胜不骄，强中自有强中手；败不馁，胜败乃兵家常事。磨意志，砺毅力；观棋盘瞬息之风云，思民族文化之骄傲。以棋健身——小小棋盘，心驰神往，正襟危坐，举手投足。或屏息凝思，或舒眉笑谈，养怡情操，乐观豁达，自信满满，益智健身。以棋审美——小小棋盘，变幻万千，界河两侧，烽火连起，九宫内外，士相唱和，小中见大，微中见妙，残局之美，更令神往，美学原理，尽显方格之中。享弈阵之乐趣，悟棋艺之美妙。以棋悟理——小小棋盘，道理万千，矛盾双方，辩证统一，车马炮卒，各有奇招，进退急缓，各有棋理，人生哲理，蕴含其中。①

2. “碁道文化”的评价功能

环境文化——抓校园文化、班级文化等德育文化建设，开展“碁道”文化评选活动，在“碁道”文化下产生了不一样的“碁美”文化。制度文化——学校制定《“碁美课堂”建设方案》，“碁美教师”、“碁美学生”、“碁美班级”、“碁美社团”、“碁美课堂”“碁美班主任”等一系列的评价制度，保障碁道育人的教育效果。课程文化——学校以“碁道育人”为抓手，大力开展各具特色“碁美”课程构建活动。做到国家课程校本化，特色课程精品华，菜单课程创新化，德育课堂主题化，以“碁道”文化开展各种课堂教学研究，丰富学生的课程体验，将课堂教学关注点全面落实到学生，引导教师做到目中有学生，为学生搭建更多平台，促进学校特色发展、品牌发展与创新发展。

---

① 中国象棋智慧之美［EB/OL］. http：//www.360doc.com/content/14/1019/22/2441164_418254200.shtml.

第三节 “三课合一”单元教学一体化模式

2001年颁布的《基础教育课程改革纲要试行》中提出：“改变课程过于注重知识传授的倾向，强调形成积极主动的学习态度，使获得基础知识与基本技能的过程同时成为学会学习和形成正确价值观的过程。”① 上述观点为中国的课程改革指明了方向，明确提出课程实施应该由知识灌输转变到促进学生的全面发展。随着新一轮高考改革的深入，学生素养成为了教学的目标追求，迫切要求教师教学实现“减负增效”。

基于“碁道”理念体系，结合教育教学改革的大背景，依据布卢姆“将目标分类使得陈述的单元目标、单元的教学方式以及如何对学生进行测评这三者之间的一致性更加明显”② 等相关理论，我们探索出前言课、新授课和复习课“三课合一”单元一体化教学课型，这一课型追求的目标是：一是对所学的知识进行系统的整理，使之“竖成线”、“横成片”，达到提纲挈领的水平；二是弄清知识的来龙去脉、前因后果，理清思路，使学生对知识融会贯通。③ “三课合一”以学定教、以研促教、环环相扣，以“前言课”的导定“新授课”的研，以“新授课”的研定“复习课”的拓，“复习课”又与“前言课”相呼应，达到教与学逐层深入、螺旋式上升，让师生互动中达到“学生喜欢、重点突破、素养提升”的目的。

“三课合一”就是把一个单元内容作为一个整体来教学，将整体教学内容通过“前言课”、“新授课”和“复习课”的有效教学，形成各种课型之间优劣互补、相辅相成、系统推进。

这种“三课合一”的单元一体化设计遵循单元内容统筹安排原则

① 张奠宙，唐瑞芬．数学教育学［M］．南昌：江西教育出版社，1991.

② 洛林·W. 安德森．布卢姆教育目标分类学：分类学视野下的学与教及其测评［M］．北京：外语教学与研究出版社，2009：27.

③ 任聪丽．高中数学复习课“五环节”课堂教学模式及其案例［J］．中学教育科研，2017（35）.

和三大课型各司其职原则。具体来说，前言课遵循整体性、承接性、开放性的文化导向性原则；新授课遵循过程性、针对性、发展性的思想探究性原则；复习课遵循高效化、系统化、最优化的能力创新性原则。① 由于目前教学实践中，高考依然是中小学教学的指挥棒。文中多以高三复习的数学习题为例（其他科目可作参考），期望文中的观点不仅可以指导高中教学实践，初中、小学的数学教学也可以参照于此作为研讨方向，把成功经验运用到具体的教学实践中去。

一、前言课：谋篇布局作先锋

前言课是在教材教学内容学习之前所讲授的有关课程学习的课，即第一节课的教学活动。② 前言课又叫序言课、引言课、绪论课，是教师在学习新课前，创设情景引领学生在数学花园里“游花看景”，对新知识进行一个引入和整体的把握。前言主要包括“为什么学?”，“学什么?”和“如何学?”三部分，内容包罗万象，有承上启下的作用，一

① 赖艳，符英．小学数学“四课合一”单元教学一体化设计原则［J］．现代中小学教育，2016（10）．

② 闫祯．郭建耀论高师院校公共教育学前言课的教学［J］．天水师范学院学报，2002（3）．

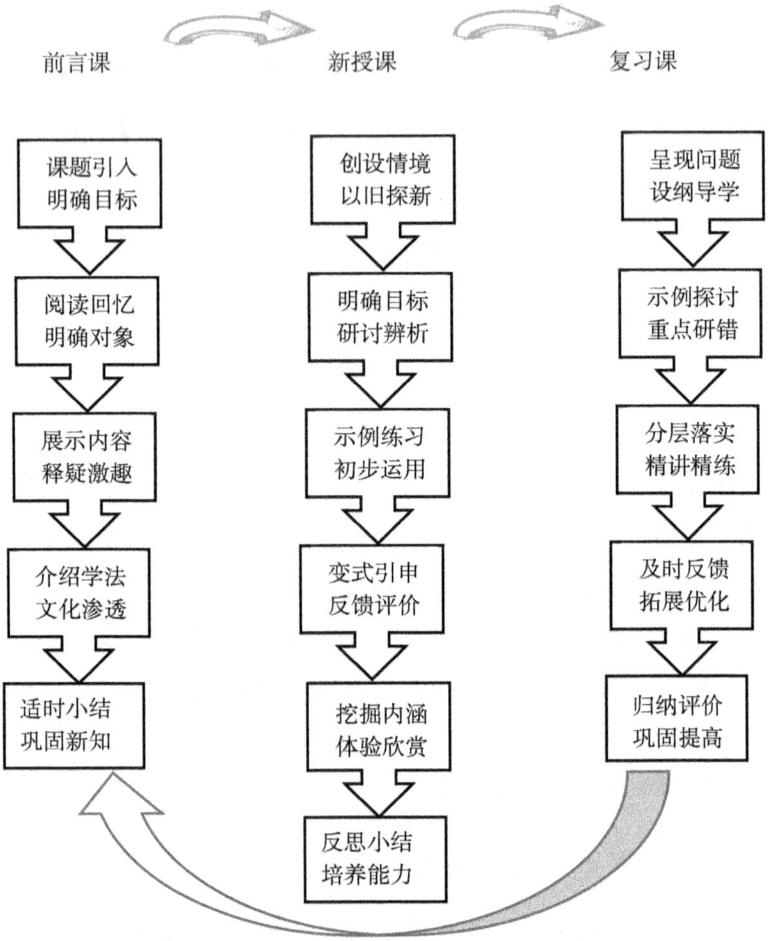

般包括新知识的概括介绍、知识背景（数学史料、科学前沿等）、学习本章节新知的必要性及学习思想方法等。

前言课也是基于乔伊斯（B. Joyce）和韦尔（M. Weil）《教学模式》① 中第一阶段中“获取任务初知”的具体体现。

根据建构主义的理念“知识不是通过教师传授得到，而是学习者

① 余文森，刘家访，洪明．现代教学论基础教程［M］．长春：东北师范大学出版社，2007：173.

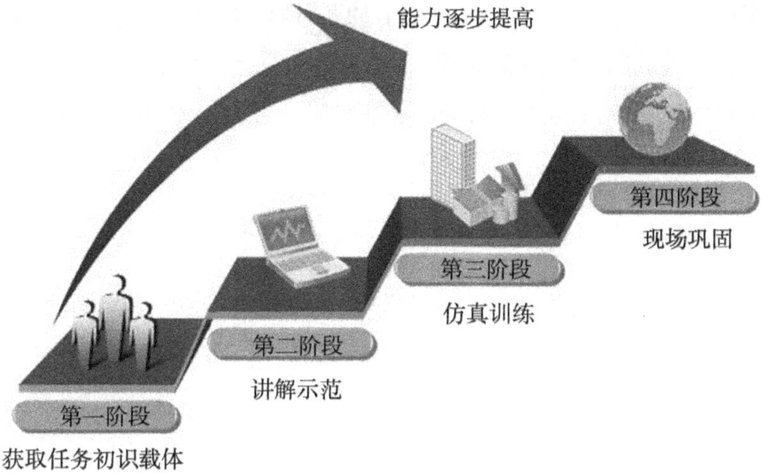

在一定的情境即社会文化背景下，借助他人包括教师和学习伙伴的帮助，利用必要的学习资料，通过意义建构的方式而获得。”① 前言课往往会给学生探索一种科学的研究方法；渗透一种不断求索的思想意识；介绍一些妙趣横生的数学文化。考察近几年的高考数学，对数学文化的渗透可见一斑，如：

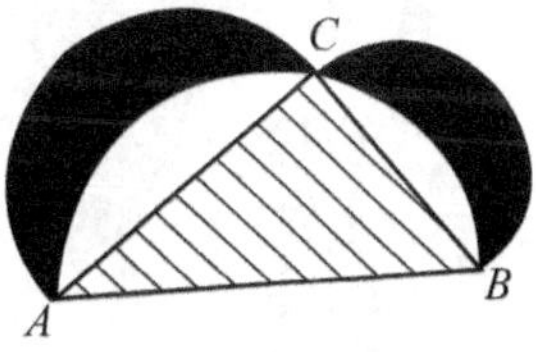

［2018·全国卷1理4］下图来自古希腊数学家希波克拉底所研究的几何图形．此图由三个半圆构成，三个半圆的直径分别为直角三角形 ABC 的斜边 BC，直角边 AB、AC．$\triangle ABC$ 的三边所围成的区域记为Ⅰ，黑色部分记为Ⅱ，其余部分记为Ⅲ．在整个图形中随机取一点，此点取自Ⅰ，Ⅱ，Ⅲ，的概率分别为 p_1，p_2，p_3，则(　)

A. $p_1=p_2$　　B. $p_2=p_3$　　C. $p_1=p_3$　　D. $p_1=p_2+p_3$

① 喻平．数学教育心理学［M］．南宁：广西教育出版社，2004：282.

根据数学学科的特点，前言课教学还可以就着教学内容、学生实际而有序扩展，增强前言课对数学教学的各环节的指导作用，改变教学模式，设法让前言课所反映的数学文化、数学思想、数学方法、研究意识贯穿于教学、研究的全过程，充分体现单元教学一体化的系统性、优越性。

二、新授课：温故知新练本领

美国艾德加戴尔的“学习金字塔”理论告诉我们，不同的学习方法达到的学习效果不同，研究表明在两周之后，学生学习的方法不同，对知识的保持率也会不同，为 5%~90%。①

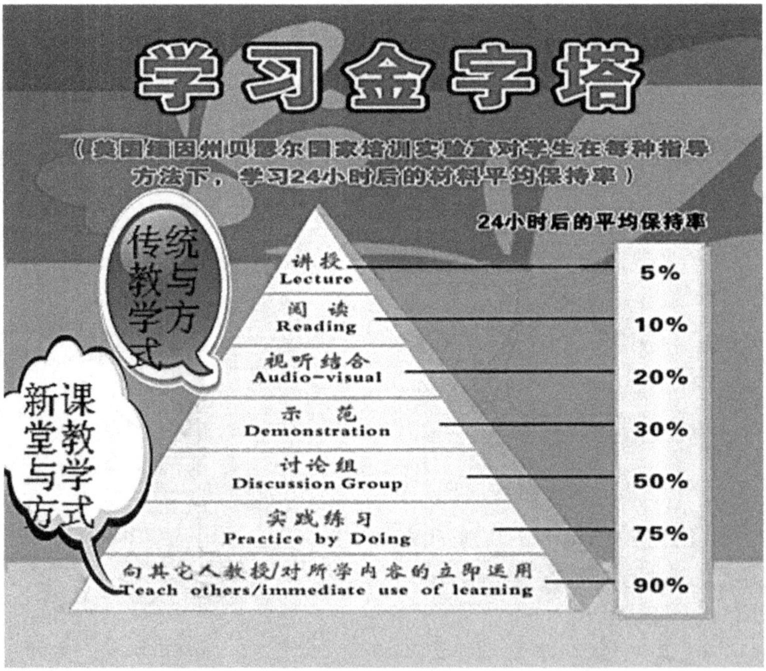

① 孙雪梅．“学案导学”数学教学模式的探讨和应用［J］．数学教学通讯，2007（5）．

因此，教师要学会调整甚至改变教学方式，让学生在参与中掌握知识，生成能力。在新授课中要多创设学习合作方式，让学生运用所学互教互助，从而真正实现从知识到能力的转化。新授课常见的有如下三种：

（一）概念新授课

“如何教”一直是教育工作者关注的热点问题，希望在相应的理论的指导下，通过心理学的解释，找到适合数学概念教学的模式指导。在众多教育专家和工作者的研究实践中，数学概念教学形成了一些较常用的操作模式。① 概念新授课指为了理解和掌握数学概念，应用新概念解答某类数学问题，并将新的知识运用于生活实践而进行的一种课型。通常分为：情景引入——概念形成——概念深化。

按照皮亚杰的观点，认知发展是受同化、顺应和平衡三个基本过程影响的，新知识被旧知识同化，旧知识顺应新知识，在同化与顺应之间得到某种均势而实现平衡。在数学概念的学习中，对数学概念的理解往往需要由表及里、由浅入深，可纵向成链，也可横向联系、相互渗透，形成一个有层次的认知序列。

（二）数学原理课

原理通常指某一领域或学科中具有普遍意义的基本规律。数学原理包括数学公理、定理、法则、定律、公式等内容，它们既具有一定的形式符号化的抽象性和概括性等特征，又是促进学生认知水平发展的重要学习载体。

师生情是打开学生智慧闸门的一把钥匙。建立良好的师生情有利于激发学生的学习热情。内容准备充分、精心设计，做到“心中有教案，目中有学生”②。原理课通常是枯燥无趣，若讲得不精彩，学生往往会失去信心，所以建立良好的师生关系，精心备课，是确保打开学生理解

---

① 林浩．用数学本源性问题驱动数学概念教学［D］．金华：浙江师范大学硕士论文，2007.

② 宋青云，纪平，钱蔚．如何在前言课中激发学生学习积极性［J］．青海医学院学报，2000（3）.

原理的智慧闸门。上好原理课要注意以下五方面：1. 数学语言准确规范；2. 正确理解证明方法；3. 厘清结构内在关系；4. 了解掌握引申推广；5. 明确使用条件范围。

（三）数学解题课

数学解题课主要蕴含了数学思想方法的教学。数学思想方法是基于数学知识又高于数学知识的一种隐性的数学知识①，中学数学教学大纲指出数学思想方法是蕴涵于基础知识中的深层知识，是处理数学问题的指导思想和基本策略，是数学的灵魂。探讨的最终目的是提高个体的思维品质和各种能力，提高个体的数学素养。实现的主要途径是以数学内容为载体的一种本质认识，是一种隐性的深层次的知识内容。例如，解题教学中的分类讨论、化归、等价转换、特殊化与一般化、类比等思想方法。

“不管采用什么样的教学模式，课堂教学中师生之间的对话总是最基本的形式之一。”②所以在新授课中，教师要多创设问题情景，让学生充分对话、思考、互动，在反复的体验和实践中逐渐认识、理解，内化为使个体掌握知识、形成能力和锻炼品质的着力点和出发点。

三、复习课提纲挈领育素养

奥苏贝尔教授提到“如果我不得不把全部教育心理学还原为一条原理的话，我将会说，影响学习的最重要的因素是学生已经知道了什么，要根据学生的原有知识结构进行教学。”③ 复习课正是基于这种想法，不仅需要将知识集中归类、建立联系，最重要的是需要让学生学会自己选择知识、选择方法去解决问题。一个水平高的教师总会设计出既

① 王崇先．课堂教学中有效渗透数学思想方法的实践感悟——在少教学中领悟，在平等对话中内化［J］．新课程（上），2015（8）．

② 曹一鸣．数学课堂教学实证系列研究［M］．南宁：广西教育出版社，2009：16．

③ 林玉清．关注学情，构建有效的数学课堂［J］．小学科学（教师版），2013（5）．

简单又有意义题目，将学生引入一个知识、方法、思想都很丰富的数学世界。复习课常见有如下几种类型：

（一）习题练习课

“问题是数学的心脏”，习题课不仅要求学生得到正确的结果或结论，更要重视计算、推理、论证的过程，注重思维训练，让学生有所“悟”，如何“悟”？着重有：1. 考哪些基础知识？2. 每题的思维突破口在哪？3. 有哪些通性通法、本质规律？面向未来的新高考考什么？如何考其价值取向是什么？作为数学学科，那就是考数学素养！也就要考理解，考探究，考问题解决！①

如：2010 年全国高考（广东卷）理科数学第 21 题（14 分）：设 $A(x_1, y_1)$，$B(x_2, y_2)$ 是平面直角坐标系 xOy 上的两点，先定义由点 A 到点 B 的一种折线距离 $\rho(A, B)$ 为 $\rho(A, B)=|x_2-x_1|+|y_2-y_1|$. 对于平面 xoy 上给定的不同两点 $A(x_1, y_1)$，$B(x_2, y_2)$，

（1）若点 $C(x, y)$ 是平面 xOy 上的点，试证明：$\rho(A, C)+\rho(B, C)\geqslant\rho(A, B)$；

（2）在平面 xOy 上是否存在点 $C(x, y)$，同时满足

①$\rho(A, C)+\rho(B, C)\geqslant\rho(A, B)$，②$\rho(A, C)=\rho(B, C)$；

若存在，求出所有符合条件的点；若不存在，请予以证明。

这个压轴题就是何小亚教授命制的。对当年的考生而言就是一个能真正检测其数学素养的问题。此题已被《普通高中数学课程标准》（2017 年版）作为案例 23，用于说明如何考查数学核心素养。② 所以，习题课尤其要着重加强学生核心素养的培育。

---

① 何小亚 . 2016 年数学高考全国 I 卷的认知分析和备考及命题建议［J］. 中学数学研究（上半月），2016（10）.

② 中华人民共和国教育部 . 普通高中数学课程标准（2017 年版）［M］. 北京：人民教育出版社，2018：116.

（二）数学活动课

数学活动不是简单地为了某个知识点或定理的引入而设置的，活动的内容不仅仅能体现本章书的基本内容，还蕴含了本章书渗透的数学思想。因此，学生开展数学活动是运用他们所具备的数学知识和经验来解决具有一定情景的数学问题，实现发展学生数学核心素养的目的。

（三）试卷讲评课

2002年颁布的《普通高中数学课程标准实验》明确指出：学生的数学学习活动不应只限于接受、记忆、模仿和练习，高中数学课程还应倡导自主探索、动手实践、合作交流、阅读自学等学习数学的方式。这些学习方式有助于发挥学生学习的主动性，使学生的学习过程成为在教师引导下的“再思考”、“再生长”、“再创造”过程。试卷讲评课是教学过程中必要且重要的环节，它是针对测试后反馈情况通过讲解和评价向学生再反馈的一种课型，是对数学问题的再思考、数学思想的再生长、解题能力的再创造。

例如在关于“恒过定点”的评讲课中：已知圆 O 的直径 $|AB|=4$，定直线 L 到圆心的距离为4，且直线 $L\perp$ 直线 AB。点 P 是圆 O 上异于 A、B 的任意一点，直线 PA、PB 分别交 L 与 M、N 点。试建立适当的直角坐标系，解决下列问题：

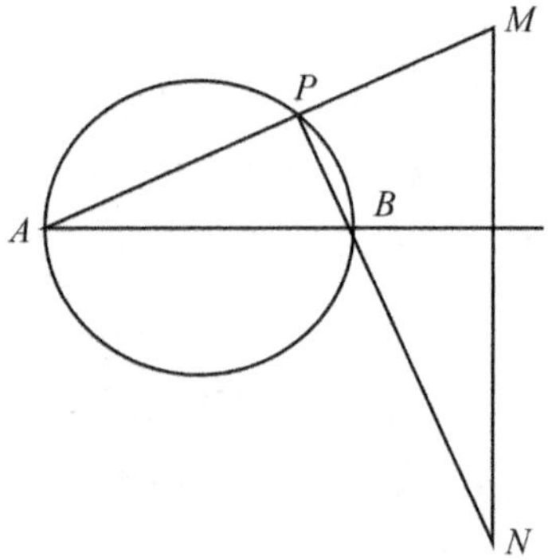

（1）若 $\angle PAB=30^\circ$，求以 MN 为直径的圆方程；

（2）当点 P 变化时，求证：以 MN 为直径的圆必过圆 O 内的一定点。

通常可对此题作大胆的猜想，由圆改为椭圆，结论还一样吗？如：已知椭圆 $\frac{x^2}{25}+\frac{y^2}{16}=1$ 的左右顶点为 $A(-5,\ 0)$，$B(5,\ 0)$，点 P 是椭圆

上异于 A，B 的任意一点，直线 l：$x=\frac{25}{3}$，直线 PA，PB 分别交 l 于 M，N，求证：以 MN 为直径的圆经过椭圆的右焦点。

经过分析，答案是肯定的。是否还可改为双曲线？抛物线？答案也是肯定的，若条件允许，还可再由特殊的推广到一般，这样就可形式单元教学的一体化、提纲挈领的效应，给学生拓展充分思考的空间（答案仍然是肯定的），让学生深层次领略数学的独特魅力。

四、不同课型的典型案例

案例 1　前言课（圆锥曲线单元）

单元导学：

圆锥曲线是解析几何的重要组成部分。此阶段，要再次深入理解解析几何的核心思想——几何问题代数化，并以坐标法给以突破。

问题 1： 你能否举出几何问题代数化的具体实例？

“几何问题代数化”的具体方法要在学习过程中去不断积累。

本单元注重对数学运算能力的考查，要加强运算的规范性，强化结构观察、代数变形的方法，还要明确代数式蕴含的几何意义，帮助简化运算。

如何研究圆锥曲线

问题 2： 为何把圆、椭圆、双曲线、抛物线统称为圆锥曲线？

直线与圆，包括现在的圆锥曲线，都是解析几何的重要内容。在必修 2 中研究直线与圆时，我们是根据其几何特征建立了方程，然后通过方程研究其简单性质。

问题 3： 知道一条直线的几何特征（斜率+截距）或者（点+斜率），你能建立相应的方程吗？

问题 4： 根据方程，你能判断其简单性质吗？比如通过方程可否判断两直线平行（几何关系）？通过方程 $mx+y+2-m=0$（m 为参数），可否说出其简单的几何性质吗？已知圆的方程 $x^2+y^2=1$，你能说出其对称性吗？请说明原因.

问题5：类比直线与圆的方法，我们又该如何研究圆锥曲线？又用什么方法来解决一些与其有关的简单几何问题及实际问题？

（案例提供：李伟）

案例2　新授课（排列–概念课）

一、教学目标

1. 初步掌握排列及排列数的基本概念。具体包括：

（1）能陈述排列的定义，说出排列与分步计数原理的关系，通过反例归纳排列的主要特征；

（2）能识记排列数符号、公式并用分步原理解释，能计算排列数。

（3）能识别实际计数问题中的排列模型，简化运算，提升思维。

2. 了解全排列、阶乘的概念，能陈述全排列及阶乘的定义，体会数学定义命名的合理性。

3. 能用分步计数原理与排列解决简单的计数问题。

二、教学过程设计

第一步　告知教学目标

教师：上节课我们已经学习了分步计数原理，其中有一类比较特殊的计数问题，我们称之为排列模型，这就是本节课学习的重点内容。通过学习，我们要能准确识别排列模型，并利用排列模型对该类计数问题进行快速运算。

设计意图：采用了“确立目标”的策略开门见山告知本节课的学习内容及预期目标，以快速聚焦学生的注意并明确预期。同时，指明排列与分步计数原理的关系，以便更好地与原有认知结构“分步计数原理”的融合。

第二步　复习原有知识

教师：用幻灯片呈现两个体现排列正例的题目，让大家做。

例 1

（1）从咱班 52 名学生中选 2 名学生作正、副班长，有多少种不同可能？

（2）从 5 本不同的书中选 4 本送给 4 名同学，每人 1 本，共有多少种不同的送法？

学生独立完成，给出答案，教师巡视指导进行表扬。

设计意图：（1）对学生好的表现给予及时具体的肯定，以激发、维持学生的学习动机。（2）排列是一类特殊的分步计数模型，属于智慧技能中的定义性概念的学习，应采用“上位学习”的方式进行，先通过多个不同的正例来强化概念的感性认知，故在此通过 2 个正例来引入对排列概念的探究。（3）正例的选择有一定意义，在其基础上可通过改变个别字的情况下变成不同类型的反例，为后续反例的提供埋下伏笔。

第三步　习得排列及排列数的概念

习得排列概念

教师：上述两个问题的解法高度一致，那我们就可能会这样想，以后碰到类似的问题能否不要这样一步一步来，可否快点，“秒杀”？甚至乎把它们打包，看成一个模型？答案是肯定的。其实，例 1 的 2 个小题都是排列模型。以第（1）小题为例，共有 52×51 种可能，每一种可能都代表了一种排列，所有不同可能即是所有不同的排列。那么，到底什么是排列呢？

问题 1　请大家根据上述 2 个问题，试着去掉问题中的情境，归纳出排列的定义！

学生自主归纳、讨论，老师引导、师生对话的方式得出排列的初步概念。

排列：从 n 个元素中取出 m 个元素，排成一列 .

设计意图：（1）采取"提出推断性问题"的策略引起学生自主探究"排列"概念的欲望；（2）对于排列的正例给予及时明确，强化认知；（3）引导学生采用去掉情境的方式对概念进行一般性归纳，渗透具体到一般、归纳推理的数学思想。

明确排列概念的本质特征

问题 2 仅通过这两个例子归纳出的排列定义，准不准确呢？

仅通过两个简单正例，必然不能够充分归纳排列的定义。教师直接在例 1 基础上进行变式修改，然后请同学们思考、小组讨论。

例 1 的两个小题具体修改如下：

（1）从咱班 52 名学生中选 2 名学生作~~正、副班长~~（组长），有多少种不同可能？

（2）从 5 本~~不~~（相）同的书中选 4 本送给 4 名同学，每人 1 本，共有多少种不同的送法？

在生生对话、师生对话的过程中，形成了较为完善的排列概念，并明确了排列概念的本质特征。老师在原归纳概念的基础上进行修改，以强化突出，以便在此基础上进行追问，排列的本质特征便水到渠成。

排列：从 n 个［不同的］元素中取出 m 个不同元素，［按照一定顺序］，排成一列，这就叫做［从 n 个元素中取中 m 个元素］的一个排列。

本质特征：元素不同，一定顺序。

设计意图：（1）概念的归纳、完善应由学生来完成，教师只需提供外部条件"反映概念特征的反例"帮助其完成；（2）针对排列概念的两大特征，设计体现概念本质特征的 2 个反例帮助学生完善、理解概念；（3）直接在原正例中用红粉笔进行划线、补充，一方面引起强烈对比，另一方面能节省时间．（4）学习过程中切实提升学生的归纳推理、区分异同的能力。

强化审题划线策略

教师：在刚才对于排列定义的探究过程中，老师对于问题的“微调”，如例1中的第（2）题就改变了一个字，问题却发生了根本的改变，这种感觉真可谓“失之毫厘，差之千里”！

问题3 对于此类计数问题，为避免出现这种“差之千里”的状况，你该怎么做，有什么具体做法？

在生生互动、师生互动过程中明确了审题的具体策略及方法。

对体现“不同元素、一定顺序”特征的内容进行划线、划圈。

设计意图：（1）挖掘学习过程中的策略性知识，使之明朗化，促进学习能力的提升；（2）加深对排列概念的理解。

习得排列数的概念

教师：所有不同排列的个数我们称之为排列数。例如：从 n 个不同元素中取出 m 个元素的所有不同排列的个数叫做从 n 个不同元素中取出 m 个元素的排列数，用符号 A_n^m 表示，其中 A 是英文单词 *Arrangement*（排列）的第一个字母。

问题4 对于 A_n^m 符号中 n，m 的位置，老师经常会记错，哪位同学能帮帮我？不再让我记错？

学生讨论，得出：$n \geqslant m$，大的更重当然要沉下去，所以 n 就在下面。老师表扬并鼓励学生以后碰到这样容易混的符号公式要想类似的办法记忆。

设计意图：通过言语指导来促进学生的主动识记。排列数的符号表述属智慧技能中的辨别，学生要达到记忆要求。符号的辨别对于高中生来讲已经不再是问题，但容易忽视。

问题5 对于上述例1，请同学们试着用排列数表示，写出计算过程。并在此基础上，试求出 A_n^m 等于多少？

对于例1，同学们很快得出 $A_{52}^2 = 52 \times 51 = 2552$；$A_5^4 = 5 \times 4 \times 3 \times 2 = 120$。但在推导 $A_n^m = n \times (n-1) \times (n-2) \times \cdots \times$ 的最后一项时，会模

糊。老师在此可引导学生先自我确认，然后再从分步计数原理的角度解析 A_n^m 中因式的个数。A_n^m ，需 m 步才能完成，故 $A_n^m=n\times(n-1)\times(n-2)\times\cdots\times(n-m+1)$ ，共 m 个因式。

设计意图：(1) 得出排列数的基本计算公式；(2) 从分步计数原理的角度加深对排列数的理解。

问题 6 从 1–9 这 9 个数字中选 5 个数字，可以组成多少个没有重复数字的五位数？

设计意图：提供适当练习对排列数的基本运算进行巩固。

第四步 习得全排列及阶乘的概念

问题 7 如果对 A_n^m 特殊化处理，取 $m=n$，那么 A_n^n 等于多少？

学生回答 $A_n^n=n\times(n-1)\times(n-2)\times\cdots\times1$，老师在肯定的同时，直接给出全排列及阶乘定义。

全排列：对于 A_n^n ，即 n 个不同元素全部取出的一个排列，我们称之为 n 个元素的全排列。

阶乘：$n\times(n-1)\times(n-2)\times\cdots\times1$，就好像台阶一样，从 n 开始一阶一阶往下乘到第 1 阶，我们把这样的乘法运算形象称之为 n 的阶乘，用符号 $n!$ 表示，所以 $A_n^n=n!$ 。

设计意图：(1) 采用特殊化策略，引入全排列的定义；(2) 全排列、阶乘属于数学常识定义，可直接给出，老师再作出合理的解释，学生更容易识记。

第五步 样例学习及变式练习

例 2 计算：(1) A_7^3；(2) A_7^7；(3) $\dfrac{A_7^7}{A_3^3}$

例 3 学生会有 6 个女同学、3 个男同学共 9 个同学，

①从中任意选出 6 个同学（不分男女）去 6 个不同班级检查，有多少种不同可能？

②若 9 个同学去 9 个不同的班级检查，有多少种不同可能？

③若 9 个同学同时去参加演讲比赛、书法比赛，争夺第一，问这两

项比赛的第1名共有多少种可能？(1个人可以拿两个第一)

设计意图：（1）例2是基本的排列运算，涉及排列、全排列、阶乘的定义且例2中的③为下一节课的排列数的阶乘运算公式作铺垫；（2）例3的①是一般的排列②是全排列③不是排列，强化区分。

变式练习

学生会有6个女同学、3个男同学（分别为A，B，C），共9个同学，在某次活动中，这9个同学坐在恰好有9个座位的同一排，问：

1. 男生发扬女生优先的精神，待女生挑选好座位后，男生再随意坐下，有多少种不同的座位可能？

2. 男生发扬女生优先的精神，待女生挑选好座位后，男生再从左到右按A，B，C的顺序坐下，有多少种不同的座位可能？

3. 9个同学随意坐，但要求男生从左到右按A，B，C的顺序坐下，有多少种不同的座位可能？

设计意图：提供变式练习，促进排列概念的迁移，最终掌握排列的概念。变式练习1、2、3均结合了排列及分步计数原理，3和2本质是一样的，但表述的方式需要更好的理解，有助于知识的迁移。考虑到概念的初学，本节课不把分类计数原理融合进来。

第六步　课堂小结和布置课外作业

问题8　请同学们总结本节课的学习内容，区分排列与分步计数原理的关系，并对排列的相关概念：排列数、全排列、阶乘再回顾一下。

可以从以下方面进行总结：

一个主要概念：排列的概念及其特征（不同元素、一定顺序）；

三个相关概念：排列数、全排列、阶乘。

一个区分策略：区分排列与分步计数原理时的审题划线策略。

设计意图：及时总结，加强理解和记忆。

（案例提供：李伟，此文发表在《中小学数学》，2014.6。）

案例3　新授课（路程、时间与速度–概念课）

<table>
<tr><td>姓　名</td><td>李洁莹</td><td>单位</td><td colspan="2">番禺区石碁镇海傍小学</td></tr>
<tr><td>课　题</td><td colspan="2">路程、时间与速度</td><td>教学内容</td><td>四年级《数学》上册第53页例5</td></tr>
<tr><td>教材简析</td><td colspan="4">此内容是在学生学习了两位数乘法的基础上进行探索速度、时间与路程三者的关系。解决问题是学生感到比较吃力的内容，所以我大胆地整合了教材，设计“方方和华华谁跑得快些?”这一生活情境作为主题内容，设计了生动活泼的“解决问题”的情境，比教材更有利于“解决问题”教学的展开，在文本资源与生活资源相结合的原则，借助有效的教育信息化手段，通过多种解题策略使学生理解速度的意义，进而使学生能够灵活选择解题策略解决生活中的一些实际问题，更好地达成教学目标。</td></tr>
<tr><td>教学目标</td><td colspan="4">根据教材编排意图和呈现方式、“解决问题”的内涵以及学生在生活实践中对路程、时间、速度已有的认识，把本节课教学目标定位于：在“解决问题”理念指导下，让学生充分经历速度的认识，行程问题数量关系的归纳理解过程，并能结合情境解决一些简单的实际问题，培养发展应用意识。</td></tr>
<tr><td>教学重点</td><td colspan="2">理解路程、时间与速度之间的关系；运用路程、时间、速度之间的关系解决生活中简单的问题。</td><td>教学难点</td><td>在实际情景中体会速度的意义，解决生活中简单的问题。</td></tr>
<tr><td>教具、学具</td><td colspan="4">教学课件、线段图。</td></tr>
<tr><td>信息技术学习资源</td><td colspan="4">PPT课件 、从网上收集有关路程、时间与速度之间的素材。</td></tr>
<tr><td>教学策略</td><td colspan="4">自主探究法、小组合作法</td></tr>
<tr><td>教学过程（突出信息技术与教育教学实践深度融合）</td><td colspan="4">【片断回放一】：我一直在思考，路程、时间、速度之间的关系是本节课重点的内容，如何让学生在生活中去理解并建构这一内容呢？我设计了开课之篇：
第一部分，以境入情，初步建构
（一）情境再现，激趣探究，认识路程和时间
1. 多媒体播放刘翔比赛录像。</td></tr>
</table>

续表

师：引导找出相关的数学信息。这里的 110 米在数学上叫做路程。（板书：路程）
2. 师：你能说说路程是指什么吗？
3. 接着，师继续质疑：12 秒 91 是什么呢?，师随学生回答。（板书：时间）请学生举有时间的例子，教师对同学们善于收集数学信息，善于思考，会学习做高度评价。
【设计意图】真实的情景再现，不仅贴近生活，更引入一下子使学生对生活中的数学问题产生了兴趣。接着收集数学信息，举生活中路程和时间的例子，在大量感性积累的基础上更好地理解什么是路程和时间，为后续学习奠定良好的基础。
（二）尝试解决，体验解决问题策略的多样性
1. 初步尝试，运用策略解决问题。
2. 师：我们学校马上要开展春季运动会了，有两名同学为了争着参加运动会吵起来了，同学们请看（课件）。——华华和方方到底是谁跑得快呢？

华华平时成绩		120 米
方方平时成绩		210 米

生说：这样不能作出比较，不能知道谁快谁慢。
引起学生认知冲突，师此时补充了时间，借助多媒体课件补充呈现：

华华平时成绩	2 分	120 米
方方平时成绩	3 分	210 米

3. 小组合作，互相研学，发现方法，指名板演。
生 1：120÷2=60（千米）　　210÷3=70（千米）
生 2：120÷2×3=180（千米）　210 千米 >180 千米
生 3：210÷3×2=140（千米）　210 千米 >140 千米
结合三种解决问题的方法，师引发思考：这个 70 千米表示什么？60 千米呢？

续表

	师生归纳，遇到解决问题，我们可以用这个小提示： ①认真审题，找出题目中的相关数量。 ②和同桌或同小组的同学探讨交流，达成共识。 ③请教老师或邀请老师参与组内交流活动。 组织学生汇报交流，体会速度的含义，并随学生回答板书 70 千米/小时、60 千米/小时。 **第二部分，学习线段图，掌握多种策略解决问题**（课件演示画线段图） 在画线段图的过程中，请学生思考：（用多媒体课件演示） ①怎样在线段图上表示小明 1 分钟行驶的路程呢？教师故意在线段中不平均分，让学生在矛盾中发现：应该把整条线段平均分成 2 份，其中的 1 份标上 60 米。 ②师画第二条线段，明确方法：为了方便数据的对比，第二条线段画在哪里比较合适？在探讨中使学生发现要把两条线段的起点对齐。 ③怎样在第二条线段上表示华华 1 分钟行驶的距离？放手让学生在小组中共同完成，巡视请一名学生补充第二条线段。 **【设计意图】**教师充分利用“谁跑得快?”这样一个问题情境引起认知冲突，深刻体验到速度、时间、路程三者之间是相关联的。接着呈现完整的信息，请学生进行分析、推理活动，并向学生介绍线段图解决问题的方法和遇到问题三种求助方式，让学生体验解决问题策略的多样化。通过这样的动态处理，学生的体验更加深刻，思维更加活跃，也使教学更富生命的张力和活力，为后面的教学打下扎实的基础。 **【片断回放二】**：学生经过课开始的建模以及例题的理解，对路程、时间、速度三者的关系已有一定的掌握，但在实际中，如何正确理解呢？尤其是体现解决问题的策略的有效性及灵活性，我设计了坡度的练习。特别是借用了 PPT 课件中对生活情境的再现，使学生以最佳的状态进入解决实际问题 **第三部分，运用新知，解决实际问题** （一）基础练习：从下面的例子中，快速找出时间，速度和路程。 （1）亮亮从家到学校走 5 分钟共 300 米，平均 60 米/分钟。

续表

	(2) 一辆汽车 80 米/分钟，8 分钟行驶了 640 米。 (3) 北京到天津有 120 千米，汽车要行驶 2 小时。 师：如何又快又准地找出三个数量？引导学生在脑海中建立相关的生活情境模型。 (二) 挑战练习：冷空气还要多久能到达广州市？ 师：刚才收到天气预报说：距离我们广州市 3000 千米的地方有一股冷空气正以 60 千米/小时袭来，你能预测出这股冷空气还要多久能到达广州市吗？ 生 1：要求冷空气还要多久能到达广州市，实际上是要问时间。 生 2：要先从题目中找出对应的速度和路程。 生 3：已知了路程和速度，就不难求出时间了。 师：同学们的分析非常正确，虽然这题目并不明确什么是路程和速度，但实际上就用运用本课的知识解决。 (三) 拓展延伸：今天老师中午下班能及时到家关窗户吗？ 师：李老师今天早上出门前忘记关窗户了，如果冷空气到来，很可能会有大暴雨。从我家到学校的路程大约是 2000 米，我步行的速度大约为 40 米/分钟，今天老师中午下班能及时到家关窗户吗？ 师：你有什么不同的方法？ 学生独立思考，四人小组交流不同的方法，最后让学生展示不同解题策略： 小组汇报一：画线段图，画一条线段代表老师家到学校 2000 米。从老师中午下班到冷空气到有 2 个小时，就把线段平均分成了 2 份，然后 1 份就是 1 小时能行走 1000 米。那按照老师的速度，1 小时是能行走 1200 米，怎么也比冷空气跑得快，所以能来得及关窗户。 小组汇报二：通过用速度和时间计算路程来比较、判断。计算出老师中午下班，离冷空气到来还有 2 小时，老师可以行走 4800 米判断，能赶回家关窗户。 小组汇报三：冷空气还需要 5 个小时到商丘，老师中午下班就算是 12 点，离现在 9 点钟还有 3 个小时，老师从学校到家只需要 50 分钟，所以能及时到家关窗户。

续表

	师点评：同学们善于思考，懂得运用不同的方法去解决问题，这正是以后在实际生活中我们所需要的技能！ **【设计意图】** 练习是学生掌握知识，形成技能、发展智力、培养能力的主要手段，也是测评教学效果的重要标尺。充分挖掘数学中的生活因素，把所学知识与生活实际相结合，巧妙设计练习，不仅增加了练习的趣味性，更重要的是让学生体现解决问题的策略的多样化，以此巩固行程问题的基本数量关系，升华了课堂教学。

案例4　新授课（平面与平面的平行判定–原理课）

教学目标

本节课主要学习内容即掌握平面与平面平行的判定定理，具体包括：

①理解平面与平面平行的判定定理。具体体现为：能通过直观感知归纳定理成立的条件；并用文字、符号、图形语言来描述定理；能描述运用该定理进行推理证明的基本步骤。

②运用平面与平面平行的判定定理进行证明。能以正（长）方体、棱锥等较好地表现点、线、面关系的几何体为载体的情境中运用该定理进行证明。

③体会面面平行证明的关键是转化为线面平行来证的数学思想。

重点是目标1、2；难点是目标1。

教学过程设计

（1）复习回顾

【设计意图】 以填空的形式帮助同学回忆、巩固与本节课学习有关的、应具备的知识与能力，实质上是先行组织者的运用。

①由平面与平面平行的定义可知，若两平面公共点的个数为____个，则这两平面平行。该命题可用符号表述为（两平面分别记为α，β）：______________________________。

②请分别用三种语言陈述直线与平面平行的判定定理：

图形语言：____。

文字语言：____。

符号语言：____。

③直线与平面平行的证明，是将直线与平面的平行关系转化为 ____________来证明。

简解：①0，若 $\alpha \cap \beta = \phi$，则 $\alpha // \beta$。② 若平面外的一条直线与平面内的一条直线平行，则直线与平面平行；若 $a//b$，$b \subset \alpha$，$a \not\subset \alpha$，则 $a//\alpha$；③直线与直线平行

（2）探究新知

目标 1：初步理解平面与平面平行的判定定理

【设计意图】 采用例规的方式学习原理，类似于概念的形成过程。在此，以问题链的方式，通过认知冲突（问题 1）→直观感知（问题 2）→原理归纳（问题 3）→正误辨析（例 1）→原理升华（问题 4）这一系列过程来达到原理的不断理解。

问题 1：平面是无限延展的，两平面是否有公共点能说清楚吗？

问题 2：试借助长方体模型，对下列问题进行判定，不平行的举出反例。

①平面 β 内 3 有一条直线和平面 α 平行，α，β 能否平行？

② 平面 β 内有两条直线和平面 α 平行，α，β 能否平行？

③ 平面 β 内有两条相交直线和平面 α 平行，α，β 能否平行？

问题 3：根据问题 2，请尝试归纳平面与平面平行的判定定理，并用不同的语言表示。

① 文字语言：______________________________

② 图形语言：______________________________

③ 符号语言：______________________________

例 1　下列四个命题：正确的有(可多选)____(建议借助长方体模型来辅助判断)

① 若 α 内的任何直线都与 β 平行，则 $\alpha // \beta$；

② 若 α 内有无穷多条直线都与 β 平行，则 $\alpha // \beta$；

③ 若 $m \subset \alpha$，$m // \beta$，则 $\alpha // \beta$；

④ 若 $m // \alpha$，$m // \beta$，则 $\alpha // \beta$；

⑤ 若 $m \subset \alpha$，$n \subset \alpha$，$m // \beta$，$n // \beta$，则 $\alpha // \beta$；

⑥如果一个平面内有两条相交直线，分别平行于另一个平面内的两条直线，那么这两个平面平行；

简解：①⑥.

问题 4：根据例 1，请试着写出面面平行判定定理成立的两个条件：

（1）____________________ （2）____________________

简解：（1）两条直线与平面平行；（2）两条直线相交.

目标 2：平面与平面平行的判定定理的运用

【设计意图】 采用“规例”的方法在理解原理的基础上进行原理的运用、巩固及迁移。借助例 2 及变式 1，以熟悉情境（长方体为载体）入手，重在形成清晰规范的证明步骤，加深对面面平行判定原理的理解，同时渗透面面平行证明转化为线面平行证明的数学思想（目标 3），教师在此环节要做好示范及练习指导；然后通过一定的变式练习，如变式 2 把长方体变为三棱锥，变式 3 中把两相似平面变为不相似平面（一个三角形平面、一个四边形平面），变式 4 中把单一的证明问题变为猜想、作图再证明的开放性问题，来促进原理的巩固及迁移，同时，变式 4 为后续的面面平行性质的学习也作了一定程度的铺垫。

例 2　在正方体 $ABCD—A_1B_1C_1D_1$ 中，M、N、P 分别是 C_1C、BC、CD 的中点，求证：平面 MNP // 平面 AB_1D_1.

变式1：上题中若 M、N、P 满足 $\frac{CP}{PD}=\frac{CN}{NB}=\frac{CM}{MC_1}$，证明平面 MNP // 平面 AB_1D_1。

问题 5：平面与平面平行的判定方法实质上是转化为____________________来证明。

变式 2：在三棱锥 $P-ABC$ 中，D、E、F 分别是棱 PA、PB、PC 上的点，且 $\frac{PE}{PB}=\frac{PD}{PA}=\frac{PF}{PC}$ 连接 DE，DF，EF，

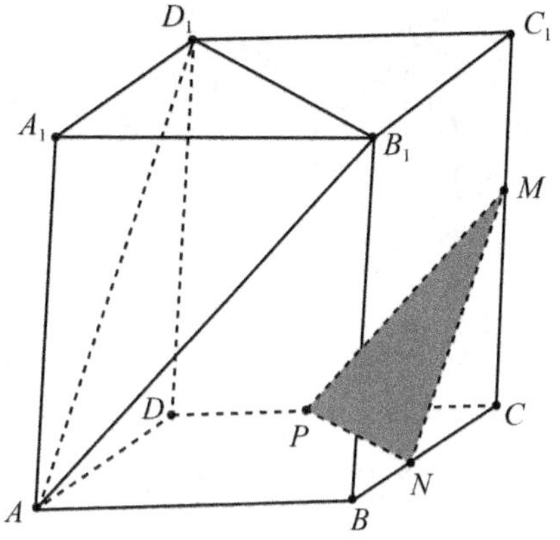

求证：平面 DEF // 平面 ABC。

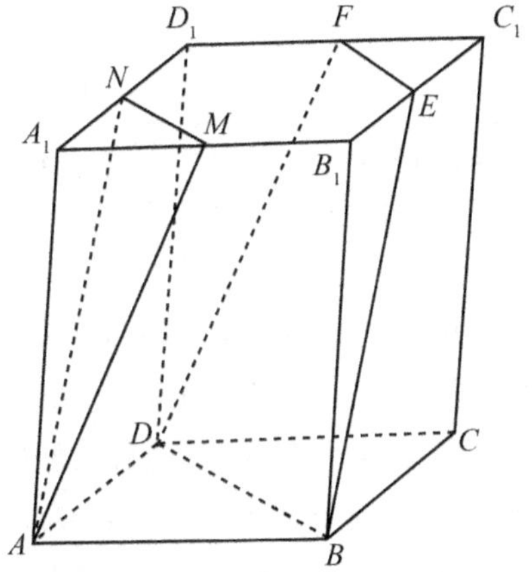

变式 3：正方体 $ABCD-A_1B_1C_1D_1$ 中，M、N、E、F 四点分别是 A_1B_1，A_1D_1，B_1C_1，C_1D_1 的中点，

求证：平面 AMN // 平面 $EFDB$。

变式 4：如图，在四棱锥 $P-ABCD$ 中，N 是 PC 的中点，问能否过 N 点作出一平面 β 与平面 PAD 平行？若能，请作出此平面并证明，否则请说明理由。

简解：在平面 PCD 内过 N 作 $NE//PD$ 交 CD 于 E，

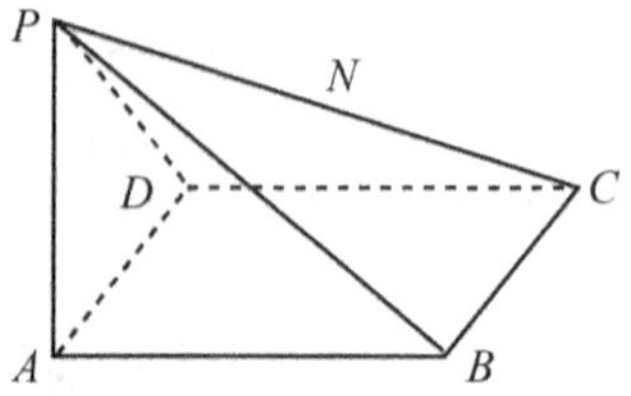

在平面 $ABCD$ 内过 E 作 $EF//AD$ 交 AB 于 F，连接 NF，

则平面 $NEF//$ 平面 PAD，平面 NEF 即为平面 β。

（案例提供：李伟，此文发表在《中小学数学》，2015. 1-2。）

案例 5　新授课（反比例函数图像性质–原理课）

课题	反比例函数图像性质			执教者	谷新婷	执教时间	2016. 3. 20
年级	九年级	学生人数		课时安排	1 课时	授课类型	新授课
教材分析	《反比例函数的图像和性质》是人教版九年级下册第二十六章《反比例函数》第二课时内容。本节课是在学生理解反比例函数的意义和掌握了用描点法画函数图像的基础上进行教学的，是本章学习的重点，为后面学习实际问题与和更高层次函数学习，以及函数、方程、不等式之间关系处理奠定基础。通过对图像的研究和分析可以确定函数本身的性质，这体现的是数形结合的数学思想方法；同时尝试用类比和特殊到一般的思路方法，归纳反比例函数图像一些性质特征。实现知识的正迁移，同时也会对高中阶段各种函数的学习产生积极的影响。所以要加强引导学生的自主学习，培养学生自主探索，终身学习的意识。						
学情分析	学生在初二时已经会用“描点法”画函数图像，在学生已有的经验基础上不难画出反比例函数图像。可能会有部分学生忽略自变量的取值范围不能为零这重要信息。初三的学生已经具备一定的观察分析问题的能力。但由于语言表达能力不够强，在归纳反比例函数性质时，不能很好地表述自己的观点。						

续表

<table>
<tr><td rowspan="3">教学目标</td><td>知识与技能</td><td colspan="2">1. 进一步熟悉画函数图像的主要步骤以及学会画反比例函数的图像。
2. 通过对反比例函数图像的分析、探索、让学生掌握反比例函数的图像性质。</td></tr>
<tr><td>过程与方法</td><td colspan="2">经历反比例函数图像主要性质发现过程体会分类讨论、数形结合思想的运用</td></tr>
<tr><td>情感态度与价值观</td><td colspan="2">1. 由图像的画法和分析，体验数学活动中的探索性和创造性，感受数学美，并通过图像的直观教学激发学生的学习兴趣。
2. 在学生动手实践、合作交流中培养学生团结协作的精神</td></tr>
<tr><td colspan="2">教学重点</td><td colspan="2">会画反比例函数图像，会利用图像理解反比例函数的性质</td></tr>
<tr><td colspan="2">教学难点</td><td colspan="2">理解反比例函数性质，并灵活运用</td></tr>
<tr><td colspan="2">学法指导</td><td colspan="2">类比法、数形结合法、合作、探究</td></tr>
<tr><td></td><td colspan="2">教学过程设计</td><td>设计意图</td></tr>
<tr><td>复习引入</td><td colspan="2">1. 画一个函数需要什么步骤
2.
<table><tr><td>函数</td><td>图像形状</td><td>图像位置</td><td>图像增减性</td></tr><tr><td>$y = kx$</td><td></td><td></td><td></td></tr></table>
3. 你能判断出一次函数 $y = kx + b$ 的图像，k、b 的符号吗？
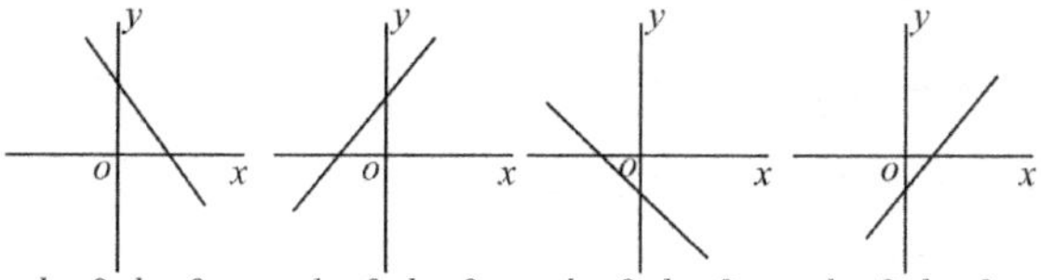
k__0，b__0　k__0，b__0　k__0，b__0　k__0，b__0</td><td>回顾作函数图像步骤，正比例函数和一次函数图像性质，为学习反比例函数的图像和性质做准备.</td></tr>
</table>

续表

类比联想

探索交流

我们已知道，一次函数 $y = kx + b(k \neq 0)$ 的图像是一条直线，那么反比例函数 $y = \dfrac{k}{x}$（k 为常数且 $k \neq 0$）的图像是什么样呢？

[**尝试 1**] 用描点法来画出反比例函数 $y = \dfrac{6}{x}$ 与 $y = -\dfrac{6}{x}$ 的图像

问题 1　画函数图像第一个步骤是什么？

问题 2　列表时应该注意什么？

问题 3　取值时应该注意什么？

问题 4　图像在延伸后，会不会与两坐标轴相交？

x	……												……
y	……												

x	……												……
y	……												

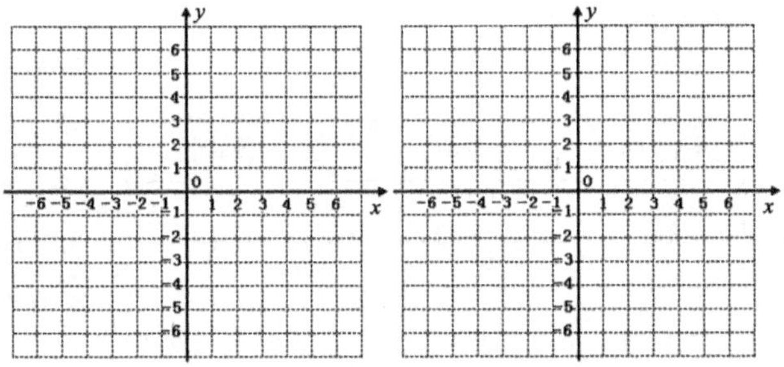

问题 5　图像有经过原点吗？

问题 6　函数图像的位置与 k 值符号有关吗？

问题 7　$k = 6$ 或 -6 时，y 随 x 增大发生什么变化？

问题 8　对于一般的反比例函数会有怎样的性质？

利用问题串形式，启发学生思考。使前一个问题作为后一个问题的前提，后一个问题是前一个问题的继续或结论，这样每一个问题都成为学生思维的阶梯，使学生在明确知识内在联系的基础上获得知识、提高思维能力。

图像是直观地描述和研究函数的重要工具，通过经历用描点法画出反比例函数图像的基本步骤，可以使学生对反比例函数先有一个初步的感性认识。

续表

<table>
<tr>
<td>探索比较
发现规律</td>
<td>
以小组为单位，观察下列函数图形从以下几个方面出发，归纳出反比例函数的图像及性质有哪些？每组由中心发言人汇报得出的结论。
1. 你能发现它们的共同点以及不同点吗？
2. 函数图像分别位于哪几个象限？
3. 在每一个象限内，y 随的 x 变化有怎样的变化？
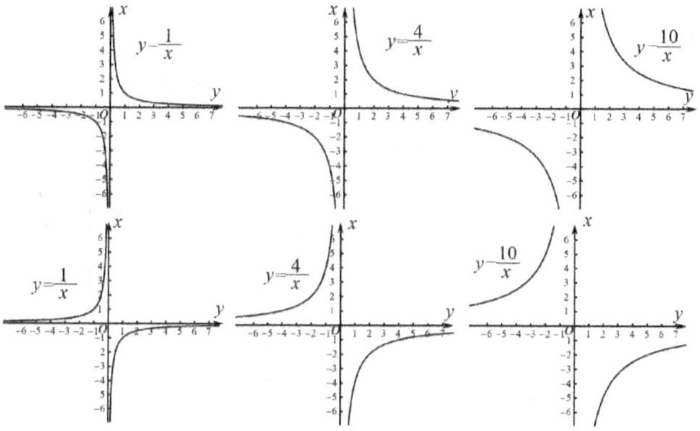

【归纳】
<table>
<tr><th>函数关系式</th><th>K 值</th><th>图像</th><th>性质</th></tr>
<tr><td>$y=\frac{k}{x}$ $(k\neq0)$</td><td>$k>0$</td><td></td><td>图像在 ________ 象限，在每个象限内，y 值随 x 值的增大而 ______</td></tr>
<tr><td>$y=\frac{k}{x}$ $(k\neq0)$</td><td>$k<0$</td><td></td><td>图像在 ________ 象限，在每个象限内，y 值随 x 值的增大而 ______</td></tr>
</table>
</td>
<td>利用问题串形式，启发学生思考。学生通过观察比较，总结这两个反比例函数图像的特征，在活动中，让学生自己去观察、发现、总结，实现学生主动参与，探究新知的目的。

通过小组合作学习，让学生得出反比例函数的性质。通过归纳，培养学生抽象概括能力。同时培养了学生与他人合作的能力，增强了学生的团队合作意识。</td>
</tr>
</table>

续表

<table>
<tr>
<td>小试牛刀</td>
<td>
1. 填空

<table>
<tr><th>函数关系式</th><th>k 值</th><th>图像大致形状</th><th>经过象限</th><th>y 与 x 关系</th></tr>
<tr><td>$y=\frac{1}{x}$</td><td>k__0</td><td></td><td>经过____象限</td><td>在每个象限内 y 随 x 的增大而______</td></tr>
<tr><td>$y=-\frac{3}{x}$</td><td>k__0</td><td></td><td>经过____象限</td><td>y 随 x 的增大而______</td></tr>
</table>

2. 填空

<table>
<tr><th>图像</th><th>k 值</th><th>图像经过</th><th>y 与 x 关系</th></tr>
<tr><td>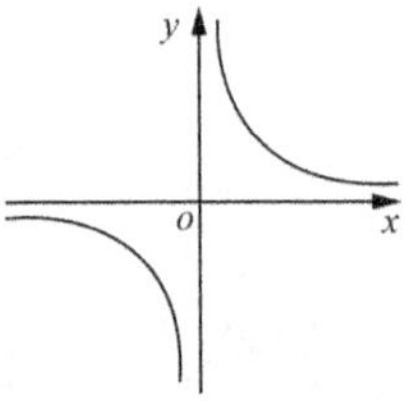</td><td>k__0</td><td>经过____象限</td><td>在每个象限内 y 随 x 的增大而______</td></tr>
<tr><td>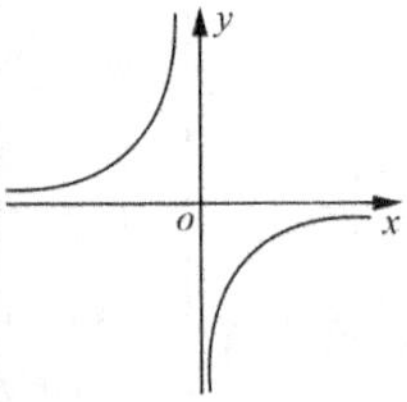</td><td>k__0</td><td>经过____象限</td><td>在每个象限内 y 随 x 的增大而______</td></tr>
</table>
</td>
<td>让学生灵活运用反比例函数性质解决问题，学生在研究每一问的特点时，能够紧扣“性质”进行分析，达到理解并掌握性质的目的。</td>
</tr>
</table>

续表

运用新知 拓展训练	例 1　已知反比例函数的图像经过点 $A(2,\ 6)$， (1) 求这个函数的图像 (2) 点 $B(3,\ 4)$、$C\left(-2\frac{1}{2},\ -4\frac{4}{5}\right)$ 和 $D(2,\ 5)$ 是否在这个函数的图像上？ 问题 1　求 k 需要多少个点？ 问题 2　如何判定点是否在图像上？ 解：(1) ∵ 反比例函数图像经过(2，6) $\therefore 6 = \frac{k}{\quad}$ $\therefore k =$ ______ ∴ 所求函数的解析式为 $y =$ ____________ (2) 把点 $B(3,\ 4)$ 代入函数关系式__________得： 右边 = ____________； 左边 ________ 右边（填“=”或“≠”） ∴ B______（填“在”或“不在”）函数的图像上； 把点 $C\left(-2\frac{1}{2},\ -4\frac{4}{5}\right)$ 代入 __________ 得： 右边 = ____________； 左边 _____ 右边（填“=”或“≠”） ∴ 点 C______（填“在”或“不在”）函数的图像上； 把点 $D(2,\ 5)$ 代入 ________ 得 右边 = ____________； 左边 _____ 右边（填“=”或“≠”） ∴ 点 B___（填“在”或“不在”）函数的图像上； 例 2　图中是反比例函数 $y = \frac{m-5}{x}$ 的图像的一支，根据图像回答下列问题： (1) 图像的另一支在哪个象限？常数 m 的取值范围是什么？	利用问题串形式，启发学生思考。利用旧知识，建立函数模型。

续表

	(2) 在这个函数图像的某一支上任取点 $A(a, b)$ 和点 $B(a', b')$. 如果 $a > a'$，那么 b 和 b' 有怎样的大小关系？ 问题 1　反比例函数图像分布在哪些象限，增减性，与谁有关？ 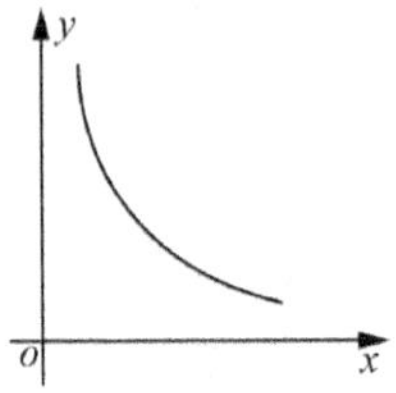 问题 2　求 k 需要多少个点？ 问题 3　如何判定点是否在图像上？ 解：∵ 图像在一支在第一象限 ∴ 图像另一支在________象限 ∴ $m-5$ ______ 0 ∴ m ________ ∵ 图像在第________象限 ∴ 在每一个象限内，y 随着 x 增大而________ ∵ $a > a'$ ∴ b ________ b'	
小试牛刀	1. 已知反比例函数的图像经过点 $A(3, -4)$。 (1) 这个函数的图像分布在哪些象限？在图像的每一支上，y 随 x 的增大如何变化？ (2) 点 $B(-3, 4)$、点 $C(-2, 6)$ 和点 $D(3, 4)$ 是否在这个函数的图像上？ 2. 如下图是反比例函数 $y = \frac{n+7}{x}$ + 的图像的一支，根据图像回答下列问题： (1) 图像的另一支在哪个象限？常数 n 的取值范围是什么？ (2) 在图像上任取一点 $A(a, b)$ 和 $B(a', b')$，如果 $a < a'$，那么 b 和 b' 有怎样的大小关系？	通过一系列的练习，可以实现知识向能力的转化。

续表

课堂小结	反比例函数的图像及性质： (1) 反比例函数的图像是 ______ (2) 当 $k>0$ 时，图像的两个分支在 ______ 象限，在每个象限内，y 随 x 的增大而 ______ (3) 当 $k<0$ 时，图像的两个分支在 ______ 象限，在每个象限内，y 随 x 的增大而 ______	教师引导学生归纳本节课的知识要点和思想方法，使学生对反比例函数的图像和性质有一个较为整体、全面的认识，同时，使学生养成良好的学习习惯。
学习效果评价	1. 下列图像中，是反比例函数的图像的是（　　） 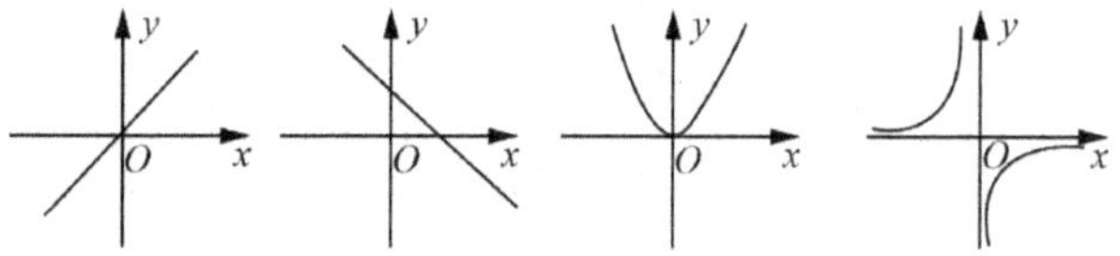 A　B　C　D 2. 反比例函数 $y=\frac{5}{x}$ 的图像大致是(　　) A　B　C　D 3. 函数 $y=-\frac{5}{x}$ 的图像在第______象限，在每一象限内，y 随 x 的增大而______. 4. 已知反比例函数 $y=\frac{4-k}{x}$，分别根据下列条件求出 k 的取值范围. ① 函数的图像位于第一、三象限； ② y 随 x 的减小而减小.	
作业设计		
教学反思		

（案例提供：谷新婷，此文曾获2016年广州市“卡西欧杯”中学数学青年教师“教学设计比赛”一等奖）

案例6　新授课（求点的轨迹方程-解题课）

教学目标

（1）能用直接法规范求出点的轨迹方程，其中规范体现在：能按建系、设点、列关系、代入、化简这几个步骤依序求解。

（2）由“列关系”、“代入”步骤的不同，形成不同的问题表征，学会求轨迹方程的不同方法（定义法、相关点法）。

重点：强化基本步骤，规范作答求点的轨迹方程。

难点：设点（点的范围如何确定）、列关系（关系的认识与联系）、代入（线段比例如何代）。

设计意图：引起学生的注意与预期。运用“确立目标并提供反馈”策略来达成。通俗地讲，就是要告知目标，且目标设立应该具体，为学生的学习提供方向，并告知他们在特定目标方面应掌握的情况。

教学过程设计

1. 复习回顾。回顾与本节课相关的，学生已有知识。

（1）教材在推导椭圆方程时，是通过建系、设点、列关系、代入、化简这几个基本步骤推导出来的。同时，这也是本节课的基础及拓展点，特别是设点、列关系、代入这三步中可能遇到的难点，是本节课的学习内容，应重点关注。

（2）在$\triangle ABC$中，若$A(-1,0)$，$B(1,0)$，$C(1,2)$，易知$AB\perp BC$，则$K_{AB}\cdot K_{BC}=-1$。对吗？如果不对，请说明理由。

（3）已知$A(-1,0)$，$B(1,0)$，平面上一点P到A、B两点的距离之和为2，则P点的轨迹是以A、B为焦点的椭圆。对吗？如果不对，请说明理由。

（4）$\sqrt{(x-1)^2+(y-2)^2}$的几何意义是什么？

设计意图：激活学生的原有知识以促进新知识的学习与理解。运用“线索、问题和先行组织者”策略来实施。具体说来，就是在学习新知之前，使用线索、问题及先行组织者，将学生聚焦于即将要展开学习的重要内容上，增强其学习的动机。在此，通过说明式的先行组织者（问题1）引导学生关注本节课的重要内容；并通过提出推断性问题（问题2、3、4）来提高学生对原有知识的运用能力，激发兴趣，增强学习动机。问题2为“设点”步骤中如何确定点的范围作铺垫，问题3、4为定义法打基础。

2. 学习新知。选择有意义的组织材料，促进新知理解，并提供变式练习促进知识的转化、巩固及迁移。目的在于有序掌握求轨迹方程的三种方法，突破难点。

整体设计思路：求轨迹方程的基本步骤依序为“建系、设点、列关系、代入、化简”。不同的方法是由于步骤中可能碰到的难点而形成，故按此步骤依序设计学习内容的顺序，从直接法→定义法→相关点法，符合知识发生发展的逻辑规律。解题课的学习属于智慧技能中的高级规则及数学技能中的单项高级技能学习，需要多次的变式练习才能掌握，故例题及变式的设计符合规则学习的一般过程及条件。例1及变式的意图在于熟练掌握直接法求轨迹方程的5个基本步骤，并初步突破“设点”这一步的难点，且在后面的例2、例3中还会不断强化此难点；例2及变式的意图在于掌握定义法求轨迹方程，并理解定义法的本质是对“列关系”这一步“关系”的认识及联系；例3及变式的意图在于掌握相关点法求轨迹方程，并理解相关点法的本质是对“代入”这一步方法的归纳。

（1）直接法求轨迹方程

指导语：如果你能完成例1及变式，说明你掌握了用直接法求轨迹方程的基本步骤，并能初步识别并转化蕴含其中的“斜率、商”等关键词，突破“设点”步骤中的难点。

设计意图：让学生清楚在完成这几题后，自己所能达到的目标。“指导语”实质上是“自我反馈”策略的运用。

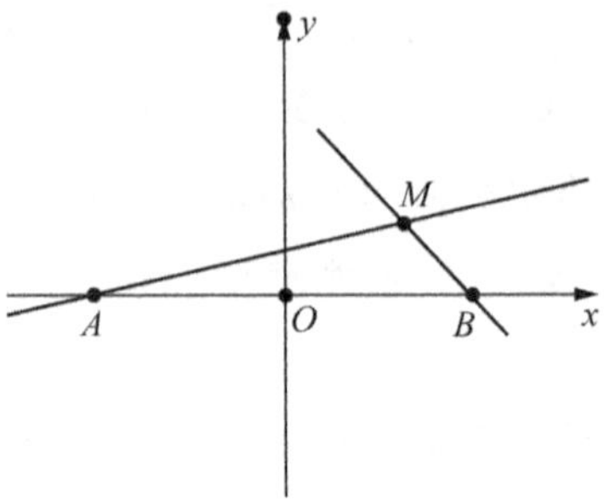

例 1　如图，点 A、B 的坐标分别为（−5，0）（5，0），直线 AM、BM 相交于点 M，且它们的斜率之积是 $-\dfrac{4}{9}$，求点 M 的轨迹方程。

变式 1：设点 A、B 的坐标分别为（−1，0）、（1，0）。直线 AM，BM 相交于点 M，且它们的斜率之商是 2，求点 M 的轨迹方程。

变式 2：点 P 与定点 F（2，0）的距离和它到定直线 $x=8$ 的距离的比是 1∶2，求点 P 的轨迹方程，并说明轨迹是什么图形。

设计意图：例 1 及变式 1、2，共同之处在于强化直接法求轨迹方程的基本步骤。其中，例 1 及变式 1 还帮助学生突破“点的范围如何确定”这个难点；变式 2 可以根据学生的实际情况有选择性的进行椭圆第二定义的点明。

课堂建议：

运用“笔记”策略引导学生突破难点。具体说来，对于涉及“点的范围”的关键词进行划线，并联系相应概念及规则转化成点的范围。在此，用划线的方法使学生有意识地把多个相关的概念进行联系，形成有组织的整体性知识或图式结构。如例 1 中，可引导学生在“斜率”下划线作标记，进行相应概念的联系。斜率必须存在，故点 $M(x,\ y)$ 的横坐标不能与 A，B 两点的横坐标相同，即 $x\neq\pm5$。

（2）定义法求轨迹方程

指导语：完成例 2 及变式，说明你掌握了定义法求轨迹方程的基本步骤，并能对“列关系”这一步的“关系”，从代数及几何的角度去认识、联系，并熟悉一些基本的变换方法。同时，知道“ $\triangle ABC$ ”中蕴含的点的范围。

例 2　已知 $\triangle ABC$ 的周长为16，点 $B(-3,\ 0)$，点 $C(3,\ 0)$，求点 A 的轨迹方程。

变式 1：M 是平面上任一点，如果点 $M(x,\ y)$ 在运动过程中，总满足关系式 $\sqrt{x^2+(y+3)^2}+\sqrt{x^2+(y-3)^2}=10$，点 M 的轨迹是什么曲线？写出它的方程。

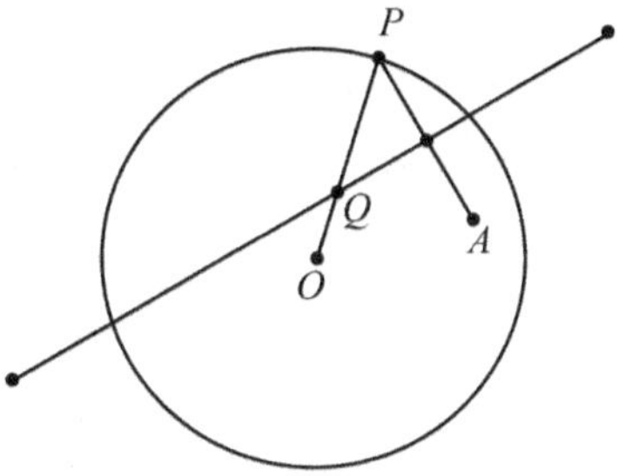

变式 2：已知定圆 A：$(x+1)^2+y^2=16$，圆心为 A，动圆 M 过点 $B(1,\ 0)$ 且和圆 A 相切，动圆的圆心 M 的轨迹记为 C，求曲线 C 的方程。

变式 3：如图，圆 O 的半径为定长 r，A 是圆 O 内一个定点，P 是圆上任意一点。线段 AP 的垂直平分线 l 和半径 OP 相交于点 Q，当点 P 在圆上运动时，点 Q 的轨迹是什么？

设计意图：理解“关系”，掌握定义法求轨迹方程的基本步骤。例 2 是定义法最直接的体现，变式 1、2 的变换都比较简单直接，促进学生对于“关系”的逐步认识及巩固，变式 1 是对例 2 几何关系的代数翻译，变式 2 把椭圆的定义关系用两圆相切来构建。变式 3 的问题情境作了更新，且加大了思维量，目的是促进定义法的运用迁移。同时，变式 3 只要把 A 点移到圆外，点 Q 的轨迹就变成了双曲线，这也为下一节课双曲线的教学引入打下了基础。

课堂建议：

(1) 学生在求解例 2 的过程中，容易对“列关系”中的关系“$|AB|+|AC|=10$”视而不见，而直接进行“代入，化简”，变成推导椭圆方程，有困难。因此，对于“列关系”中“关系”的认识及联系是掌握此方法的关键，要帮助学生形成“$|AB|+|AC|=10\Rightarrow A$ 点轨迹可能是椭圆 $\Rightarrow 10>6=|BC|$，确定是椭圆”这个图式结构，教师要做好示范。在“列关系”这一步对于“关系”的认识过程中，运用“概括”策略引导学生对方法(定义法)命名，形成新的规则，并运用“练习”策略在变式 1、2 的练习中给予巩固强化并及时反馈。

(2) 学生对于例 2 中 A 点的范围有无反馈？若学生能主动在 $\triangle ABC$ 下划线，则说明学生有意识，应给予及时表扬；若无反馈，可先让学生在“$\triangle ABC$”下划线，促进其联系？否则，明确提出问题：A 点的范围是什么？这是灵活运用“给予认可、笔记、提出问题”等策略的体现。

(3) 变式 3 有一定难度，学生能够连接 QA，但在“圆的半径是定长”与“Q 点轨迹”之间的联系有困难。教师可运用“先行组织者、线索”策略帮助学生搭脚手架，提出明确的线索型问题，如“你能否用与 Q 点相关的线段表示圆的半径？”帮助学生列出关系 $|QO|+|QP|=r$。

(3) 相关点法求轨迹方程

指导语：完成例 3 及变式，说明你掌握了相关点法求轨迹方程的基本步骤，并理解了线段间的比例关系“代入”的方法，知道“过 P 作 $PD\perp x$ 轴于 D”中蕴含的点范围。

例 3 如图，在圆 $x^2+y^2=4$ 上任取一点 P，过点 P 作 x 轴的垂线段 PD，D 为垂足。点 M 在 DP 的延长线上，且 $\frac{|DM|}{|DP|}=\frac{3}{2}$。

当点 P 在圆上运动时，求点 M 的轨迹方程，并说明形状。

变式 1： P 为椭圆 $\frac{x^2}{4}+y^2=1$ 上任一点，过点 P 作 x 轴的垂线段 PD，D 为垂足。点 M 在 DP 的延长线上，且 $\frac{|PM|}{|DP|}=1$。当点 P 在椭圆上运动

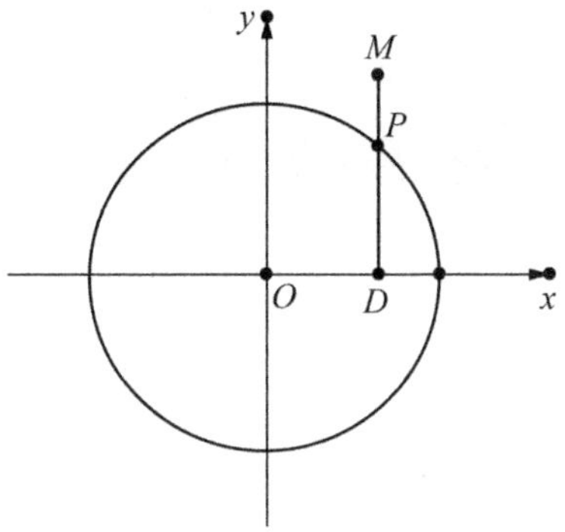

时，求点 M 的轨迹。

变式2：在圆 $x^2+y^2=4$ 上任取一点 P，过点 P 作 y 轴的垂线段 PD，D 为垂足。当点 P 在圆上运动时，线段 PD 的中点 M 的轨迹是什么？

变式3：在圆 $x^2+y^2=4$ 上任取一点 P，作点 P 关于直线 $y=x+1$ 的对称点 M。当点 P 在圆上运动时，M 的轨迹是什么？

设计意图：掌握相关点法求轨迹方程的基本步骤。变式 1、2 的背景与例题类似，变式 1 即是把例 3 中已知点的轨迹与所求点的轨迹进行了交换；变式2即是把例3中的 x 轴改成了 y 轴，把 M 点的位置由线段之比直接改成中点；变式 3 进行了情境转换，促进知识的迁移。

课堂建议：

(1) 例3中给定 $\frac{|DM|}{|DP|}=\frac{3}{2}$ 的关系在“代入”这一步骤的理解及运用是重、难点。学生基本不会“代入”，在此，可运用“问题”策略帮助其突破。如提出线索性问题：怎样把线段关系转化成坐标关系？若学生没有反馈，则明确提问：线段之比怎样转化为向量之比？并从“代入”的过程中归纳方法(相关点法)的命名，形成新的规则，教师要做好示范。

(2) 学生对 P 点的范围有无反馈？若学生能主动划线，则说明学生有反馈意识，要及时给予表扬，并提出对未来行为的期待；若无反馈，可先让学生对于涉及点的范围的关键词“过点 P 作 x 轴的垂线段 PD”进行划线，促进其联想 P 点的范围？否则，明确提出问题：P 点的范围是什么？

（案例提供：李伟，此文发表在《中国数学教育》2014. 10）

案例 7　复习课（含参函数的单调性-习题练习课）

一、分析问题、告知目标

存在问题：

①作答不规范，如忽略定义域，区间用并集表示；

②混淆了单调性的本质，在求单调性过程中习惯性地分离参数而不是求 x 的范围；

③对于参数的分类讨论缺乏方向，体现在乱分类、怕分类。

学习目标：

①规范掌握函数单调性求解的基本步骤；理解其中的关键环节。

②借助导函数图像突破含参函数单调性中的参数讨论，明确参数讨论的基本方向。

③体会数形结合的思想方法。

重点是目标 1、2；难点是目标 2。

二、探究新知、形成技能

目标 1：明确求函数单调性求解的基本步骤.

例 1　已知函数 $f(x)=2\ln x+\frac{1}{2}x^2-3x$，求函数 $f(x)$ 的单调区间。

【设计意图】 从不含参数的求单调性问题出发，来进一步归纳、总结求函数单调性的基本步骤，以解决忽略定义域及作答不规范等问题。例 1 也是例 2 中 $a=2$ 时的特殊情况，例 2 在情境上会更熟悉，学生容易切入。

【课堂策略】 学生先做，正确作答示范（PPT 演示），学生纠错，然后师生讨论归纳出基本步骤，步骤尽量细分，并进行口诀提炼，防止遗忘，提醒学生作好相应笔记。

【课堂生成】步骤总结：①定义域 ②求导 ③化乘除 ④令 $f'(x)>0$（$f'(x)<0$） ⑤解出 x ⑥得单调性。口诀提炼：定义求导化乘除，令导正负解 x。

解：$f(x)$ 的定义域为 $(0, +\infty)$，

$$f'(x)=\frac{2}{x}+x-3$$

$$=\frac{x^2-3x+2}{x}=\frac{(x-1)(x-2)}{x}$$

令 $f'(x)>0$，得 $x>2$ 或 $0<x<1$，$f(x)$ 单调递增；

令 $f'(x)<0$，得 $1<x<2$，$f(x)$ 单调递减；

故 $f(x)$ 的单调递增区间为 $(0, 1)$，$(2, +\infty)$，单调递减区间为 $(1, 2)$。

＊区间书写的提示：多个区间的书写之间用“,”连接，不用“∪”。

目标 2：明确参数分类讨论的基本方向.

【设计意图】“分类讨论”可以当成是智慧技能的高级规则，采用“规例”的方法在理解规则的基础上进行规则的运用、巩固及迁移。借助例 2，一方面巩固函数单调性问题求解的基本步骤，另一方面形成参数讨论的基本方向及明确步骤，同时渗透数形结合的数学思想（目标 3），教师在此环节要做好示范及练习指导；然后通过一定的变式练习，如变式 1（二次项系数含参数、对称轴 y 轴），变式 2（二次函数变为一般的指数函数），变式 3（定义域含参数）等来促进规则的巩固及迁移。最后，布置 2 道课后作业，难度上略低于课堂例题及变式，主要在于巩固本节课的学习目标。

例 2 已知函数 $f(x)=a\ln x+\frac{1}{2}x^2-(a+1)x$，其中 $a\in R$，求函数 $f(x)$ 的单调区间。

【设计意图】巩固求单调性的基本步骤，帮助学生明确参数讨论的

基本方向。对于参数的分类讨论提炼基本方向：一是找零点（零点个数及零点位置），可通过分解因式、判别式、图像等方法来实现；二是画草图，可先确定图像的基本要素，再标出定义域（或区间）及零点，结合定义域（或区间）对两根的大小进行比较，分类讨论水到渠成。

【课堂策略】 教师进行参数讨论的方法指导，使学生明确参数讨论的基本方向，并指导如何作答，给以一个示范；待学生基本明确后，让学生自己练习，教师指导，总结归纳。

解： $f(x)$ 的定义域为 $(0, +\infty)$

$$f'(x)=\frac{a}{x}+x-(1+a)=\frac{x^2-(1+a)x+a}{x}=\frac{(x-1)(x-a)}{x}$$

① 当 $a=1$ 时，$f'(x)\geqslant 0$ 恒成立，$f(x)$ 的增区间是 $(0, +\infty)$；

② 当 $a\leqslant 0$ 时

令 $f'(x)>0$，得 $x>1$，$f(x)$ 单调递增；

令 $f'(x)<0$，得 $0<x<1$，$f(x)$ 单调递减；

③ 当 $0<a<1$ 时，

令 $f'(x)>0$ 得 $x>1$ 或 $0<x<a$，$f(x)$ 单调递增；

令 $f'(x)<0$ 得 $a<x<1$，$f(x)$ 单调递减；

④ 当 $a>1$ 时，

令 $f'(x)>0$ 得 $x>a$ 或 $0<x<1$，$f(x)$ 单调递增；

令 $f'(x)<0$ 得 $1<x<a$，$f(x)$ 单调递减；

变式 1： 已知函数 $f(x)=(a+1)\ln x+ax^2+1$，讨论函数 $f(x)$ 的单调性。

【设计意图】 进一步巩固参数讨论的基本步骤与方向，一是找零点；二是画草图。变式首先是二次项系数有参数，其次是不能分解因式找零点。

【课堂策略】 学生先做，教师指导，师生再归纳完善找零点及画草图的方法。在讨论开口的情况下，标识定义域（区间）及零点的位置。

解： $f(x)$ 的定义域为 $(0, +\infty)$，$f'(x)=\dfrac{a+1}{x}+2ax=\dfrac{2ax^2+(a+1)}{x}$.

① 当 $a \geqslant 0$ 时，$f'(x) > 0$，故 $f(x)$ 在 $(0, +\infty)$ 单调增加；

② 当 $a \leqslant -1$ 时，$f'(x) < 0$，故 $f(x)$ 在 $(0, +\infty)$ 单调递减；

③ 当 $-1 < a < 0$ 时，令 $f'(x)=0$，解得 $x=\sqrt{-\dfrac{a+1}{2a}}$.

令 $f'(x) > 0$，得 $x \in \left(0, \sqrt{-\dfrac{a+1}{2a}}\right)$，$f(x)$ 单调递增；

令 $f'(x) < 0$，得 $x \in \left(\sqrt{-\dfrac{a+1}{2a}}, +\infty\right)$，$f(x)$ 单调递减；

变式 2：求函数 $f(x)=e^x+ax$ $(a \in R)$ 的单调性。

【设计意图】 从二次函数拓展到熟悉函数(一次、指数、对数、幂、三角函数均可)，进一步理解找零点的本质方法在于用图像来找零点。

解：$f'(x)=e^x+a$

① 当 $a \geqslant 0$ 时，$f'(x) > 0$，$f(x)$ 在 R 上单调递增；

② 当 $a < 0$ 时，令 $f'(x)=0$，则 $x=\ln(-a)$

令 $f'(x) > 0$，得 $x > \ln(-a)$，$f(x)$ 单调递增；

令 $f'(x) < 0$，得 $x < \ln(-a)$，$f(x)$ 单调递减；

综上：当 $a \geqslant 0$ 时，$f(x)$ 在 R 上单调递增；当 $a < 0$ 时，$f(x)$ 在 $(\ln(-a), +\infty)$ 上单调递增，在 $(-\infty, \ln(-a))$ 上单调递减。

变式 3：设函数 $f(x)=\ln(x+a)+x^2$，讨论 $f(x)$ 的单调性。

【设计意图】 定义域从确定的(不含参数)到变化的(含参数)，在画草图时，对于定义域(区间)及零点都未知时，关键在于比较定义域端点及零点的大小，也即是分类讨论的标准。

【课堂策略】 练习此题后，提醒同学把分类讨论的基本方向边梳理边作好笔记。同时教师也做好相应板书。

三、课后作业，巩固技能

【设计意图】 巩固拓展。第 1 题为一次函数，第 2 题为二次函数。

1. 已知函数 $f(x)=a\ln x-2ax+3(a \neq 0)$. 求函数 $f(x)$ 的单调增区间；

解：(1) $f(x)$ 的定义域为 $(0, +\infty)$，$f'(x)=\dfrac{a}{x}-2a=\dfrac{a(1-2x)}{x}$，

$\therefore$ 当 $a>0$ 时，令 $f'(x)>0$，得 $0<x<\frac{1}{2}$，$f(x)$ 单调递增；

当 $a<0$ 时，令 $f'(x)>0$，得 $x>\frac{1}{2}$，$f(x)$ 单调递减；

$\therefore$ 当 $a>0$ 时，$f(x)$ 的增区间为 $\left(0,\ \frac{1}{2}\right)$；当 $a<0$ 时，$f(x)$ 的增区间为 $\left(\frac{1}{2},\ +\infty\right)$.

2. 已知函数 $f(x)=(ax^2+x-1)e^x$，e是自然对数的底数，$a<0$，求 $f(x)$ 的单调区间；

解：$x\in R$，$f'(x)=(2ax+1)e^x+(ax^2+x-1)e^x$

$$=[ax^2+(2a+1)x]e^x=ax\left[x+\left(\frac{1}{a}+2\right)\right]$$

① 当 $a=-\frac{1}{2}$，$f'(x)\leqslant 0$ 恒成立，$f(x)$ 单调递减.

② 当 $-\frac{1}{2}<a<0$，

令 $f'(x)<0$，得 $0<x<-\frac{2a+1}{a}f(x)$ 单调递增；

令 $f'(x)>0$. 得 $x<0$ 或 $x>-\frac{2a+1}{a}$，$f(x)$ 单调递减；

③ 当 $a<-\frac{1}{2}$，

令 $f'(x)<0$，得 $x<-\frac{2a+1}{a}$ 或 $x>0$ 时，$f(x)$ 单调递减；

令 $f'(x)>0$，得 $-\frac{2a+1}{a}<x<0$ 时，$f(x)$ 单调递增.

（案例提供：李伟，此文发表在《中国数学教育》；2015.11）

案例8　复习课（认识筝形–数学活动课）

数学活动的内容不仅仅能体现本章的基本内容，还蕴含了本章渗透的数学思想。第十二章是《全等三角形》的学习，章节中的数学活动《认识筝形》则要求用全等三角形的知识去研究筝形，也在活动过程中达到对全等三角形的复习。

1 创设情景，发展抽象能力

从数学学科角度来看，数学核心素养需要一定的现实生活经历。例如，在义务教育阶段，学生的身心发展水平及认知能力还比较低，不容易接受相对来说比较抽象的事物，从学生心理特征的角度来看，在培养学生数学核心素养的时候，需要借助直观、形象、趣味的现实情境。

“认识筝形”的引入是通过展现生活中具体“筝形”的例子，让学生感受数学源自生活，并从具体图形中抽象出“筝形”的共性——两组邻边分别相等的四边形。

2 观察体验，发展推理能力

就数学学科而言，数学核心素养离不开数学理性思维。在数学上，理性思维是通过逻辑的判断、推理等活动获得结论的理性认识。每个阶段，对学生的理性思维的要求都不一样，例如：在义务教育阶段，学生的思维正从直觉思维到理性思维的转变中，为了让学生形成正确的理性思维，需要设置梯度进行引导，让学生从直觉认识过渡到理性认识。

活动2 用全等三角形研究“筝形”

如图2，四边形 $ABCD$ 中，$AD = CD$，$AB = CB$，我们把这种两组邻边分别相等的四边形叫做“筝形”. 请你自己画一个筝形，用测量、折纸等方法猜想筝形的角、对角线有什么性质，然后用全等三角形的知识证明你的猜想.

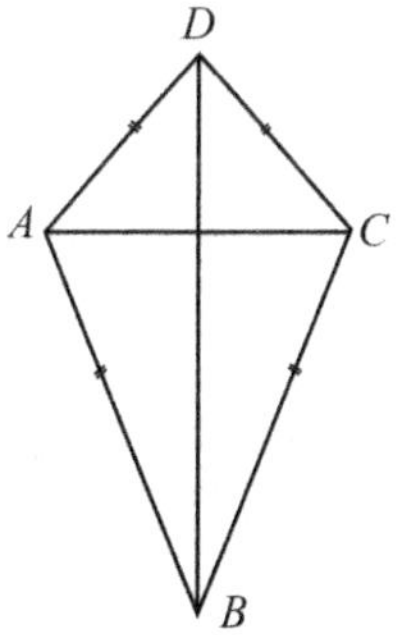

“认识筝形”的重点是让学生利用全等三角形的知识来研究“筝形”的性质。在探讨“筝形”的基本性质过程中，鼓励学生通过测量、折纸等方法猜想筝形的角，对角线有什么特征，这是利用学生的直觉思维让学生对“筝形”的性质有感性的认识，然后让学生利用全等三角形

形的知识来证明自己的猜想，这要求学生通过推理能力来证明“筝形”的性质，那么就让学生从直觉认识过渡到理性认识。

3　用数学描述世界，发展数学模型

从数学学科的作用看，数学模型是构建了数学与外部世界的重要桥梁，是应用数学解决实际问题的基本手段，是推动数学核心素养的动力。在初中阶段，学生所具备的数学知识有限和抽象能力、概括能力也处于发展中，因此数学模型是教学中的一个难点。为了让学生能慢慢形成利用数学解决实际问题，建立数学模型的意识，数学活动为此提供了一个非常好的实际背景。

(造桥选址问题)*A*、*B* 两地位于一个河的两端，在河的那里建一座桥，使得人从 *A* 到 *B* 的路径 *AMNB* 是最短的?

利用数学知识，把 *A*、*B* 两地看作一个点，桥 *MN* 看作一条线段，人从 *A* 到 *B* 的路径可以看作是线段 $AM + MN + NB$ 的和，从实际问题中提取数学模型后，就利用数学的知识解决路径 *AMNB* 最短的问题了。

(案例提供：江丽梅)

第四节　“传·导·学”教学模式

前锋小学在“三段八步聚点授法”模式的基础上，结合学校实际(尤其是学科实际)进行改造，提出了适合学校实际的模式。这个模式凸显“学生喜欢”、“让每一个学生都幸福”的核心理念，切实提高课堂教学质量。

“传·导·学课堂教学模式”是一个课堂教学操作系统，具有较稳定的结构，主要包括三个部分：发散激活环节体现模式的“传”，即信息传递；集中感知环节体现模式的“导”，即引导学生的零散的信息进行梳理和归纳；“学”，即通过深入研学、巩固迁移、评价反馈三个环节牢固“学习”新知识。该模式旨在改变传统的教学方式，适应农村学生信息量不多的特点，以大量相关信息传递为基础展开教学活动，以提高学生学习能力，从而达到提高教学效益的目的。

一、理论基础

（一）普通学习理论

预热效应理论。在教育心理学中，人们把因启动预热式学习而产生促进的心理效应现象，称为预热效应。教师在课堂教学中可引用“预热效应”引导学生研学。这种研学可分三步走，一是首次“预热”，整合焦点。这一阶段充分运用“头脑风暴”，可在小组“预热”，也可在全班“预热”，总之让学生对当堂内容进行充分的“预热”。教师在此基础上整合学生讨论的焦点问题，并进行“以学定导”。二是再次“预热”，小组合作学习。这一阶段对重点问题、难点问题进行有针对性的“预热”，在此基础上，教师整合学生“预热”出来的各种疑点、难点、盲点，并加以指导。三是第三次“预热”，创新思维，研学拓展。这一阶段教师要引导学生对“超文本”进行“预热”，让学生的创新能力，研究能力，成为学生自主学习的添加剂，为拓展学习空间创设有利条件。

辐射定律理论。辐射定律理论认为，当你做一件事情的时候，影响的并不只是这件事情本身，它还会辐射到相关的其他领域。任何事情都有辐射作用。“传・导・学课堂教学模式”的研究，面向全体，让具有积极心态，努力学习的学生在小组合作学习中影响、推动全体组员的学习热潮，乃至辐射到各个小组。引入竞争机制，形成生生之间、组与组之间的良性竞争，互相促进，创设良好的团队学习氛围。

建构主义学习理论。建构主义理论认为，人的知识不是依靠外来力量拾得，而通过个人主动建构而获得的，在学习中应以学生为主体，学生是教学活动的积极参与者和知识的积极建构者；教师应是有利于学生意义建构的帮助者、促进者。“传·导·学课堂教学模式”研究便是以人的成长源于个体“自我实现的需要”“自我实现”是人发展的根本动力追求目标，让学生在学习生活中获得愉悦和快乐的体验，进而提升他们知识与生活的形成性，从而建构自我认知的体系。

（二）区域特色教育理论——“碁美课堂”

前锋小学的“传·导·学”课堂教学模式把“碁美课堂”诠释得非常到位，该模式结合“弈碁之道”，重视了教学过程的开局、中局、终局三个环节。

1. 开局：布局中谋求突破

古人曾云“靡不有初，鲜克有终”。要想取得优势局面进而谋胜，必须在开局阶段打下良好的基础，这样才能以有利态势进入战场搏杀，正可谓良好的开端是成功的一半。目前棋坛高手越来越注重开局的研究，从开局理论到实践检验，从使用效果到不断修正，使开局的发展更加迅速而深广。这体现在新潮定式、变例层出不穷、老式套路推陈出新。如果忽视开局的研究，或开盘中套而无力自拔，导致速败；或用时透支造成后面慌不择路。

“传·导·学课堂教学模式”并非横空出世的。前锋小学依据“把学校办成具有乡土气息充满诗意的学校”的办学目标，制定了“严谨笃学 慈严相济 教学相长”的教风；“会合作 善求知 能持恒”的学风，在“为师生成就美丽的人生奠基”的先进办学理念下，通过“传·导·学课堂教学模式”希望让师生一同发展，在人生道路上积攒厚实的底蕴，生命因教育而美丽，人生为美丽而学习。因此，“传·导·学课堂教学模式”的定位是突破传统教学，在课堂以体现教师主导、学生主体的角色定位，让学生在个体质疑、小组探究中获取知识，培养能力，为学生后继学习打下坚实的基础。

2. 中局：变化中实现精彩

“传·导·学课堂教学模式”讲求师生互动、生生互动！如在发散激活环节。尽管老师在上课前已进行备课，但在“发散激活”环节中通过学生回答、质疑等表现反馈学生的已知情度，便及时调整教学策略或教学目标，实现“顺学而导”，促课堂因变化而精彩。在“深入研学”的环节中，小组合作是“传·导·学课堂教学模式”的一个亮点。通过让学生开展小组合作学习，学生与学生之间通过互相启发而让课堂变得灵动；教师与学生之间的互动，实现课堂生成的精彩。

小组合作学习的方式，构成了师生、生生之间的全方位、多层次、多角度的交流模式，使小组中不主动学习的学生被主动学习的学生所渲染，每位学生都主动积极参与学习中的交流、讨论，在开展互相帮助、互相学习、互相评价中发挥课堂的主体作用。在合作过程中，不仅激发了学生学习原动力，还增加学习的信息量，使学生在互补中全面发展。

3. 终局：互动中成就你我

“传·导·学课堂教学模式”不仅能不断深化新课程课堂教学改革，出丰富素质教育的内涵。在过去的课堂教学中，“填鸭式、操练式”教学方法，让学生失去学习的动力。“在传导学课堂教学模式”中，孕育着番禺区“研学后教”的理念，老师们退到幕后，把“前台”让给孩子；做一个学习的策划者、组织者、管理者；而在这个过程中，不再囿于唯智、唯分的泥潭，更多地关注学生的情感态度、关注学生的学习过程，指引学生把学习与生活密切联系，给学生一片富有童年气息的天空，让课堂焕发生命的活力，让教育回归本真、成为生命的诗意“栖息地”，给课堂回归生命的本色。

二、现实意义

“传·导·学课堂教学模式”的研究有利于促进学生学习方式的转变，有利于促教师专业化发展，有利于促进学校的构建“有效、高效”课堂教学，有利于深入实施素质教育。

（一）有利于促进学校的课堂教学改革

随着课程改革的不断深化，新课标下的课堂越来越反对传统的

“填鸭式、操练式”教学方法。“传·导·学课堂教学模式”研究着力构建“有效、高效”课堂教学，注重为学生创设一种和谐的气氛和宽松的环境，让学生在课堂上合作互动、平等交流、自主探究的教学方式，促课堂教学逐步走向民主，让课堂成为学习的乐园，成为学生智慧的训练场，成为学生知识的仓库。

（二）有利于提高学生能力，为后继学习打下坚实的基础

新一轮课程改革，其目的是要改变学生的学习方式，从而推进素质教育的进程。“传·导·学课堂教学模式”研究倡导改变或改善学生的学习方式，让每一个学生学会思考、学会学习，使学生在人格中达成理性与情感意志、科学与人文等方面素质的和谐统一，使每一个学生在各个方面能力都得到不同程度的发展和提高。为后继学习打下坚实的基础。

（三）有利于促教师专业化发展

苏霍姆林斯基说过：“如果你想让教师的劳动能够给教师带来一些乐趣，使天天上课不至于变成一种单调乏味的义务，你就应当引导每一位教师走上从事研究这条幸福的道路上来。”从事课题研究可引领教师开展教育科研，把教师引导到研究的幸福道路上来。无论从教育实践的内涵上来讲，还是从教师从事教育研究较为理想的方式来讲，研究和实践是“两位一体”的，研究是教师专业活动的一个重要组成部分。课题研究是教育教学实践的客观要求，存在于教师专业活动之中。其实，教师是最具权威的教育科研研究者，第一线的教师进行研究是最具价值的。它是为行动而进行研究，在行动中加以研究，它是把研究和实践有机地融为一体，它是由“教书匠”成长为“教育家”的必经之路。可见，“教师成为研究者”已成为教师专业发展的同义语，课题研究能为教师专业化发展提供进步的阶梯，课题研究是教师专业化发展的有效途径也已成为人们的共识。

（四）有利于深入实施素质教育

继续深入实施推进素质教育是广州未来教育发展的重点。实施素质教育需要进一步以人为本、因材施教，更新人才培养观念，深化教育体制改革，树立全面发展观念。“传·导·学课堂教学模式”研究坚持以学生为本，提高学生各方面的能力，深入探讨素质教育的内涵有着积极意义。

三、构成要素

“传·导·学课堂教学模式”的优势在于具备完整的五大要素，

（一）模式理念

“传·导·学课堂教学模式”是传承学校文化，落实番禺区研学后教的先进理念，引导学生内外结合开展有效学习。

具体来说，本模式倡导三大理念：

1. 把课堂作为形成校园文化的阵地。

2. 能关注学生的成长。

3. 帮助教师走向成功。

（二）模式目标

总体目标。本教学模式建立和完善适合学校“为成就师生美丽人生奠基”的办学理念和番禺区“研学后教”教学理念的教学模式，从中促进良好的学风、教风、校风的形成，切实提高课堂教育教学质量，全面提升义务教育阶段学校的办学效益，促学校可持续发展，并在使用模式过程中验证其科学性、实效性和稳定性。

三大具体目标：

1. 学生成才。能有效促进学生学习能力的提高。

2. 教师成功。能科学规范教学行为，促教师教育教学能力和调控能力的提高。

3. 学校发展。把课堂作为落实诗书育人、诗书治学的阵地，促学校可持续发展。

（三）模式流程

模式的示意图

（四）模式条件

1. 学生需要在平时读大量的书，有一定的知识积累。
2. 小组学习机制较健全。
3. 学生经过运用信息卡学习的初步训练。

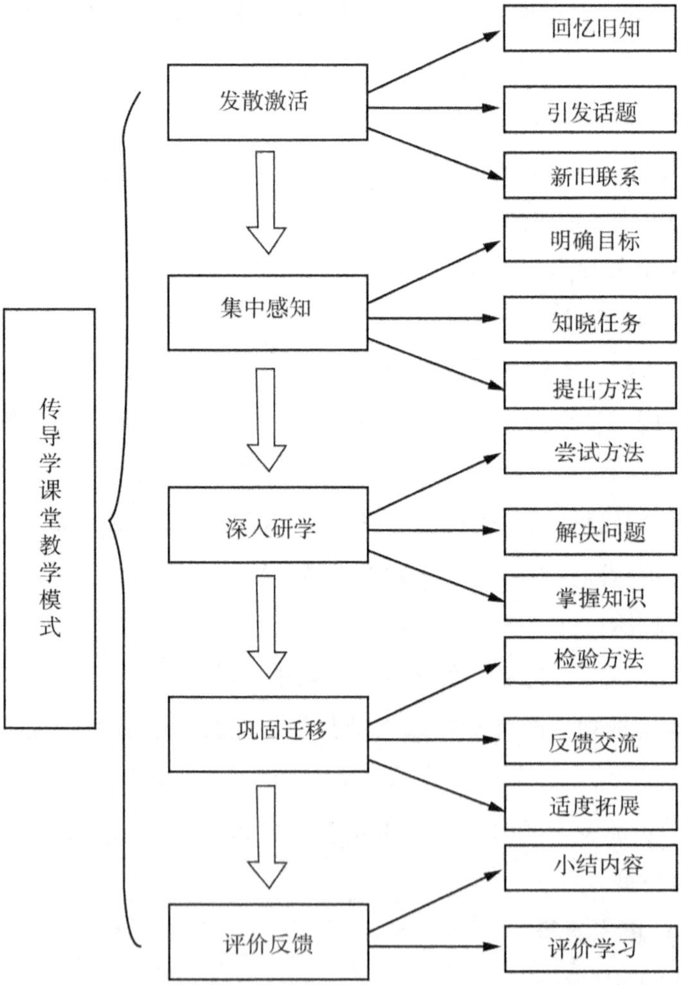

(五)模式评价

我们构建了科学的评价体系，通过评价促进学习能力的提升。

四、操作程序

该模式遵循以下步骤具体操作

1. 发散激活环节是本模式最大的亮点，它承接学校文化下学生积累的成果，对应“研学后教”理念中的“研”，即教师通过学生的课堂学习行为，确定学生的学习起点，从而处理预设与生成的关系，灵活地重新确认教学目标。集中感知环节即围绕学生发散的内容，进行梳理、提炼，引导学生注意学习的主要内容。这与“研学后教”中的“学”相对应。

2. 深入研学、巩固迁移、评价反馈几个环节，是学生知识内化与迁移的重要环节，需要教师深度介入，比较集中体现教师施教的教学行为。因此，这几个环节较多地体现“研学后教”的教师的“教”。

教学环节	教学任务	教师行为	学生行为
发散激活	检查前置作业	1. 学期初进行整册教材研学案设计，课前一天进行二次设计，成稿印发研学案给学生 2. 课堂根据学生的前置作业完成情况，及时调整教学目标	1. 课前在家里进行自学 2. 堂上小组交流自学成果
集中感知	明确学习目标	提出学习方法或引导学生回顾旧知识提出学法	1. 明确本节课的学习目标 2. 在老师的指导下筛选学习方法 3. 提出质疑或困难

续表

教学环节	教学任务	教师行为	学生行为
深入研学	围绕问题进行探究	1. 把时间还给学生 2. 组织学生开展小组合作学习 3. 教师从旁点拨意见分歧较大的小组 4. 组织小组学习成果展示	1. 小组长让组员明确学习任务，组织小组探究学习，不让任何一个组员开小差 2. 尝试运用老师提示的学习方法进行探究 3. 小组长组织组员交流汇报
巩固迁移	拓展提升	出示拓展提升的课内外学习内容，实现一课一得法	进行知识迁移，巩固学法
评价反馈	评价学习结果	教师总结学习	自我反思或分享学习成果
特征：“把时间还给学生，让问题成为中心，使过程走向成功”，做到让学生一课一得法			
备注：教学过程的各环节结合具体课型灵活安排，追求变化，不生硬套用			

编 后 记

《“碁美”课堂教学理论与实践——基于“碁文化”落实学生素养的探索》一书，撰写工作历时一年多，现在终于与大家见面了。感动之余，还有几句想说的话。

一直以来，本着把这个成果做得更好的宗旨，从筹备策划到收集素材，从素材整理到提炼观点，从观点到编辑成书，我们始终坚持认真负责的态度对待每一步的工作。书稿几经修改，不断完善，日益成熟。在书稿修改、完善过程中，我们也得到了很大的锻炼。特别是在编写过程中还得到华南师范大学副教授王世伟、番禺区政协副主席、教育局党组书记、局长冯润胜等专家、领导的鼎力支持，对书稿的编写给予了很多宝贵意见，谨此表示衷心感谢。

本书编著目的在于推动践行“碁道育人”教育理念，规范并引领区域课堂教学改革的深化。因此，其中的设计路径与“碁道”智慧密切相关，所采用的案例也是本区域教师的实践成果，其可借鉴的意义是值得肯定的。但是，由因篇幅有关，有些成果只能采取节选的办法，甚至是只取精华片段，因此有可能并没有注明出处。我们的意愿是只要收录了，即使是片段，即使是没有署名，也是对作者的高度肯定。尽管我们努力做到引自己他人的观点都注明出处，但难免有遗漏，谨此表示歉意，也表示由衷的谢意！

编著书稿是一项细致复杂的工作，需要付出很多，也会涉及很多层面的工作。整个书稿编写过程有赖很多学校的支持，在此一并表示谢意。同时，正因为书稿编写是高度细致复杂的工作，不足之处、错漏之处在所难免，在表示歉意的同时，更希望读者能给予建设性的批评意见，以利我们今后不断修正与完善。

千言万语，只为感恩大家的支持，谢谢直接或间接为此书的撰写与出版做出贡献的所有人！

2019年1月28日